交通経済学入門
〔新版〕

竹内健蔵 著

有斐閣ブックス

新版へのはしがき

　本書の初版は 2008 年 10 月に出版された。初版はそれ以来多くの人たちから受け入れられ，これまでに第 6 刷を重ねるまでになった。まずはこのことについて深くお礼を申し上げたい。

　初版より 10 年にも満たない年月のうちでも，交通を取り巻く社会環境や交通サービス自体は大きく変わってきている。少子高齢化・過疎化の進展，大地震や集中豪雨など自然災害への注目，ICT などを通じた交通分野の技術革新，訪日外国人客の増加，LCC 時代の到来など，それらには枚挙にいとまがない。こうした多様な変化に対して，その場限りの対症療法や感情的な対応で済ませることが不適切な結果を招くことはいうまでもなく，客観的に状況をとらえ，論理的に分析し，それらに対して首尾一貫した政策対応を行う必要がある。その目的のために，ミクロ経済学とその応用である交通経済学の理論は重要な分析道具を提供してくれており，必然的にこれらの理論を簡潔に紹介するテキストが求められることになる。

　とはいえ，テキストに書かれている理論と初版出版当時の状況から得られた知見のみによって変化の激しい現在の交通市場を分析・評価・展望することは，もとより正しいことではない。初版に紹介されているデータもかなり古くなった。初版出版以降の新しいデータの動きから，さらなる新たな知見を導き出すことが必要になる。筆者は学界における新しい理論や考え方に触れると同時に，初版出版以降のさまざまな交通に関する諸現象に接し，それらがどのように説明され，評価されるのかについて考察してきた。そして，それらの考察によって得られた知見を，後述するようないくつかの本にもまとめた。そうしたなかで，今回，有斐閣より新版の出版のお誘いがあり，ありがたくお受けすることになった。

　新版の構成は初版とほぼ同じであり，その基本的な姿勢は変わっていない。しかし，その内容にはいくつかの大きな加筆修正が行われている。

　第 1 に，どの書籍の改訂版にも共通するように，データをすべて最新のものに改め，必要に応じて取捨選択している。この点ではとくに第 3 章の変更が大

きい。

第2に，初版出版以降に注目を集めた理論と実際の現場での新たなキーワードを盛り込んだ。具体的には，イールド・マネジメント，PFIとPPP，エッセンシャル・ファシリティなどである。

第3に，初版出版以降に筆者が執筆した，経済学の知識を前提としない一般向けの交通ならびにそれに関連する書籍のなかから，本書に関係する興味深いものをいくつかフィードバックした。それらの多くはコラムに記載されており，よりいっそう交通問題への注目と分析の面白さを感じてもらうことを目的としている。ただし，本書ではオリジナルに比べてかなり簡略化された記述となっている。

第4に，練習問題を手厚くし，とくに計算問題を増やした。解答のために使用される数学は，基本的に中学3年生レベルまでにとどめている。

第5に，初版にあるような学術論文などで多用される文体にこだわらず，平易な書きぶりに努めた。とくに，読みやすくするために長文の段落はなるべく分割して段落の数を多くしている。

なお，いささか宣伝めいて恐縮ではあるけれども，本書を読んで難しいと感じた場合，あるいはミクロ経済学を学ぶ前にまずは交通問題を経済学的な思考で分析するとはどういうことなのかを知りたい場合は，竹内［2013a］や竹内［2017］を最初に読んでいただきたい（巻末の参考文献を参照）。竹内［2013a］は，経済学的思考を使ったならば交通問題全般はどのように読み解けるのか，について記述している。竹内［2017］は，経済学の基本的な道具である機会費用という概念だけを使って交通だけに限定されないさまざまな社会問題を取り上げている。これらを使って交通を経済学で科学するとはどういうことかをまず理解し，それからミクロ経済学の基礎理論を習得し，その後本書を読み進めるというのも1つの方法である。

改訂にあたって，初版出版直後から，細かい点まで含めた誤りを指摘してくれた元高崎経済大学の味水佑毅氏，そして本書を実際にテキストとして使用した経験から貴重な意見を多数寄せてくれた東京女子大学の二村真理子氏に感謝の言葉を贈りたい。無論，初版の謝辞にもあるように，多くの方々の助力によって本書が誕生し，そして新版刊行までたどり着けることができたということを筆者は忘れるものではない。また，本書の誤りのすべては筆者に帰するも

のである。

　新版の作成にあたっては，初版のときからずっと面倒を見てくださっている有斐閣の柴田守，渡部一樹両氏に今回も大変お世話になった。とくに原稿締め切りの期日を間違えるという筆者の失態にもかかわらず，根気強く対応していただいたことに対し，深く感謝の意を表したい。

　2018 年 1 月

竹内 健蔵

初版はしがき

　本書は交通経済学の入門書である。多くの人は「交通経済学」という分野に，まだそれほどなじみがないかもしれない。しかしその一方で，交通問題にはほとんどの人が日々直面しているのではないだろうか。ラッシュアワーの道路混雑や鉄道の車内混雑，過疎地のバス路線や赤字ローカル鉄道の廃止問題，空港建設などのビッグ・プロジェクトの経済効果，高速道路の料金問題，自動車の排気ガスに関する環境問題など，われわれの生活は交通問題に取り囲まれている。そのため，交通問題や交通政策について多くの人びとから問題提起がなされ，また多様な政策提案がなされる。交通経済学は，とくにミクロ経済学の理論に基づいて交通問題を分析し，交通政策を提案する応用経済学の一分野である。

　これまでも交通経済学に関するテキストは数多く出版されている。しかし，筆者の知る限り，「入門」や「初級」などといった名称のついている交通経済学のテキストはないように思われる。本書のターゲットはそこにある。より具体的にいうと，山内弘隆・竹内健蔵 [2002]『交通経済学』有斐閣，などのような中級レベルのテキストの手前の段階にある読者層に焦点を当てている。

　本書の目的は，次の4点にまとめられる。第1に，本書は山内・竹内 [2002] などのようなテキストの導入として書かれている。同書は，ほぼ毎年増刷を重ね，幸いにして多くの読者から迎え入れられており，筆者の1人として，大いにありがたく感じている。しかしそれと同時に，同書を利用している同僚の（とくに私立大学文系の）大学教員や研究者に意見を求めると，内容は充実しているがテキストとしてはやや難しい，という意見が多く返ってくるのも事実である。確かに，ところどころに大学レベルの数学が使われており，工学系の分野の内容も少し入っている（同書は工学部の学生にもありがたいことに幅広く受け入れられているようである）。何よりも広範にわたる交通問題をコンパクトな内容にまとめているので，交通経済学の初学者には少しわかりにくい面があるのかもしれない。本書は，山内・竹内 [2002] などのテキストにチャレンジしてはみたものの，どうも敷居が高すぎる，同書に到達するための準備段階とし

て途中にワンステップほしい，という読者を対象に，交通経済学の基礎を理解してもらうことを目的としている。本書の最後にあるように，本書を読破した後にさらに交通経済学に興味が湧けば，ぜひ山内・竹内［2002］などの中・上級のテキストに進んでいただきたい。

　第2に，ミクロ経済学入門あるいは初級ミクロ経済学というものを一応学んで，ミクロ経済学がどのようなものかはわかったけれども，それがいったいどのようなことに役立つのだろうか，と疑問に感じている人にミクロ経済学の使い道を示すことを本書は目的としている。近年のミクロ経済学のテキストは多様な事例を豊富に含み，とてもわかりやすいものになってきている。しかし，それでもそこに出てくる用語は日常目にすることのない専門的なものであふれている。あまり実感の湧かない言葉で抽象的に内容を理解したとしても，それがどのように実生活で役に立つのだろうか，ということに疑問を持つのは当然であろう。そこで，ミクロ経済学を使うことによって身近な交通問題を解明してみようというのが本書の目的である。理論を理論として終わらせず，ミクロ経済学が現実の問題分析にいかに役に立つのかを示したい。

　第3に，一般に理解されている交通問題，交通政策に関する常識が，客観的・論理的に考えた結論とどれほど落差があるかを指摘することも本書は目的としている。交通問題は身近なものであるだけに，つい感情的・直感的に問題を考えてしまいがちであり，そうした考え方に引きずられてしまうことが不幸にしてある。もちろん，そのなかには正しい見方もあるが，冷静に考えるとおかしなことが平然と受け入れられていることもある。本書はこの常識を覆す面白さを意識しながら書かれている。常識を覆すことに快感を覚える読者や，世の中を反対側から眺めてみたいと考えている読者には，本書は興味深いものとなるであろう。

　第4に，これまでのテキストでは当然のように考えられてきたために見すごされてきた内容を意識的に細かく書いて理解できるようにすることも目的とした。自らの浅学を曝け出すことになるが，筆者は学部学生のころ，なぜ混雑料金の理論で社会的平均費用が私的限界費用と同じなのか，なぜピーク・ロード・プライシングの理論のグラフで需要曲線と長期と短期の限界費用曲線が一点で交わるのか，どういうメカニズムで交通投資の便益が間接効果に変わっていくのか，なぜ現金給付と現物給付の分析において都合よくグラフが作られて

初版はしがき　　v

いるのか，などについて明快に説明することができず，何となく理解している
だけで歯がゆい思いをしていたことがある。こうしたぼんやりした中途半端な
理解を払拭したいという気持ちが，本書には込められている。

　本書の対象とする読者のミクロ経済学の到達レベルは，第2の目的で書いた
ように，ミクロ経済学の入門・初級程度を終えた程度のレベルである。大学の
学年でいえば，2年次程度ということになるであろうか。繰り返しになるが，
とりあえずミクロ経済学は学んでみたものの何に使えるかわからない，という
読者に本書は適切である。したがって，ミクロ経済学についていっさいの知識
を持たない人には，本書は残念ながら不適当である。まず基本的なミクロ経済
学の入門書を1冊読破してから，本書を手にとられることをお勧めする。

　「交通経済学」の科目は経済学部に置かれることもあるが，「交通論」として
商学部や経営学部に置かれることも多い。それは，わが国では伝統的に商学部
で「陸運論」や「海運論」などの科目が設定されていたことによるのであろう。
本書は経済学部・商学部・経営学部などの学部の違いを問わない。同時に，本
書は学生だけではなく，経済学を学んだことのあるビジネス・パーソンや交通
関係者も対象としている。ただし，経済学をかなり詳しく学んだ読者にとって
は，本書の内容は物足りないとか，あるいは厳密にいえば正しくないと指摘を
したくなることもあるであろう。たとえば，「所得分配」の用語の使い方が厳
密ではないとか，需要曲線の下側の面積（消費者余剰）は正確な厚生の測定方
法としては正しくないとか，ある定理が成立するための条件を簡単に書きすぎ
ている，などといった点である。若干言い訳めくが，本書は大学院の経済学研
究科をめざす読者を対象とはしていない。ミクロ経済学を応用する面白さを
知ってもらうことを主体に書かれているために，多少の理論の厳密さは犠牲に
している。

　本書の構成は，入門書であるから基本的にオーソドックスな構成を心がけ，
奇抜な構成をとってはいない。山内・竹内［2002］などのテキストに抵抗なく
進めるように作られている。従来のテキストと違う点は主に3つある。第1は，
第3章である。ここでは，ほかのテキストと同様に，交通に関する統計データ
を示して現在のわが国の交通の現状が述べられる。しかし，本書では交通の統
計データを見るときの注意点にむしろ重点が置かれている。第2は，第10章
である。ここで書かれているのは交通ネットワークに関する理論で，交通経済

学のテキストには通常掲載されない。第10章の内容は，筆者の専門に近いということもあるが，交通経済学と土木計画学をはじめとするほかの学問領域との学際研究の方向を示す典型例であると考え，取り上げている。第3は，第11章である。第11章の内容の一部は，通常のテキストではエピローグとして軽く書かれることが多いが，本書では入門書から次の段階へ移るための心構えとしてやや力を込めて書かれている。また，第11章第4節の内容は，筆者が勤務先の大学で学生に常に語っている内容でもある。

　そのほかに，本書では練習問題の充実にも努めた。ほかのほとんどの交通経済学のテキストよりも練習問題を多めに掲載したつもりである。練習問題には，計算問題であるために答えが確定するものもあるが，あえて解答が定まらないような問題も掲載している。解答が決まらない，あるいはいくつもの解答の可能性があるような問題は，ゼミナールなどでの議論の題材として有効であろう。なお，このような問題には★印をつけてある。また，巻末には練習問題の解答をつけている。★印の問題であっても，できるだけ議論のヒントを与えるような記述をすることを心がけた。

　また，重要語句については本文中で太字表記し，章末にそれらをまとめて掲載してある。このなかには交通経済学の重要語句だけではなく，ミクロ経済学の重要語句やほかの応用経済学分野での重要語句も含まれている。ミクロ経済学関連の重要語句は本書理解のための基礎知識をチェックするために活用すればよいし，ほかの応用経済学分野での重要語句は今後の発展的学習のためのきっかけとされたい。

　筆者は，経済学とその応用において決して数学の理解が不必要であるとは思わないが（第11章参照），本書は結果として，高度な数学の知識を必要としないものになっている。数学の内容は大体中学3年生修了レベルで理解できるものであり，少し面倒そうな式が出てきて，仮にそれが理解できなかったとしても，本書ではそれを読み飛ばして先に進んでも支障はない。

　本書は単独著であり，そのため筆者の勘違いや思い込みによる間違いがあってはならないと，多くの方々からの助言と示唆をいただくように努めた。まず，筆者の恩師である杉山武彦先生（一橋大学学長）にお礼申し上げなくてはならない。筆者が杉山先生から初めて教えていただいた交通経済学の講義内容が，私の潜在意識のなかにあって，それが本書の底流になっているように筆者は感

初版はしがき　vii

じている。今回も杉山先生には示唆に富むご助言をいただき，改めて講義をしていただいたような印象がある。太田和博先生（専修大学商学部教授）は，筆者に常に知的刺激を与えてくれる仕事仲間であり，今回も草稿を丹念に読んでいただき，遠慮のない意見をいただいた。二村真理子先生（愛知大学経営学部准教授）からは大学の現場での声を吸い上げてもらい，そこから貴重なアドバイスをいただいた。そして，筆者の勤務先の大学の学生の皆さんからも本書の作成に関して暗黙のうちに多くの示唆を得ている。この場を借りて関係各位にお礼を申し上げたい。もちろん，本書の内容に関する誤りは筆者のみに帰属するものである。

テキストというものは，著者のその学問に対する考え方や，これまでに蓄積されてきた学問の背景が如実に現れるものではあるまいか。そうした意味において，本書は筆者の研究生活の最初から陰に陽に影響を与えてくださった多くの研究者の方々のご恩の賜物であると信じている。ここに改めてお礼申し上げたい。

本書は，2006 年に出版された筆者単独の初めての研究書である『都市交通ネットワークの経済分析』に引き続いて書き下ろしたものである。前書に引き続いて本書を出版する機会を与えていただいた有斐閣には大変お世話になった。ここに感謝の意を捧げたい。とくに，書籍編集第 2 部の柴田守氏と渡部一樹氏には，本書の構成や執筆について筆者のわがままを聞いてくださり，筆者の思うままに本書を書かせていただいたことを大変嬉しく，またありがたく感じている。

2008 年 8 月

竹内 健蔵

■目　次

第1章　交通経済学を学ぶにあたって ――――――――――― I
経済学の基礎的な考え方の確認と整理

1　交通政策の目的 ・・・ 2
望ましい交通社会とは何か――効率と公正（2）　　効率と公正の両立（4）
公正に関する価値判断（7）
Column　省エネルギーのためのマイカー自粛政策は正しいか（6）

2　機会費用で考える ・・・ 8
機会費用の復習（8）　　時間を金銭に変える――時間価値，時間費用
（10）　　機会費用で考える交通問題（11）

3　完全競争市場の資源配分上の優越性 ・・・・・・・・・・・・・・・・・・・・・・・・・・・ 13
消費者余剰――なぜ利用者は運賃が下がると喜ぶのか（13）　　生産者
余剰――なぜ交通企業は運賃が上がると喜ぶのか（14）　　余剰分析（16）

4　市場の失敗 ・・・ 17
交通サービスは市場の失敗の火薬庫（17）　　費用逓減（18）　　外部効
果（21）　　公共財（24）　　不確実性，情報の非対称性（27）　　「交通経
済学」はなぜ存在するのか（28）
Column　なぜ巨大タンカーは出現したのか（20）

第2章　交通サービスの性質 ――――――――――――――― 33
1　交通とは何か ・・・ 34
交通の目的（34）　　交通の社会的影響（35）　　交通の単位（35）
Column　トラックはわが国の貨物輸送量の9割を運んでいるのか（37）

2　交通サービスの特性 ・・ 37
公共性（37）　　必需性（39）　　即時財・即地財（40）　　利用可能性
（41）　　派生需要（44）　　不可分性（46）　　自給可能性（47）
Column　朝夕の鉄道のラッシュは鉄道企業の責任か（45）

3　交通機関別のサービス特性 ・・・・・・・・・・・・・・・・・・・・・・・・・・・・・・・・・・・・・ 48
交通機関別の特徴（48）　　一般化費用（50）　　交通機関選択モデル
（52）
Column　一般化費用の考え方の応用――違法駐車問題（51）

第3章　交通データの読み方 ―――――――――――――――― 57
1　データで見るわが国の交通の概況 ・・・・・・・・・・・・・・・・・・・・・・・・・・・・・・ 58

ix

2 定義の仕方による留意点‥‥‥‥‥‥‥‥‥‥‥‥‥‥‥‥‥‥‥‥‥‥ 61

国内旅客輸送量（61）　外国人旅行者受入数（62）　外航海運船舶数（64）

3 計測単位の違いによる留意点‥‥‥‥‥‥‥‥‥‥‥‥‥‥‥‥‥‥‥‥ 65

貨物輸送機関分担率（65）　国内航空旅客輸送量（67）　輸送量当たり CO_2 排出量（68）

4 比較対象による留意点‥‥‥‥‥‥‥‥‥‥‥‥‥‥‥‥‥‥‥‥‥‥‥‥ 69

ガソリン1リットル当たりの個別間接税率（69）

5 データ処理による留意点‥‥‥‥‥‥‥‥‥‥‥‥‥‥‥‥‥‥‥‥‥‥ 71

高速道路整備率（71）

Column 交通サービスの規制緩和は事故の増大をもたらしたか（73）

第4章　交通の費用 ──────────────── 77

1 費用の分類‥‥‥‥‥‥‥‥‥‥‥‥‥‥‥‥‥‥‥‥‥‥‥‥‥‥‥‥‥ 78

費用把握の目的による分類（78）　市場の有無による分類（78）　固定的設備の変更の可否による分類（79）　費用負担主体による分類（80）サービスの供給範囲による分類（80）　サービス中止の効果による分類（81）

2 費用特性による交通企業の行動‥‥‥‥‥‥‥‥‥‥‥‥‥‥‥‥‥‥ 82

規模の経済（82）　範囲の経済（85）　密度の経済（86）　ネットワーク・サイズの経済（88）　内部補助に関する覚え書き（89）

3 費用配分モデル‥‥‥‥‥‥‥‥‥‥‥‥‥‥‥‥‥‥‥‥‥‥‥‥‥‥‥ 91

共同事業のうま味（91）　コアの理論（91）　コアの概念の一般化（93）

Column 航空のコードシェア便にはなぜ2, 3社が多いのか（94）

付録　費用の劣加法性（94）

第5章　運賃理論 ──────────────── 99

1 運賃とは何か‥‥‥‥‥‥‥‥‥‥‥‥‥‥‥‥‥‥‥‥‥‥‥‥‥‥‥ 100

価格・運賃・料金（100）　運送価値説と運送費用説（101）　差別運賃論（102）　イールド・マネジメント（107）

Column 鉄道の子ども運賃が大人運賃の半額なのはなぜか（106）

2 限界費用価格（運賃）形成原理‥‥‥‥‥‥‥‥‥‥‥‥‥‥‥‥‥ 108

理想の運賃（108）　限界費用価格形成の問題点（109）

3 混雑料金の理論‥‥‥‥‥‥‥‥‥‥‥‥‥‥‥‥‥‥‥‥‥‥‥‥‥‥ 111

混雑はなぜ起きるのか（111）　道路資源の配分方法（111）　支払意思による配分方法の優越性（112）　混雑の費用曲線（113）　最適な混雑料金（116）　都市高速道路料金の値下げは何をもたらすか（118）　最

適な混雑のための料金と最適な環境のための料金（119）　　混雑料金の
課金方法（120）　　混雑料金収入の使途（122）　　混雑料金の問題点
（124）

Column　混雑料金の実施例（121）

4 ピーク・ロード・プライシング……………………………………………125
ピーク・ロード・プライシングの目的（125）　　ピーク・ロード・プラ
イシングによる運賃（126）　　固定ピークと移動ピーク（129）　　ピー
ク・ロード・プライシングの問題点（130）

Column　オフシーズンに混むホテル（129）

5 ラムゼイ運賃形成……………………………………………………………131
ラムゼイ運賃形成の目的（131）　　ラムゼイ運賃形成による運賃設定方
法（131）　　ラムゼイ運賃形成の問題点（134）

第**6**章　運賃政策 ―――――――――――――――――――――――――― 139

1 総括原価主義……………………………………………………………………140
運賃決定原則（140）　　費用積み上げ方式（141）　　公正報酬率規制
（141）　　アバーチ・ジョンソン効果（142）　　総括原価主義の性質
（144）

2 インセンティブ規制……………………………………………………………145
フランチャイズ方式（145）　　ヤードスティック方式（147）　　プライ
ス・キャップ方式（150）

3 初乗り運賃の理論――二部料金制度………………………………………152
初乗り運賃の意味（152）　　二部料金制度(1)――現実的な説明（153）
二部料金制度(2)――経済学からの説明（154）　　二部料金制度の応用
（156）　　ブロック料金（157）

Column　初乗り運賃の二重どり問題（160）

第**7**章　規制政策 ――――――――――――――――――――――――――― 165

1 規制の種類と根拠………………………………………………………………166
規制の種類（166）　　規制の根拠（167）

2 規制緩和の経済理論……………………………………………………………169
ヒット・エンド・ラン戦略による潜在的参入企業の脅威（169）　　コン
テスタブル・マーケットでの競争シナリオ（170）　　維持可能性（172）
コンテスタブル・マーケット理論の成立条件（175）　　コンテスタブル
・マーケットの交通市場への適用（176）　　交通市場におけるコンテス
タブル・マーケット理論の限界（178）　　規制緩和によって期待され
る効果（180）

目　次　xi

Column 「民間活力の導入」とは何か（179）

Column 真の民営化とは何か（182）

3 環境規制 ･･ 183

環境規制の種類（183）　　法的規制の限界と経済的規制としてのピグー税の限界（184）　　当事者同士の交渉による解決（186）　　コースの定理の限界（189）

Column 公共交通機関は常に環境に優しいか（185）

Column 汚染者負担原則の落とし穴（189）

4 速度規制・安全規制 ･･ 190

速度規制（190）　　速度規制は必要か（193）　　安全規制（195）

Column 飲酒運転の厳罰化は常によい結果をもたらすか（192）

Column 安全な自動車は実現できるのか（194）

第8章　交通投資 ──────────────── 199

1 交通プロジェクト評価の必要性 ･･････････････････････････････････ 200

交通プロジェクトの社会的影響（200）　　費用便益分析の必要性（200）　　費用便益分析の理論的根拠（202）

2 費用便益分析の基本的方法 ･･ 204

財務分析との違い（204）　　割引率の概念（205）　　プロジェクト評価の方法（207）　　財務分析から費用便益分析へ（209）

Column 時間選好率と割引率（208）

3 直接効果と間接効果 ･･･ 211

経済効果計測の範囲（211）　　便益移転のメカニズム(1)──完全競争市場の場合（212）　　便益移転のメカニズム(2)──不完全競争市場の場合（215）　　経済効果の計算に関する注意（217）

Column 休日1000円高速道路料金の経済効果（218）

4 費用便益分析の利用とその限界 ･･････････････････････････････････ 219

プロジェクト評価時点の設定（219）　　評価項目の計測方法の例(1)──環境費用の計測（221）　　評価項目の計測方法の例(2)──人命・傷害に関する費用の計測（222）　　費用便益分析の限界（223）

5 交通投資による地域開発 ･･ 226

キャピタリゼーション仮説（226）　　デベロッパー定理（227）

第9章　外部補助と内部補助 ──────────── 233

1 補助の根拠(1)──市場の失敗に関連して ････････････････････ 234

補助の根拠としての市場の失敗（234）　　費用逓減（234）　　外部効果（234）　　公共財（235）　　不確実性（236）

xii

2 補助の根拠(2)──市場の失敗以外の要因 ·························· 237

シビル・ミニマム（237）　　所得再分配（238）　　イコール・フッティング（238）　　マクロ経済政策の一環として（239）

Column　誰が通学定期割引の負担をするべきか（240）

3 内部補助の定義と評価 ·· 241

補助の原資（241）　　内部補助の定義（244）　　内部補助の評価（248）

Column　高速道路の償還主義と料金プール制（243）

4 外部補助の形態 ·· 250

特定補助と一般補助（250）　　営業補助と資本補助（251）　　現物給付と現金給付（252）　　世代間補助（255）

Column　現物給付と現金給付のグラフの位置関係（255）

第10章　交通ネットワーク ──────────────── 259

1 ワードロップの原理 ·· 260

交通サービス利用者のルート選択の行動原理（260）　　交通サービス利用者のモード選択の行動原理（261）

2 ピグー・ナイト・ダウンズのパラドックス ···················· 263

ピグー・ナイト・ダウンズのパラドックスとは何か（263）　　数値例による説明（263）　　図による説明（265）

3 ダウンズ・トムソンのパラドックス ·························· 267

ダウンズ・トムソンのパラドックスとは何か（267）　　数値例による説明（267）　　図による説明（269）

4 ブレスのパラドックス ·· 270

ブレスのパラドックスとは何か（270）　　数値例による説明（271）

5 交通ネットワークの理論の応用──有効なロード・プライシングとは

··· 273

ロード・プライシングの代替公共交通機関への影響（273）　　費用逓減下の鉄道サービスとロード・プライシングとの関係（273）　　費用逓増下の鉄道サービスとロード・プライシングとの関係（274）

Column　交通ネットワーク理論における経済学と土木工学（土木計画学）の融合（276）

第11章　交通経済学の展望 ──────────────── 279

これからよりよく交通経済学を学ぶために

1 本書で述べられていない交通経済学の諸分野 ·················· 280

交通需要予測（280）　　交通の計量分析（281）　　市場分析（282）　　制度分析・歴史分析（284）

目　次　xiii

Column 物流の経済学と観光の経済学 (283)

2 交通経済学とその周辺 ··· 285
都市（地域）経済学・空間経済学 (285)　　行動経済学 (286)　　ゲー
ムの理論 (287)　　土木計画学 (288)

3 より深く広く交通経済学を学ぶための文献案内 ················· 289
過去における代表的な交通経済学のテキスト (289)　　現在の代表的な
交通経済学のテキスト (290)　　交通経済学の周辺のテキスト (291)
ミクロ経済学のテキスト (292)

4 さらに理解を深めたい読者へ——筆者からのメッセージ ··········· 293
経済学と数学 (293)　　ミクロ経済学への取り組み (294)

参考文献　297

問題の解答例　300

索　引　313

> 本書のコピー，スキャン，デジタル化等の無断複製は著作権法上での例外を
> 除き禁じられています。本書を代行業者等の第三者に依頼してスキャンや
> デジタル化することは，たとえ個人や家庭内での利用でも著作権法違反です。

第 1 章

□ □ □ □ □ □ □ □ □

交通経済学を学ぶにあたって
経済学の基礎的な考え方の確認と整理

　本章では，これから交通経済学を学んでいくために基本的な知識として最低限知っておかなくてはならない，ミクロ経済学と公共経済学の基本的な概念を復習する。しかし，単なるミクロ経済学の復習だけではなく，本章の内容は交通サービスと関連させて述べられているので，本章自体が第2章以降で交通経済学を学ぶための重要な準備段階となっている。また，交通経済学がどのように役立つかということも併せて示している。

⚠本章で取り上げるトピックス

- ●望ましい交通社会とはどのようなものか。
- ●省エネルギーのためのマイカー自粛政策は正しいのか。
- ●時間の価値はどうやって決まるのか。
- ●タクシー料金はなぜ停まっていても上がり続けるのか。
- ●交通サービスの自由化はなぜ進んだのか。
- ●運賃が上がるとなぜ利用者は不満に思い，なぜ交通企業は喜ぶのか。
- ●海運市況やトラック運賃は変動が激しいのに，鉄道運賃が変動しないのはなぜか。
- ●環境悪化に反対する人びとは環境の悪化自体が唯一の反対理由なのか。
- ●一般道路ではなぜ料金はとられていないのか。
- ●見知らぬ土地ではなぜバスを利用したくないのか。

1 交通政策の目的

❖ 望ましい交通社会とは何か──効率と公正

　入門あるいは初級レベルのミクロ経済学を学んだ人であれば，もう世間でいわれているような「経済学とはお金儲けの学問である」という誤った経済学観は持っていないだろう。経済学は「**経世済民の学**」であり，よりよい社会を作っていくために形成されてきた学問である。ここでは交通経済学が対象だから，よりよい交通社会を実現することが目的となる。つまり，交通経済学は「よりよい交通社会を創る」ために貢献しなくてはならない学問である。

　そこでよりよい交通社会とは何か，そして究極的にはよりよい社会とは何か，ということが問題になる。おそらくたいていの人は，よりよい社会とは人びとがより幸せに暮らせる社会である，と考えるだろう。これを交通に置き換えると，人びとが交通サービスを利用することでより幸せになれる社会だといってよい。

　いま，ある一定の資源が与えられているとしよう（われわれは地球上の資源しか使えないから資源は一定で有限である）。また，人間の幸福の大きさ（これを経済学では**効用**と呼ぶことはすでに学んでいることだろう）を計測することができて数字で表すことができるとしよう。ある一定の資源を用いた交通政策によって3つの社会状態が実現できるものとし（この社会状態を A，B，C とする），各社会が実現できる幸福の大きさがそれぞれ 500 と 800 と 1000 の 3 とおりあるとする。このとき，一般には 1000 を実現できる社会 C がよりよい（交通）社会ということになる。

　もちろん，社会 C を構成するすべての個人の状態は，いずれも社会 A と社会 B のときの状態よりも同等かそれ以上でなくてはならないのが前提条件である。もし誰か 1 人の状態でも悪くなれば，社会 C がよい社会であるとは判断できなくなる（第 8 章参照）。このような前提条件のもとで，われわれはこの数値をできるだけ大きくするような（交通）社会を実現しなくてはならない。

　図 1-1 を使って，このことを詳しく見ていくことにしよう。ある社会に X と Y の 2 人（あるいは 2 グループ）のみがいるとしよう。現在の交通サービスの供給状態で X の効用水準が 200，Y の効用水準が 300 である（社会全体で 200

2　第 1 章　交通経済学を学ぶにあたって

図 1-1 望ましい社会状態の決定（効率）

+300＝500）とき，ある交通政策の実施によってXの効用水準が500に増加し，Yの効用水準が300のままだった（社会全体で500＋300＝800）ならば，誰も前の状態より悪くなっていないので，社会Aよりも社会Bのほうが望ましい。次にこうやってある一定の資源をうまくやりくりする（交通政策を実施する）ことによって，さらにXの効用水準が500，Yの効用水準が500になった（社会全体で500＋500＝1000）とすれば，社会Cが3つのなかでもっとも望ましいことになる。なぜならば，誰も不幸にならずに誰かがより幸福になっているからである。

しかし，こうしたやりくりも永久には続かず，どうしても誰かを不幸にしなくては誰かを幸福にできないような究極の社会状態がいつかは現れる。とすれば，その究極の状態が一番望ましい交通社会ということになる。こうして資源をうまくやりくりすることによって幸福の状態が改善されることを経済学では「**資源配分**がより**効率**的になる」といい，究極の状態において「資源配分が最適である」という。少し踏み込んで勉強をした人ならば，前者を「社会はパレート改善された」といい，後者を「社会はパレート最適になった」ということを知っているかもしれない。

ところが，望ましい（交通）社会というのは，社会が実現できる幸福の大きさが最大になるということだけでは達成されない。なぜ幸福を最大にすることだけでは駄目なのだろうか。図1-2を見てみよう。いま一定の資源のもとで（交通）社会全体の幸福の大きさが1000で最大になっているとしよう（資源配分が最適，すなわちパレート最適が達成されているとする）。前の例と同様に考えて，社会DではXは50の，Yは950の効用水準が達成されているとする。ところが，ある交通政策によってXは50のままである一方，Yは1150の効用水準を達成できる社会Eが達成可能であるとしよう。どちらがより望ましい（交通）社会だろうか。

図1-2 公　　正

　これまでの考え方に基づくと，Xの状態を悪くすることなしにYの状態はよくなっているから社会Eはパレート改善となっていて，社会Eがよりよい社会ということになる。しかし，恵まれていない人の状態がそのままで，恵まれた人がよりいっそう恵まれることはいいことだろうか，と考える人がいるかもしれない。つまり，仮に全体としての幸福水準がより高く実現できたとしても，その社会の構成員の間で不公正な格差がある場合，人はそれを望ましい（交通）社会とは考えないことがある。もしある交通政策によって社会Dから社会Eに状態が変化したならば，社会Dから社会Eに移動することを「(資源配分が効率的になった一方で) **所得分配**がより**不公正**になった」という。

　以上のことを整理すると，望ましい（交通）社会とは，資源配分の効率と所得分配の公正の両方が達成されている社会である，ということになる。そして，望ましい交通政策とは，社会を効率的にし，かつ公正にするような交通政策である，ということになる（章末注を参照）。そして，われわれは交通経済学を学ぶことによって，効率と公正という2つの観点から現在の交通政策を評価し，そしてより望ましい交通政策を見つけ出していかなくてはならない。

❖ 効率と公正の両立

　前項で述べた望ましい交通社会というものは，いうことはたやすいが実現することはなかなか難しい。というのは，効率と公正が両立しえないことが現実の社会ではあたり前のように起こるからである。これを理解するために，次のような例を考えてみよう（図1-3）。

　ある離島があるとしよう。その離島には1軒だけ家があり，そこに1人の人が住んでいるとする。いま，この離島と本土との間に橋を架けるプロジェクトが持ち上がっているとする。そして，この橋の完成のためには50億円の費用がかかるものとする。もしこの離島の住人に「1億円を差し上げますから，本土に移り住んでもらえませんか」と提案し，この提案を離島の住人が喜んで受

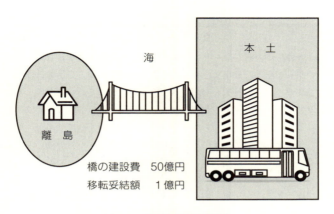

図1-3 効率と公正の関係

け入れたとするならば，50億円の橋の建設は不要になり，差し引き49億円の資金が浮くことになる。この49億円をほかの地域の人びとの交通サービスの充実のために使えるとすれば，同じ50億円という資源でより多くの幸せが得られることになる。そしてこのときには移住する人の効用が低下していないことに注意しよう。このとき，50億円の橋を建設するよりも離島の人に移住してもらうことによって，資源配分が改善される（より効率的な資源配分が達成される）。

しかし，もし国民の合意として「すべての人間はどこにでも住む権利があり，どのような不便なところでも交通サービスを提供しなければならない」ということが求められているとするならば（いわゆる**シビル・ミニマム**であり，第9章〔237ページ〕で詳述する），その人はあえて移住する必要はなく，50億円の橋を1人で独占して使うことになる。つまりこの場合，「人間はどこに住んでいても交通サービスを受ける権利がある」社会を人びとは公正であると判断していることになる。この公正を達成するためには，本来ならば49億円を使ってより幸せになれたであろう人びとの幸福を犠牲にすることになる。言い換えれば，公正を達成するために効率をあきらめなくてはならない。逆の場合は，幸福の水準を高めるためには離島の住人に移動を求めることになり，このときは効率の達成のために先ほど述べたような公正が犠牲にされる。

このように効率と公正は，通常，**トレードオフ**の関係にある。前述のように，

Column

省エネルギーのためのマイカー自粛政策は正しいか

エネルギーの無駄をなくして効率的な交通社会を実現するために，マイカーの利用を自粛して公共交通機関を利用することを呼びかける自治体は非常に多い。多くの自治体で「ノーカーデー」のような施策が行われていることはよく知られている。

しかし，省エネルギーのためのマイカー自粛は経済学的に見て効率的な政策だろうか。なかには，どうしてもマイカーを使うほうが便利で効用が高いのにもかかわらず，無理をして省エネルギーのためにバスを使って不便を強いられている人びとがいるかもしれない。経済学においては一定の効用のもとで使用される資源を最小にする，あるいは一定の資源のもとで効用を最大にすることが「効率的」であると判断する。ところが，省エネルギー政策によって公共交通機関を使うことを強制された人の場合，確かにエネルギーは節約できるかもしれないが，効用も低下している。したがって，経済学はこれを効率的であるとは判断しない。

よく考えると，このエネルギー節約のためのマイカー自粛政策は，程度の差はあれ，原理的には太平洋戦争中のエネルギー政策と同じものである。戦争中は戦争に勝つために「石油の一滴は血の一滴」「石炭は黒いダイヤ」といったように，エネルギー資源を戦争に集中させ，代わりに日常生活では極端な節約を国民に強いて，国民は大いに苦しんだ（効用が低下した）。省エネルギーを目的とした政策で効用が低下するという点では，戦争中のエネルギー節約は現在のマイカー自粛政策と（戦争中の出来事はかなり極端ではあるにせよ，その原理は）まったく同じである。経済学は，人びとの幸福の水準を下げてまで資源を節約することを効率的であるとは判断しない。したがって，省エネルギーのためのマイカー自粛という政策は必ずしも好ましい政策であるとはいえないことになる。

しかし，上記の議論は1つの重要な点を見落としている。それは人びとの効用を現世代だけに限定しているという点である。エネルギー資源を将来世代も含めて配分することまで考えると，省エネルギーのためのマイカー自粛政策は肯定される可能性がある（関心のある読者は資源経済学を勉強されたい）。おそらくたいていの人びとは，将来世代に資源を残したいから多少の不便を我慢しようとしているのだろう。このときの効率は，将来世代の効用水準まで含めて考えなくてはならず，改めて議論し直すことが必要となる。

とはいえ，省エネルギー政策がいつでも常に好ましいかといえば，これまで述べた理由から多少なりとも疑問符がつく。経済学の考える論理的な効率の定義と世間一般の感覚的な効率のイメージとの乖離がここに見られる。

望ましい交通社会とは，効率と公正が同時に達成されている社会である。しかし，現実の世界では両者のトレードオフのなかからよりよい組み合わせを選ぶしかないことが圧倒的に多い。

❖ 公正に関する価値判断

さらに困ったことには，公正については強い**価値判断**を伴うという問題がある。効率については，たいていの人は図1-1にあるように，社会Aよりも社会Bのほうが，社会Bよりも社会Cのほうが望ましいということに賛成するだろう。したがって，効率という点からは，望ましさの判断基準に大きな問題はありそうもない（厳密にいえばこれも価値判断ではあるけれども，非常に緩い価値判断である）。ところが，公正については常に強い価値判断を伴う。「価値判断を伴う」とは，この場合，どの社会が公正であるかということが論理的・客観的に推論した結果として導き出されないことを意味する。次のような例を考えてみよう。

ある過疎地域のバス・サービスの運行本数が問題になっているとする。ある人はその地域には1日5便のバス・サービスが提供されることが公正であると考え，また別の人はその地域には1日10便のバス・サービスが提供されることが公正であると考えているとしよう。このとき，1日5便のバス・サービスが公正だと考えている人は，1日10便のバス・サービスを公正だと考えている人を論理的かつ客観的に（言い換えれば科学的に）説得して判断を変えさせることはできない。

もっと極端な場合を考えよう。「すべての人が同じ資源の量を持つ社会」を公正と考えている人は，「自分だけがこの世の資源のすべてを独り占めしてほかの人はまったく資源を持たない社会」が公正だと考えている独裁者を論理的に「それは間違っている」と説き伏せることはできない。100人寄れば100人の公正の考え方があり，明快な論理でその望ましい公正の状況の優劣を決定することはできない。

交通経済学の拠って立つ経済学は，いうまでもなく社会科学という「科学」なので，論理性や客観性が通用しない価値判断を伴う公正の問題は，経済学がそれほど得意としない領域である。しかし，経済学者が社会の公正について等閑視してきたということはない。実におびただしい公正に関する分析がある。

1　交通政策の目的　　7

このことに関して興味のある読者は，それらをまとめたものとして小林［2000］を参考にされたい。公正に関する議論はかなり複雑なので，本書では効率を主に取り上げるけれども，これは公正への考察が不必要であるということを意味しない。むしろ，交通社会における公正の問題は，先の過疎地域のバス・サービスの例にあるように重視しなくてはならない問題である。ただ，資源配分を分析することが得意なミクロ経済学を現実の交通問題に適用したいという本書の目的のためには，それほど公正の問題を中心として取り上げることができないだけである，ということに注意してほしい。

2 機会費用で考える

❖ 機会費用の復習

経済学が別名「選択の科学」と呼ばれることからもわかるように，人間はある選択に直面するときに，各選択肢がもたらす費用と便益を天秤にかける。そこで，経済学における費用とは**機会費用**のことである，ということを読者は学んだことがあるだろう。機会費用とは，たとえば 2 つの選択肢があって，そのうち一方の選択肢を選んだ場合に選ばれなかった（つまり犠牲にされた）他方の選択肢において実現されただろう価値のことである。この機会費用という概念は非常に重要なものであるにもかかわらず，なかなか実感として習得しにくい概念である（少なくとも筆者はそうであった）。たとえ話として次のような例はどうだろうか。

いま，あなたは彼（彼女）とデートの約束をしているとする。待ち合わせ場所は，あなたのいるところから交通費が片道 500 円かかるところであるとする。ところが，あなたにはデートの約束をした時間に家庭教師のアルバイトが入っており，時給 2500 円で 2 時間，合計 5000 円の収入を得られることになっている。しかし，あなたはデートのために家庭教師を休むことにした。ところが，待ち合わせの時間に行くと彼（彼女）はおらず，一向に姿を現さない。どうやらデートをすっぽかされたようだ。当然あなたは後日相手を責めることになる。ここで，経済学を勉強した人かそうでない人かで対応が異なる。

経済学を勉強していない（機会費用の概念を知らない）人の場合，相手に「往

復の交通費1000円を返してほしい」と迫ることになるだろう。しかし，経済学を勉強している（機会費用の概念を知っている）人は，この往復の交通費1000円に加えて，自分が家庭教師をしたならば得られたであろう収入の5000円を加えて6000円を請求するだろう。

あなたにはデートをするか，家庭教師をして5000円を稼ぐかという選択肢があった。そしてデートのほうが6000円（往復の交通費込み）以上の価値があったから，デートという選択肢を選んだということになる。つまり，その意思決定（選択）によって発生した機会費用は6000円である。経済学は常にこうして費用を考える。

もう1つの例を考えてみよう。新幹線の自由席などに座るために行列ができる。なぜ最初に並んだ人から順番に自由席に座ることが許されるようになっているのだろうか。いったん行列に並んでしまうと，そのときは本を読んだりスマホをいじったりするくらいで，ほかに何もできなくなる。行列しなくて済むならば，その時間に自分の好きな楽しいことをすることができたはずである。自分の好きなことをするということを犠牲にしてまで並ぶということは，座席を確保することの価値が好きなことをするという価値よりも大きいことを示している。

自分の好きなことをあきらめる価値，つまりそれだけの機会費用を支払っても惜しくないと思っている人ほど早くから行列に並ぶ。したがって，行列は機会費用の大きい人から順番に並んでおり，前にいる人ほど座席確保に認める価値が高いということになる。だから社会は暗黙のうちにそのようなルールを認めていると考えることができる。これは交通に限ったことではなく，評判のレストランの前にできる行列や人気商品を手に入れるための行列のように，いろいろな場面で見ることができる。機会費用はこうした社会現象を論理的に説明してくれる，有益な経済学の道具である。

本書においても費用は基本的に機会費用である。しかしながら，以上のようなことをいちいち考えていては各章におけるほかの説明が煩雑になるので，多くの場合，普段どおりの費用の考え方（会計学的費用として第4章〔78ページ〕で述べられる）を便宜的に使う。しかし，それらは厳密には機会費用と一致するものではなく，本来は機会費用として考えるべきであることを忘れてはならない。機会費用については，竹内［2017］が詳しい解説を行っている。

❖ 時間を金銭に変える──時間価値，時間費用

　この機会費用という考え方は非常に便利なもので，交通経済学においても多くの分野で活用されている。ここではそのうち**時間価値，時間費用**の概念について取り上げることにしよう。

　時間価値とは，ある一定の時間がどれだけの価値を持っているかということであり，その価値を犠牲にすることによる費用が時間費用である。より具体的には1時間いくら，1分いくらというように表され，時間が金銭評価される。では，どのようにして時間を金銭評価するのだろうか。

　どの人間にも時間はまったく平等に分配されている。それをどのように使うかは基本的に本人の自由に任されている。いま，ある目的地に行くときに，交通機関を利用して1時間かかるとしよう。しかし，あなたはこの1時間を仕事に使うこともできるはずである。その場合は，時給にしてなにがしかの収入を得ることができる。あなたは1時間仕事をすることを犠牲にして車中で1時間をすごすことを決めたのだから，この1時間の機会費用は仕事をすれば得られたはずの収入である。つまり，このときの1時間の時間価値は，労働による収入に一致する（こうした方法による時間価値の計測方法は**所得接近法**と呼ばれ，そのほかにも**選好接近法**と呼ばれる方法があり，これについては，竹内［2014］にきわめて簡単な説明がある）。

　新幹線や高速道路の開通で所要時間が短縮され，その経済効果の金額などがしばしば報道される。そのときの時間短縮効果は，原理的にはこの単位当たりの時間価値に，短縮された時間を乗じた時間費用を求め，さらにそれに利用者数を乗じることによって求められる。

　もちろん，時間価値は人によっても異なるし，同じ人でも時と場所によって異なることが普通である。忙しいビジネス・パーソンなどは1日に25時間ほしいというくらいの人もいるだろうし，「時間を買いたい」とまでいう人がいる。こうした人の時間価値は高い。失う時間の価値が高いので，こうした人びとはより高速の交通機関を選ぶ傾向にある。反面，あまり忙しくない人の場合，一般にそれほど時間価値は高くない。退屈でたまらない人の場合は，時間価値はマイナスであるかもしれない。通常，時間価値はその人の所得と強い相関があるといわれる。このように時間価値は現実には多様な値を持つ。現在，厳密な検討によって平均的な時間価値が求められ，実際の交通政策に活用されてい

表 1-1　交通機関の国内事業における時間価値　　　　　　（単位：円／分）

事業区分	道路（乗用車） 2008（平成 20）年	鉄　道 2010（平成 22）年	空　港 2004（平成 16）年	港　湾 2009（平成 21）年
時間価値 原単位	40.10	36.2	55.95（61.1）	36.4

(注)　1.　いずれも所得接近法による。ただし空港のカッコ内の数値は選好接近法による。
　　　2.　道路は円／分・台。
　　　3.　実際のプロジェクト評価では，上記の数値を参考値としてある程度の裁量は許されている場合がある。
(出所)　国土交通省鉄道局［2012］『鉄道プロジェクトの評価手法マニュアル（2012 年改訂版）』，国土交通省
　　　　航空局［2006］『空港整備事業の費用対効果分析マニュアル Ver.4』，国土交通省港湾局［2011］『港湾整
　　　　備事業の費用対効果分析マニュアル』，国土交通省道路局，都市・整備局［2008］『費用便益分析マニュ
　　　　アル』より作成。

る。たとえば表 1-1 はそうした一例である。

　本書においては，これから時間価値，時間費用という概念がしばしば登場する。交通は空間の克服をめざすものであり，そのためには一定の時間を要するから，時間価値，時間費用の概念は交通経済学においては重要な概念となる。

❖ 機会費用で考える交通問題

　機会費用の考え方を用いると，前述のようにさまざまな社会現象を説明することができる。ほかにも，金利の決まり方のメカニズムを説明できるし，本書でも後に触れるが，人命の価値をどうやって決めるのかという非常に微妙な問題にもヒントを与えてくれる（竹内［2017］も参照のこと）。ここでは機会費用の考え方の便利さを理解するために，時間の機会費用を使った身近な交通問題を 1 つ取り上げよう。

　読者のなかにはタクシーに乗ることが多い人もいるかもしれない。タクシーに乗っていて心臓に悪いのは，タクシー・メーターの数字がどんどん上がっていくことだろう。とりわけ許せないように感じるのは，乗っているタクシーが渋滞に巻き込まれ，1 センチも 1 ミリも車が動いていないにもかかわらず，タクシー・メーターの数字（つまり運賃）が上がることである。これは，タクシー運賃の計算方法として時間距離併用制運賃というものが採用されていることによる。

　東京都 23 区（武蔵野市・三鷹市を含む）の典型的なタクシー運賃計算の事例を取り上げると，初乗り運賃が 410 円の場合，時速 10 km 以下で走行すると，

通常1分30秒ごとに80円が加算される。移動するために運賃を支払っているにもかかわらず，一定の時間が来れば移動しないでも運賃が上がるということはどうにも納得がいかない，という読者も多いのではないだろうか。さらに，そのうえに不可解なのは，タクシーは遅れれば乗客が余分に運賃を支払うのに対して，鉄道では特急列車が2時間以上遅れると，鉄道企業が乗客に特急料金を払い戻している。どうしてこうした正反対のことが起きるのだろうか。

　この奇妙に見える現象は，実は機会費用の概念を使えば簡単に理解することができる。タクシーの運転手は，利用客がどこに行こうとしているのかを事前に把握することができず，また目的地がどこであれ，いったん車に乗り込まれればどうしても指示された場所へ指示されたルートで行かなければならない。たまたま運悪く，その運転手が利用客に非常に混雑する道路を走行することを求められた場合は，その道路で長い時間渋滞に巻き込まれなくてはならない。しかし，その運転手がそうした利用客ではなく，空いた道を走っていける利用客を乗せた場合には，どんどん運賃収入を得ることができただろう。つまり，混雑した道路を走らせる利用客は，そのタクシー運転手が本来ならば得られたであろう運賃収入を犠牲にさせて，渋滞した道路を走らせていることになる。

　別の言い方をすれば，タクシーの運転手は渋滞する道路を走行する選択肢と空いた道を走行して多額の運賃収入を稼得する選択肢の両方を持っていたにもかかわらず，その利用客は自分の意思で一方の選択肢を奪ったことになる。運転手は乗客の指示にしたがってやむなく渋滞する道路を走行する選択肢を選択することで，本来ならば得られたであろう収入を犠牲にせざるをえない。つまり，渋滞した道路を走らせる利用客はこの機会費用を運転手に負担させていることになる。したがって，この機会費用相当分を利用客は運賃として支払っていると考えることができる。

　それでは，鉄道の特急料金の場合はどうだろうか。特急料金は，鉄道企業が乗客に各駅停車よりも早い時刻に到着することを約束して，その代わりに特急料金を徴収している。乗客は早着することを前提としてその後の行動を予定しているから，特急列車の遅れによる機会費用は乗客側に発生している（たとえば，早着することを前提として仕事を入れていたのに，それができなくなって得られるべき収入を失ってしまったというようなことが考えられる）。したがって，鉄道企業は乗客に特急料金の返還という手段で機会費用を弁済すると考えられる。

両者の違いは，機会費用がどちら側に発生しているかという違いに基づく。

もちろん，タクシーの時間距離併用制運賃も鉄道の特急料金の金額も，この機会費用に基づいて計算されているわけではなく，これらは交通経済学者から見た1つの解釈である。そのほかにもどのような説明が可能かについて読者は考えてみてほしい。また，この事例だけではなく，多くの交通現象・交通問題が機会費用で説明できることがあるかもしれない。このように考察することが交通問題研究の第一歩となる。

3 完全競争市場の資源配分上の優越性

❖ 消費者余剰——なぜ利用者は運賃が下がると喜ぶのか

第1節で，資源配分が効率的になるとは，一定の資源のもとで人びとの幸福（効用）水準が以前よりも同等かそれ以上になることであると述べた。しかし，ある交通政策で資源配分が効率的になったかどうかを判断するためには，その幸福の大きさを何らかの指標で表して比較しなくてはならない。ミクロ経済学ではその幸福の大きさを，消費者に関しては**消費者余剰**という概念で計測しようとすることがよく行われる。ここでは消費者余剰を簡単に復習しよう。

図1-4において，縦軸に価格 p（たとえば交通サービスの運賃），横軸に数量 q

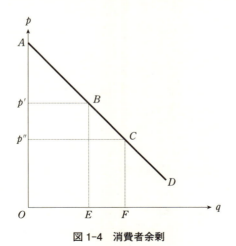

図1-4　消費者余剰

（たとえば交通サービスの量）をとる。そして，右下がりの直線 D はある消費者個人の**需要曲線**であるとする。ミクロ経済学の教科書が教えるように，需要曲線の下側の面積は，ある財・サービスについて消費者が支払ってもよいと思う最大の価値（**支払意思額**）を表している。言い換えれば，ある交通サービスを使うことによって消費者が得ることのできる幸福の総額が示されている。

いま，ある利用者（消費者）がある交通サービスを利用するときに，運賃が p' であれば，その利用者は交通サービスを E まで利用するので，そのときのこの利用者が手に入れることができる幸せは，台形の $OABE$ となる。しかし，鉄道などを利用すると無賃では乗せてくれないので，運賃を支払わなくてはならない。支払う運賃の総額は長方形の $Op'BE$ である。これは簡単にいえば運賃を支払うことでお金が出ていく不幸せである。利用者の手元に入ってくる幸せの量は $OABE$ で，手元から去っていく金額は $Op'BE$ だから，利用者の手元に残る幸せの量は三角形 ABp'（$=OABE-Op'BE$）である。つまり，交通サービスを使える幸せからお金が出ていく不幸せを差し引いた余り（余剰）が手元に残ることになる。このときの ABp' を消費者余剰と呼ぶ。

利用者はこの三角形の面積が大きければ大きいほど幸せの量が大きいのだから，そうなることを望む。仮に運賃が現行の p' から p'' に下がったとしよう。このとき消費者余剰は ABp' から ACp'' へと，台形 $p'BCp''$ だけ大きくなる。つまり幸せの量が増えることになる。このことから利用者は運賃が下がれば喜ぶし，逆に運賃が上がれば不幸せに感じることになる。ときどき運賃が割り引きされ，利用客の顔がほころぶことがあるが，その顔のほころびが台形 $p'BCp''$ の大きさにほかならない。

以上の需要曲線は各消費者の需要曲線なので，市場全体の需要曲線は各消費者の需要曲線を水平に合計すればよい。仮に各消費者が同質であるとすれば，市場全体の需要曲線は水平に整数倍すればよく，そのときの市場全体の消費者余剰は上記の面積の整数倍となる。

❖ **生産者余剰──なぜ交通企業は運賃が上がると喜ぶのか**

財やサービスの消費者が存在すれば，当然のことながら財やサービスの生産者も存在する。ここでは**生産者余剰**について復習しよう。図 1-5 の縦軸と横軸は図 1-4 と同じである。右上がりの直線 S は交通サービスの各生産者が持つ供

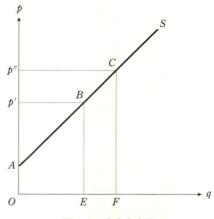

図1-5 生産者余剰

給曲線である。ミクロ経済学の教科書が教えるように，供給曲線（**限界費用曲線と同一**）の下側の面積は，ある交通サービスの生産に必要な総費用（設備などの**固定費用**を除く）を表している。

いま，交通サービスを提供するときの運賃が p' であれば，この交通サービスは E まで生産されるので，この交通企業（生産者）の収入の合計は長方形の $Op'BE$ となる。そして，そのときに必要となる費用の総額は台形の $OABE$ となる。この生産者は交通サービスを生産することによって手元に $Op'BE$ だけの収入が入ってくる一方で，交通サービスの生産のために手元から $OABE$ だけの費用が出て行くので，生産者の手元に残る（余剰）幸せの量，つまり**利潤**は三角形 ABp'（$=Op'BE-OABE$）となる。このときの ABp' を生産者余剰と呼ぶ。

交通企業はこの三角形の面積が大きければ大きいほど利潤が大きいのだから，そうなることを望む。仮に運賃が現行の p' から p'' に上がったとしよう。このとき生産者余剰は ABp' から ACp'' へと，台形 $p''CBp'$ だけ大きくなる。つまり利潤が増えることになる。このことから交通企業は運賃が上がれば喜ぶし，逆に運賃が下がれば不幸せに感じることになる。ときどき運賃値上げが行われ，経営に苦しんでいる交通企業の社長さんが安堵の色を浮かべることがあるが，その安堵の表情が台形 $p''CBp'$ の大きさにほかならない。

以上の供給曲線は各生産者の供給曲線なので，市場全体の供給曲線は各生産

者の供給曲線を水平に合計すればよい。仮に各生産者が同質であるとすれば，市場全体の供給曲線は水平に整数倍すればよく，そのときの市場全体の生産者余剰は上記の面積の整数倍となる。

❖ 余剰分析

消費者余剰と生産者余剰を学ぶと，両者の間に深刻な対立があることがわかる。つまり，利用者は運賃が下がれば下がるほど嬉しいのに対して，交通企業は運賃が上がれば上がるほど嬉しい。逆に，利用者は運賃が上がれば上がるほど不幸せであるのに対して，交通企業は運賃が下がれば下がるほど不幸せである。いったいどのような価格（運賃）水準であることが望ましいのだろうか。結論は，資源配分上は社会全体の幸福の量を最大にすればよいのだから，消費者余剰と生産者余剰の合計（これを**社会的余剰**と呼ぶ）が最大になればよい。社会的余剰が最大になっているような状況は図1-6において表されている。

運賃がp^*であれば，この交通サービスの消費量，生産量はq^*となる。このとき消費者余剰はAEp^*，生産者余剰はBEp^*であり，その合計である社会的余剰は三角形ABEである。この運賃p^*と交通サービスの量q^*の組み合わせは，**完全競争市場**における**市場均衡**であることがわかる。そして，三角形ABEよりも社会的余剰を大きくすることはp^*以外の価格ではできない。つまり，完全競争市場で達成される運賃と交通サービスの量の組み合わせによって社会的余

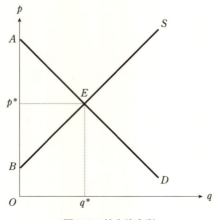

図1-6 社会的余剰

剰は最大になり，資源配分の最適（効率）が達成される。

　かつての国鉄の民営化や道路四公団の民営化などで見られたように，最近では交通企業の民営化が行われたり，運賃の決定に関して政府や自治体の介入の度合いが緩くなったりして，市場メカニズムにその決定を任せようとする傾向が強くなってきている。こうした交通サービスの自由化が進められているもっとも基本的な理由は，交通サービスの消費と生産を市場に任せると資源配分の効率化が達成され，社会全体が実現できる幸せの総量を大きくできるというミクロ経済学の基本的な原理があるからである（ではなぜ交通サービスが完全には自由化されていないのか，ということについては後に明らかにされる）。

　この消費者余剰，生産者余剰，社会的余剰という考え方は，交通政策を資源配分上の観点から評価するときに非常に便利な道具である。政策評価をこのような方法で行うことを**余剰分析**と呼ぶ。本書においてもこの余剰分析の手法が多用される。本書における交通問題の分析，交通政策の評価について理解するために，もう一度余剰分析の考え方を確認しておくことが必要である。

4 市場の失敗

❖ 交通サービスは市場の失敗の火薬庫

　第3節において，交通サービスの消費と生産を市場メカニズムに任せると，その結果達成された運賃と交通サービスの量の組み合わせは社会的余剰を最大にし，資源配分は最適になるということを復習した。ところが，現実の世界はそれほど簡単ではなく，どのようなときでも市場メカニズムに任せれば最良の成果を得られるというわけではない。これは**市場の失敗**と呼ばれる。市場メカニズムに任せると困った状況が起こることはしばしば観察される。そして，交通サービスにおいては，こうした市場の失敗がほかの一般的な財・サービスに比べて起こりやすく，いわば交通サービスは市場の失敗の宝庫ならぬ火薬庫であるともいえる。以下では，交通サービスとの関連を意識しながら市場の失敗について大まかに見ていくことにしよう。

4　市場の失敗　17

❖ 費用逓減

費用逓減でいう「費用」とは、**長期平均費用**のことを指す。つまり、長期平均費用が逓減する（グラフでいえば、長期平均費用曲線が右下がりの部分で需要曲線と交点を持つ）と市場が失敗するといわれる。すでに学んでいるように、資源配分を最適にするのは完全競争市場における市場均衡であり、その市場均衡点において価格は限界費用と等しくなっている（供給曲線と限界費用曲線が一致していることに注意）。つまり、完全競争市場では「（神の）見えざる手」によって自動的に価格と限界費用が等しくなっている。ということは、人為的にであっても価格を限界費用に等しくすれば、資源配分上、社会は最適になるはずである（第5章〔108ページ〕参照）。それでは長期平均費用曲線が右下がりのときに価格を限界費用と等しくしたら何が起こるかを見てみよう。図1-7はこの状況を表している。

縦軸と横軸はそれぞれ価格（運賃）と財・サービスの生産量（交通サービスの量）である。Dは需要曲線、ACは長期平均費用曲線、MCは**長期限界費用**曲線である。価格と限界費用を等しくすれば資源配分は最適になるのだから、最適な点は需要曲線Dと長期限界費用曲線MCの交点であるC点であり、運賃はp^*、交通量はq^*となる。このときの交通企業の収入は運賃と生産量を乗じ

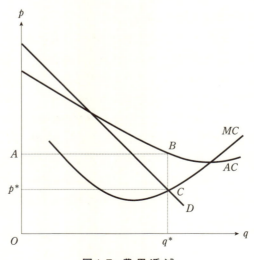

図1-7 費用逓減

たものだから，それは長方形 Op^*Cq^* となる。一方，交通企業の**総費用**は，長期平均費用 OA と生産量 q^* を乗じたものだから，それは長方形 $OABq^*$ となる。図から明らかなように，$Op^*Cq^*<OABq^*$ なので，費用のほうが収入よりも大きく，赤字が発生し，この企業は倒産する。

　仮に資源配分上望ましいとしても，企業が赤字で倒産しては元も子もない。そもそもそのような運賃では，交通企業はサービスを提供することを拒否するだろう。したがって市場は失敗する。

　長期平均費用が逓減するような市場とはどのような市場だろうか。通常，長期平均費用が逓減するのは，その市場において**規模の経済**が発生している場合であるといわれる。固定費用が大きい市場ほど規模の経済が発生しやすいといわれているので，そのとき長期平均費用は逓減しやすく，市場の失敗が起こりやすい。

　それでは，交通サービスについてはどうなっているだろうか。交通サービスにおいては，そのすべてではないにしても，多くの交通機関で固定費用が莫大であることが多い。たとえば，鉄道におけるトンネル，橋梁，駅，信号設備などはすべて固定費用に関するものであるし，航空輸送の場合の航空機，滑走路や格納庫などの空港の付帯施設，外航海運の定期船事業における大規模な船舶や港湾の付帯施設，バスにおけるバス・ターミナルの存在などは多くの固定費用を必要とする。

　その一方で，個人タクシーや内航海運の不定期船事業の場合は，基本的に車両１台，小さい船舶１隻からサービスを提供できるので，固定費用はそれほど多額ではない（もちろん道路や港湾などの莫大な固定費用を要する施設も必要とするものの，これらを企業は直接負担しない）。同様にトラック事業も基本的には比較的小さい固定費用から輸送サービスを開始することができる。

　ところで，費用逓減（規模の経済がある）状態で赤字が発生したのは価格を限界費用に等しくすることを強制したからであって，企業に自由に競争をさせて運賃の設定を任せれば自動的に採算のとれる水準になるのではないか，ということが容易に想像される。それならば規模の経済がある場合に，自由に競争させるとどのようなことが生じるだろうか。

　規模を拡大すると単位当たりの費用が低下する（長期平均費用が逓減している）ので，運賃を下げることができる。そのため運賃切り下げ競争に生き残ろ

4　市場の失敗　19

Column

なぜ巨大タンカーは出現したのか

　　原油を運ぶタンカーには巨大なものが多い。こうしたタンカーは「スーパータンカー」と呼ばれ，全長 400 m にも及ぶものがあり，甲板上にサッカーコートの面がとれるほどのタンカーもある。

　　なぜタンカーは巨大化するのだろうか。たとえば 10 万トンの原油を 5 万トン・クラスのタンカー 2 隻と 10 万トン・クラスのタンカー 1 隻で輸送することを考えよう。10 万トンタンカーの船の周囲の距離を測ったときのその長さは，5 万トン・クラスのタンカーの 1 隻の周囲の距離を 2 倍したものよりも短いだろう。その場合，船の周囲に用いられる鋼板の量は 2 倍以下で済む。また船の運転室である操舵室は 2 つ必要ではなく，10 万トン・タンカーの場合は 1 つで済む。このように考えると，船舶の規模を 2 倍にしたとしても，それに要する費用は 2 倍よりも小さくなることがわかる。このような場合には，船舶には規模の経済が働くといえ，より厳密には「工場規模の経済がある」という（これは「企業規模の経済」と区別される）。

　　また工場にあるガスタンクが大きいのは，球の体積と表面積の関係を考えればわかる。中学校の数学で習ったように，球の表面積と球の体積の計算公式を思い浮かべれば，単純な計算によって，タンクの収容できるガスの体積を 2 倍にしても，それに必要なガスタンクの表面積は 2 倍以下になることがわかる。つまり，ガスの量を 2 倍貯蔵するとしても，それに必要な鋼板は 2 倍以下の量で済む。だから工場のガスタンクは大型であると考えられる。これも工場規模の経済の一例である。

うとする企業は，必然的に規模の拡大競争に向かうことになる。規模の拡大競争が進むと，もともと需要には一定の限界があるので，この競争の先には必ず破綻が待っている。最後には，規模の拡大競争に生き残ったほんのわずかの交通企業がさらなる規模拡大競争そして激烈な運賃戦争を行い，その結果 1 社のみが生き残り，その後には破綻した企業の莫大な資産の山が残ることになる。

　利用者は，競争が進んでいるうちはみるみるうちに下がる運賃に喝采を浴びせるかもしれないけれども，最後に独占状態が現れると，その企業は手のひらを返したようにこれまでとは違う高額な独占価格を設定するだろう。この独占状態が資源配分上望ましくないのはミクロ経済学が教えるとおりである。

　こうした競争を**破滅的競争**と呼び，その結果として発生する独占のことを**自然独占**と呼ぶ。つまり，固定費用の大きい交通市場では自由な競争を行うと破滅的競争が起こり，最終的に自然独占に至る（ただし，いつもそうなるとは限ら

20　　第 1 章　交通経済学を学ぶにあたって

ないことは第7章〔169ページ〕で説明される）。こうしたことが理論的に明らかになっているので、現代に生きるわれわれはこうした激烈な競争を実際に目にすることがない。しかし、歴史をひもとけば、アメリカ開拓時代の大陸横断鉄道における運賃競争、明治期の日本海運業における郵便汽船三菱会社と共同運輸会社との運賃競争、そして鉄道国有化前の関西鉄道と官営鉄道との競争（運賃競争だけではなくサービス競争も激しく行われた）などの事例がある。

　現在、鉄道企業や海運企業ではある程度自由化が進んでいるものの、こうした状態が起きないのは、過去の失敗から学んだ規制当局が陰に陽に市場に介入しているということにもよる。そのようなこともあり、固定費用が莫大な鉄道事業では運賃の短期間での変動は起こっていない。その反面、固定費用が小さい交通サービスでは自由な競争が行われることが多く、内航海運事業やトラック事業では、毎日のように運賃が変動している。運賃が変動しやすい交通サービスと運賃が変動しにくい交通サービスを、固定費用の観点から分析することは興味深い。

❖ 外 部 効 果

　完全競争市場では、その市場に参加する消費者も生産者も自己のことだけを考えて行動することができ、他者の行動が自己の行動に影響を与えたり、また自己の行動が他者の行動に影響を与えたりすることはないという前提がある。しかし、現実の世界はそのように単純ではない。隣の家が車を持てば自分も車を持ちたくなるだろう。これはほかの消費者の行動が自己の消費行動に影響を与えている例である。開かずの踏切でじっと我慢しなくてはならないのは、鉄道サービスの生産者の行動によって踏切にいる歩行者の行動が影響されている例である。このように自己の外部から自己の合理的な経済行動に影響が及ぶことを「**外部効果（外部性）がある**」という。

　外部効果があると市場は失敗する。このメカニズムについて図1-8を使って見てみることにしよう。例として開かずの踏切の問題を取り上げる。図1-8において縦軸には費用（鉄道企業の運行費用や踏切で待つ時間費用など）および運賃 p、横軸には交通サービスの量 q（1時間当たりの列車の運行本数など）がとられている。外部効果のない完全競争市場では限界費用曲線は1本であるのに、図1-8では限界費用曲線が2本に分離している。そのうち、PMC は**私的限界費**

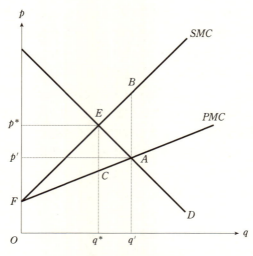

図1-8 外部効果

用曲線，SMC は**社会的限界費用**曲線である．D は鉄道利用者の鉄道サービスに対する需要曲線である．鉄道企業は自社のことのみを考え，踏切対策などを一向にとる必要のない場合は，完全競争市場が教えるように，自社の限界費用である私的限界費用 PMC と需要曲線 D が交わる A 点が市場均衡点となるので，運賃は p' となる．したがって生産量は q' である．

ところが，鉄道企業がそのようにして生産ができるのは，開かずの踏切で我慢をしている人びととの時間費用を鉄道企業が負担していないからだと考えることができる．つまり，このとき踏切で待っている人には AB という時間の限界費用（総費用でみれば FAB）が発生している．このように外部（ここでは踏切で待っている人）にマイナスの効果を与える外部効果は**外部不経済**と呼ばれ，ABの限界費用の乖離分を**外部費用**と呼ぶ．

実際に社会が負担している費用は私的限界費用に外部費用を加えた社会的限界費用である Bq' であるにもかかわらず，鉄道企業は Aq' という正しくない費用認識によって生産の意思決定を行っていることになる．資源配分を最適にする均衡点は真の費用である社会的限界費用 SMC を反映した E 点であるのに，市場メカニズムに任せると A 点が選択され，つまり過大な運行本数が設定され，市場は失敗する．

このように考えると，市場均衡点を A 点から E 点に移動させることが必要になる。そのためには外部費用である EC を鉄道企業に負担させればよい。たとえば，税金として政府が鉄道企業から EC の部分を徴収することなどが考えられる。鉄道企業はこの費用を利用者に転嫁させるしかないだろうから運賃は上昇し，鉄道の利用者は減少するだろう。その結果，運行本数は少なくなり，生産量は過大な q' から最適な生産量である q^* に減少する。これを**外部不経済の内部化**と呼び，内部化のために課される税金のことを，その提唱者A.C.ピグーの名前をとって**ピグー税**と呼ぶ。あるいは企業にとっては，それだけの税金を負担するよりも道路と立体交差をさせるほうが安く済むならば，鉄道を高架にして踏切をなくすかもしれない。この事例で興味深いのは，開かずの踏切で我慢する人びとが，別の時点では逆にこの鉄道を利用して加害者になっていることがあるということである。このように，加害者と被害者が交錯することが交通問題においてはよく起こる。

　これまでの分析は，市場の参加者にとってはありがたくない外部費用が発生する場合だった。もちろん逆の例（外部にプラスの効果を与える**外部経済**）もある。たとえば，ある町に新幹線が開通して，町の知名度が上がり，地域が一定のステータスを持つようになったので地元を誇らしく思えるようになった，というような事例があてはまるだろう。筆者がある交通経済学者から聞いたところによると，ある過疎地域では，バスも通らないような地域には嫁などやれないという地域もあるそうである。ということは，この場合はバス路線の開通によって嫁が来るという外部効果が発生することになる。こうした場合の**外部経済の内部化**の手法は，税金ではなく補助金（マイナスの税金）ということになる。

　外部効果には，もう1つの別の切り口がある。それは**技術的外部効果**と**金銭的（市場的）外部効果**という切り口である。技術的外部効果とは，第三者の経済行動が直接的・物理的に当事者に影響を及ぼすような外部効果であり，金銭的（市場的）外部効果とは，第三者の行動が価格を通じて（つまり市場を通じて）当事者に影響を及ぼすような外部効果である。つまり，金銭的（市場的）外部効果は，少なくとも1回は市場の洗礼を経ていることになる。この2つの外部効果の決定的な違いは，同じ外部効果という名前を持っていながら，前者は市場の失敗を引き起こすのに対して，後者は市場の失敗を引き起こさないというところにある。

表1-2 外部効果の分類と事例

	技術的（市場が失敗する）	金銭的（市場が失敗しない）
外 部 経 済	新幹線の開通による地域のステータスの向上	新幹線の開通による沿線の地価の上昇
外部不経済	空港開設による周辺地域の騒音公害	空港開設による周辺地域の騒音公害による地価の下落

　上に述べた新幹線の開通の例を取り上げよう。沿線の住民は新幹線の開通で直接自分の地域を誇りに思うというような物理的な影響を受ける。これは技術的外部効果である。一方，地域のステータスが上がって地価が上昇するとき，その新幹線の開通の効果は土地の価格という形で土地市場を経由して現れる。換言すれば，金銭的（市場的）外部効果は価格に織り込まれるので内部化され，市場の失敗をもたらさない（しかし，この場合，依然技術的外部効果は発生していることに注意しよう）。たまたま自分の持っている土地の近くに新幹線が通っただけで，自分は何もしなくても持っている土地の価格が上昇するという「棚ぼた的」な利益は一見不当なように見える。しかし，これは資源配分上の問題ではなく，金銭的外部効果が極端に大きいことによる公正の問題であるという点に注意が必要である（金銭的外部効果については第8章〔226ページ〕において再び言及する）。

　ある道路や空港が整備されることについて，沿線や地域の住民が環境の悪化を恐れて反対運動を繰り広げることがある。この場合，反対住民には直接健康被害を受けるという技術的外部効果が反対運動の理由であることはもちろん，居住している土地を保有している場合には自己の保有する土地の資産価値が低下するという金銭的外部効果も反対の理由になっていることがある。

　以上のことをまとめると，外部効果は表1-2のように分類できる。

❖ 公 共 財

　人びとによって生産・消費される財・サービスは，大きく分けて**私的財**と**公共財**に分けることができる。そして，私的財が供給される市場では市場は失敗せず，公共財が供給される市場では市場が失敗するといわれる。しかし，財・サービスはすべて私的財と公共財に明確に区別することができるというものではない。純粋私的財といわれるものもあるし，純粋公共財といわれるものもあ

る一方で，その中間にも財が存在する。しかも，交通サービスはその両者の中間に位置することが多く，たいていの交通サービスは公共財「的」な性格を持つことが多いので，市場が失敗することが多いといわれる。

2つの点において公共財は私的財と異なっている。1つは**集合消費性**である（「共同消費性」あるいは「消費の非競合性」などとも呼ばれる）。これは，ある人の消費がほかの人の消費を妨げないということを意味する。公共財は集合消費性を持ち，私的財は集合消費性を持たない。つまり，私的財はある人の消費がほかの人の消費を妨げ，公共財は妨げない。

たとえば，ある人がリンゴ1個を食べるとき，同時にその同じリンゴをほかの人が食べることはできない。ある人が鉛筆1本を使って文字を書くとき，同時にその同じ鉛筆でほかの人が文字を書くことはできない。これが「消費を妨げる」という意味である。ところが国防サービスは，それによってある人が守られると同時に，隣にいる人も好むと好まざるとにかかわらず守られてしまう。

もう1つは**排除不可能性**である。これはある財・サービスを利用する権利を持つ人が，ほかの人をその利用から排除することが不可能であることを意味する。公共財は排除不可能性を持ち，私的財は排除不可能性を持たない。つまり，私的財はほかの人をその利用から排除することが可能であり，公共財では不可能である。

たとえば，リンゴや鉛筆はそれをスーパーや文具店で購入するということによって消費者はその使用の権利を獲得することができるし，購入しない人はその権利を持てない。これが「排除することが可能」という意味である。ところが国防サービスは，たとえある人が自分の身は自分で守るといったところで，その人だけを排除して国防サービスを供給することはできず，結果的にその人も含めて守ることになってしまう。

以上のことから，リンゴや鉛筆は私的財と呼ばれ，国防サービスは（純粋）公共財と呼ばれる。公共財が供給される市場で市場が失敗する理由を考えてみよう。ミクロ経済学が教えるように，通常の私的財の場合，消費者は価格と自己の**限界効用**が等しくなる点まで財・サービスを購入することができる。しかし，国防サービスを想像すればわかるように，公共財は自分の限界効用の大きさに合わせて好きなだけ購入することができない。そして，（ありえないことだが）もし仮に自分の限界効用と等しいだけの購入ができたとしても，それに

よって購入しない人と区別して自分だけが国防サービスを消費することはできない。このような理由から，公共財の取引は市場を失敗させる。

　しかし，市場が失敗するからといって，公共財の最適供給量が決まらないということはない。公共財の最適供給量は，各消費者の限界効用の合計が公共財の供給の限界費用と等しくなる点で決まることが知られている。しかし，消費者は自己の限界効用がどれだけかを他人に知られることがないので，公共財に認める自己の真の価値を過少申告することで公共財の費用負担を逃れようとするだろう。これはフリー・ライダー（ただ乗り）問題と呼ばれる。このことは交通サービスにおいても深刻な問題をもたらす（第2章〔43ページ〕参照）。

　それでは交通サービスは公共財であるのかどうか，あるいは公共財的な性格を持つのかどうかを確認しておこう。どのような乗り物（徒歩や2人乗りのできない自転車などを除く）も定員があり，同時に複数の人が目的地に行くことが可能である。たとえば，定員50名のバス1台を取り上げると，乗客が1人だろうと10人だろうと，問題なく目的地に移動することができる。つまり集合消費性が満たされている。

　ところが，50名以上の人が利用を希望すると混雑が発生し，無理やり詰め込んでもやがて積み残しが発生する。そして，その段階で集合消費性は満たされなくなる。したがって，集合消費性に関する限り，交通サービスは公共財としての性格を持つには持つが，それには一定の限界があり，その限界を超えると私的財と同様になる。

　排除不可能性に関しては，バスや鉄道などの乗り物は料金箱の横を通ったり改札口を通ったりするときに無賃乗車を排除することができるので排除可能性があり，その点では交通サービスは私的財としての性格を持つように見える。しかし，一般道路を考えてみよう。一般道路を利用するときにはどこからでも道路に入ることができ，車も自転車も歩行者も利用を排除されることなく道路を利用している。もし排除可能性を実現しようとすれば，一般道路の沿道すべてに壁を作って所々に料金所を設定して，そこからのみ利用ができるようにしなくてはならない。しかし，そのためには莫大なコストが必要になるし，それはほとんど不可能だろう。したがって，一般道路では料金は徴収されていない。

　一方，高速道路などの有料道路は料金所が設定されているので排除が可能である。すなわち，高速道路を提供するサービスは一般道路を提供するサービス

図 1-9　私的財と公共財の関係と交通サービスの位置

(注)　図中の交通サービスの位置関係は絶対的なものではなく，相対的なものである。また，細かな関係については厳格ではなく，イメージにすぎない。

よりも私的財に近い。

　このように，交通サービスは純粋な私的財でも純粋な公共財でもなく，両者の中間的な性質を持つサービスであることがわかる（図1-9参照）。また，同じ種類の交通サービスであっても，時と場合によって私的財のようになることもあるし，公共財のようになることもある（混雑の有無などはこの例である）。ここに交通サービスの供給を市場メカニズムに任せるか任せないかということの難しさがある。

❖ 不確実性，情報の非対称性

　通常，消費者は対価を支払うと100％確実に商品を手に入れることができ，生産者は生産を行うと100％確実に生産物ができあがると仮定される。しかし，この仮定が崩れると市場は失敗する。支払いをしたのにもかかわらず商品が手に入らなければ市場が混乱するのは容易に想像できる。しかし，交通においてはこの仮定が崩れることがよくある。その代表的な例が需要予測の失敗である。

　少額で長期の投資を必要としないような財・サービスであれば，製造の即時中止，資産の売却などで需要予測の失敗への対応は比較的容易な一方で，交通サービスの場合は投資額が莫大で資本の懐妊期間が長いために，市場の変化に対応しにくい。公営交通企業や第三セクターの交通企業が需要見通しを甘く見

4　市場の失敗　　27

積もった結果として経営責任を追及されることがある。これはこの**不確実性**に原因の一端がある。

　一方，消費者側にも不確実性は存在する。事故渋滞などに巻き込まれることで目的地への到着が予定の時間よりも大幅に遅れたり，特急料金を支払っているのにもかかわらず天候などの理由で列車が遅れたりすることがある。通常の財・サービスは商品が入手できないと比較的容易に支払いを解除できるが，大雪のために列車内で閉じ込められた乗客は，それによって失われた時間の機会費用を回収することはできない。また，タクシー事業の自由化によってさまざまな運賃水準のタクシーが道路を走っているけれども，道路で手をあげたときにどの運賃のタクシーがやってきて停車するのかはわからない。これらも不確実性の問題である。

　情報の非対称性も問題になる。情報の非対称性とは，たとえば売り手と買い手との間に情報が偏在しており，対等な立場で市場での取引ができないことを意味する。ミクロ経済学の教科書では，この例として医療サービスや弁護士サービスをあげ（医師や弁護士は患者や依頼者よりも圧倒的に多くの情報を持っている），市場が機能しにくいことを説明する。それは交通サービスにおいても同様である。

　あなたは見知らぬ土地に行ったときに，バスを利用することをためらうことはないだろうか。路線バスは路線が複雑であり，乗り間違えることが心配で，リスクを避けるためにやむをえずタクシーに乗ることがあるかもしれない。また，海外などでタクシーを利用すると，その土地に不案内であることをいいことに，わざと遠回りをして高い運賃を請求する悪質なタクシー運転手に出会った経験を持った人もいるだろう（筆者も経験したことがある）。このとき，タクシー運転手は見知らぬ土地を旅するわれわれよりも圧倒的に地理に詳しいという情報の非対称性が存在する。こうした場合，利用者は支払いに見合っただけの消費者余剰を得ることができず，市場は失敗する。

　なお，市場の失敗と交通サービスの関係は，主に規制という観点から山内・竹内［2002］第1章第2節においても解説されているので，参考にされたい。

※「交通経済学」はなぜ存在するのか

　いままで見てきたことから明らかなように，交通サービスは，完全競争市場

28　　第1章　交通経済学を学ぶにあたって

を想定するミクロ経済学の標準的な分析では手に負えない複雑な状況を持っている。前述のように，交通サービスは市場の失敗の「火薬庫」であり，多くの問題がある。さらに問題はそれだけにとどまらない。

　市場の失敗が多く存在するということだけではなく，次の章において述べられるように，交通サービスは通常の財・サービスにはない性質を多く持っている。このことから，交通サービス市場への政府の介入がしばしば主張されることになる。

　交通サービス市場では，通常の標準的なミクロ経済学のテキストが示すように，消費者と生産者だけが市場のゲームのプレイヤーになるということは少なく，政府という第3の存在がかなり大きな役割を果たす。また交通サービスの場合は，サービス供給に必要なインフラの運営主体とサービスの供給主体が異なることがままある。たとえば，ある航空輸送サービスの場合は，空港企業と航空輸送企業の2者があり，これに消費者であるサービス利用者と政府を加えると，この場合ゲームのプレイヤーは4者となる。このように，単純なミクロ経済学のテキストが想定する状況とは異なって，現実の交通サービスはかなり複雑な構図を持っている。

　さらに交通サービスといっても，それを提供する交通機関は多種多様であり，それぞれが固有の性格を持ち，サービスの質も異なっている。そして，それらが相互に代替的あるいは補完的な役割を果たして一定の交通サービスを供給しているので，個々の交通機関の分析だけではなく，それらを総体としても分析しなくてはならない。また，過疎地域における交通弱者の問題のように，公正の問題も交通問題においては看過することができない重要なものである。

　このように，交通問題・交通政策の分析・評価は，単にミクロ経済学のテキストに書いてあることを機械的にあてはめればよいというような単純なものではなく，交通サービスについての独自の分析が必要とされる。このようなことから「交通経済学」という応用経済学の1つが独自の分野として存在しているといえるだろう。

＊注

　　本来は，人びとの間での公正が確保されるような交通政策が望ましいというべきであって，厳密にいえば，「所得分配」を公正にすることそのものは交通政策の目的では

ない。しかし本書では，簡単化のためにあえて「所得分配」という用語を用いている。

重要語句

経世済民，効用，資源配分，効率，パレート改善，パレート最適，所得分配，公正，シビル・ミニマム，トレードオフ，価値判断，機会費用，時間価値，時間費用，所得接近法，選好接近法，消費者余剰，需要曲線，支払意思，生産者余剰，供給曲線，限界費用，固定費用，利潤，社会的余剰，完全競争市場，市場均衡，余剰分析，市場の失敗，費用逓減，長期平均費用，長期限界費用，総費用，規模の経済，破滅的競争，自然独占，外部効果（外部性），私的限界費用，社会的限界費用，外部不経済，外部費用，外部（不）経済の内部化，ピグー税，外部経済，技術的外部効果，金銭的（市場的）外部効果，私的財，公共財，集合消費性，排除不可能性，限界効用，フリー・ライダー，不確実性，情報の非対称性

復習確認と議論発展のための問題

Q1-1

　しばしば自治体等に見られるスローガンに，「わが市（町村）は『効率性重視』の社会から『環境重視』の社会への転換をめざします」というものがある。また，テレビのワイドショーでは，コメンテイターが「環境問題の悪化には経済効率優先の考え方がその背景にある」などというコメントをすることがある。これらの自治体やコメンテイターのいう効率は，経済学でいう効率とどのように違うのか。

Q1-2

　大学生が書くレポートや卒業論文のなかで，たとえば，「日本はもっと高齢者を大切にする政策に重点を置くべきであり，たとえ1人のお年寄りであってもその命を守るために医療に多くの補助金を投入しなくてはならない」というような主張がよくなされる。こういう主張を突き崩すことは比較的容易で，「そんなに多くの補助金を1人のお年寄りに使うのならば，同じ額のお金を発展途上国で伝染病のため死んでいく子どもたちへの予防注射として使ったほうがより多くの人命を救えるのではないのか」と言ってやればよい。こういうと，大抵の学生は黙り込む（筆者の実体験である）。多額の費用（資源）が必要となる高齢者医療でお年寄り1人の生命を救うよりも，同じお金（資源）でもっと多くの小さい命が救えるとしたら，そのほうがよほど効率的かもしれない。

　さて，この学生は黙り込むしかないのだろうか。上記の筆者の反論について公正という観点から再反論せよ。

Q1-3

　ある市場における市場全体の（逆）需要曲線が $p = -q + 50$，（逆）供給曲線が $p = q +$

30　　第1章　交通経済学を学ぶにあたって

10 であるとする。

(1) この市場が完全競争市場であるときの市場均衡価格 p^* と市場均衡量 q^* を求めよ。

(2) (1)のときの消費者余剰，生産者余剰，社会的余剰をそれぞれ求めよ。

(3) 政府がこの市場における価格を強制的に $p=40$ に設定したとする。この価格規制に対して，生産者がこの価格のもとにおいて利潤を最大にする量しか生産しないことによって対応したとしよう。このときの生産量，消費者余剰，生産者余剰，社会的余剰をそれぞれ求めよ。

(4) (3)のように価格を強制的に設定された場合の実現されない余剰（資源配分上のゆがみ）の大きさを求めよ。

Q1-4

ある交通市場における長期平均費用 $LRAC$ と長期限界費用 $LRMC$ がそれぞれ次のような直線で近似できるものとする（ただし，q はこの交通市場におけるサービスの生産量である）。

$$LRAC = \begin{cases} -\dfrac{1}{2}q + 20 & (0 \le q \le 20) \\ \dfrac{1}{4}q + 5 & (20 \le q) \end{cases} \qquad LRMC = \begin{cases} -\dfrac{3}{2}q + 20 & (0 \le q \le 10) \\ \dfrac{1}{2}q & (10 \le q) \end{cases}$$

また，この市場において2つの需要曲線 D_1 と D_2 をそれぞれ次のように想定する（ただし，p はこの交通市場におけるサービスの価格である）。

$$D_1 : p = -\frac{3}{2}q + 32 \qquad D_2 : p = -q + 48$$

(1) この市場で規模の経済が発生する生産量の上限を求めよ。

(2) 需要曲線が D_1 のとき，限界費用に基づく価格を設定したときの p と q の組み合わせを求め，そのときの赤字あるいは黒字の額を求めよ。

(3) 需要曲線が D_2 のとき，限界費用に基づく価格を設定したときの p と q の組み合わせを求め，そのときの赤字あるいは黒字の額を求めよ。

(4) (1)と(2)の事実から何がわかるか。

Q1-5

ある市場における私的限界費用 PMC，社会的限界費用 SMC，需要曲線がそれぞれ以下のとおりであるとする。

$$PMC = \frac{1}{4}q + 10 \qquad SMC = \frac{1}{2}q + 10 \qquad p = -\frac{1}{2}q + 22$$

(1) 市場を放置した場合の均衡点での価格 p' と数量 q' を求めよ。

(2) このときに発生している外部費用の総額を求めよ。

(3) 資源配分が最適になる均衡点での価格 p^* と q^* を求めよ。

(4) (1)の均衡点から(3)の均衡点へ移るとき，どれだけの資源配分の無駄が解消されるか。その額を求めよ。

(5) この市場でのピグー税を求めよ。

Q1-6

ある社会が2つの構成員（あるいはグループ）1と2から構成されているものとする。この社会にある公共財を供給するにあたって，構成員1と2の公共財に対する限界効用曲線 MU_1, MU_2, 公共財供給のための限界費用曲線 MC がそれぞれ次のように表されるとする（なお，公共財の供給量は q である）。

$$MU_1 = -\frac{1}{2}q + 4 \qquad MU_2 = -q + 8 \qquad MC = \frac{1}{2}q + 4$$

(1) 社会全体の限界効用曲線 MU を求めよ。

(2) 社会的に最適な公共財の供給量を求めよ。そして，そのときの構成員1と2の限界効用 MU_1, MU_2 をそれぞれ求めよ。

(3) 公共財の供給主体は各構成員の限界効用曲線に関する情報を持たないのが通常である。この状況を利用して各構成員がとる行動は何と呼ばれるか。

Q1-7 ★

交通サービスのように，純粋私的財と純粋公共財との間に存在するような財・サービスは多くある。それらにはどのようなものがあるだろうか。そして，それは集合消費性と排除不可能性をどのように満たす，あるいは満たさないのだろうか。

第2章

交通サービスの性質

　交通経済学が応用経済学として独立した1つの分野を形成しているということは，とりもなおさず通常のミクロ経済学が想定するような財・サービスとは異なる性質を交通が持っているということを意味している。交通サービスはそれ固有の性質を持つために，ほかの一般的な財・サービスとは異なった分析対象として研究されている。本章では，そもそも交通とは何か，というところから始め，交通サービスがほかの一般的な財・サービスとどのように異なっているのかを指摘し，さらに交通機関ごとでも性質が異なっていることを指摘する。

⚠本章で取り上げるトピックス

- トラックは本当に貨物の9割を運んでいるのか。
- 交通サービスには公共性があるのか。
- 乗客ゼロで空気を載せて運んでいる列車やバスは運行をやめるべきか。
- マイカーを使う人でも不動産広告で「駅から○○分」を気にするのはなぜか。
- 誰も利用しない道路は建設してはいけないのか。
- 朝夕のラッシュアワーが発生するのは鉄道企業の責任か。
- 人びとはどうやって交通機関を選択しているのか。
- 長距離になると人はなぜ新幹線より飛行機を選ぶのか。

1 交通とは何か

❖ 交通の目的

交通とは，空間を克服するための人間の経済活動といってよいだろう。もう少し具体的にいえば，ある地点からある地点までヒト（旅客）またはモノ（貨物）が移動することが交通であり，またそれが交通の目的でもある。「交通」という用語のほかに「運輸」という用語がある。前者に比べて後者にはいささか貨物輸送の比重が重いニュアンスがあるといわれる。確たる公式見解があるわけではないけれども，国土交通省の前身の「運輸省」が「交通省」でなかった理由は，戦後になって省名を決定するとき，今後の日本の経済成長のために貨物輸送の重要性を認めていたためだったとする説がある。

ところで，経済学による分類に従えば，交通は財とサービスのうちどちらだろうか。経済学による通常の財とサービスの区別は，大まかにいえば，それが目に見えて触れられるものであれば「財」，目に見えず触れられないようなものであれば「サービス」であるとされる（ただし，両者は呼称の違いだけで分析上の差異はない）。交通そのものは目で見たり触れたりできないので，通常，交通は「サービス」とされる。

たとえば自動車は交通を実現する手段ではあるものの，自動車そのものは自動車という「財」である。自動車が動いて目的地に到着する行為こそが交通であり，その移動自体は手で触れられるようなものではない。レールもまた交通を実現する手段であるけれども，レールはレールという「財」である。レール上をヒトやモノが移動することが交通であり，自動車の場合と同様に，それは目に見えないし触れることはできない。

ヒトやモノが物理的な存在である以上，空間の克服には時間と費用が必要になる（ただし，時間は時間価値を使って費用に換算できる）。時間と費用を要するということは，資源を投入することによって移動が達成されるということを意味するから，交通は経済活動の1つである。古来，人類は狩猟を行うために移動し，そこで得た獲物を持ち帰って家族・同族に分け与えた。人類はその社会性の獲得以来，交通サービスを生産し，かつ消費してきたといえる。古代の人間も，徒歩によって体力（エネルギー）という資源と，時間という資源を消費

34　第2章　交通サービスの性質

して空間を克服していたのである。

❖ 交通の社会的影響

およそすべての経済活動は，ほかの経済活動に影響を及ぼす。経済活動が相互に影響を与え合うことによって，1つの経済システムが成り立っている。いうまでもなく，交通という経済活動もほかの経済活動に影響を与える。しかし，交通において特筆するべき点は，交通が各経済活動に与える影響がほかに比べて大きく，しかもそれが多岐にわたるという点である。もちろん，こうした特徴は交通に限られるものではないけれども，交通ほど影響力が大きく，かつ多岐にわたって影響を与える経済活動はそれほど多くはない。

交通の影響力の大きさは，インフラ（インフラストラクチャ）への投資規模の大きさにもある。鉄道・道路・港湾・空港の建設には莫大な資金が投入され，国家的なプロジェクトとなることが多い。それらのインフラ整備の成否は国民経済に大きな影響を及ぼす。そして，それらの大規模なインフラを通じて移動するヒトやモノの数量もまた莫大であり，それが国民生活を支えている。高度経済成長期において，わが国のGDPと国内貨物輸送量の伸びが非常に高い相関を示していたことは，その1つの証左である。外航海運や国際航空輸送に関しては，国際的な影響力までも与えるし，軍事・外交の手段にさえなる。

さらに付け加えると，交通は日常生活にも密接に結びついているために，人びとの関心が非常に高いことも特徴である。一般の新聞を取り上げてみても，交通に何らかの関係を持つ記事が掲載されない日はないといってよいだろう。

交通はあらゆる経済活動に大きな影響を与え，また日常生活にも直接的な影響を与えるために，交通政策のあり方によって実現される社会はかなり違ったものになる。そのため，過去において交通政策はしばしば政争の具としても利用されてきた。かつての国鉄の運賃改定は国会の議決を必要としたために，ときとして政治的なかけ引きの道具として利用された。交通政策の影響力の大きさを認識するとき，交通問題を正しく分析し，交通政策を評価・立案し策定することが非常に重要であることがわかる。

❖ 交通の単位

第1章のグラフの説明で，「横軸には交通サービスの量をとる」というよう

な表現をしばしば用いた。しかし，第1章では交通サービスの量というものをどのように測るのかということについては曖昧なままだった。ここではそれを明確にしよう。

交通の単位としてもっとも代表的でわかりやすいものは，旅客においては輸送人数，貨物においては輸送トン数だろう。いうまでもなく，これらは輸送された人の数であり，輸送された貨物の重さである。しかし，この計測単位には1つの欠陥がある。輸送人員が1万人であったとして，その1万人を1キロ運んでも，1000キロ運んでもこの計測単位では同じ1万人になってしまう。輸送トン数もまた同様である。これでは正確な輸送量を表すことができない。そこでこれに代わって用いられる代表的な単位が，**人キロ**および**トンキロ**という単位である。

「人キロ」については，1人を1キロ運んだときに1人キロと表す。同様に「トンキロ」については，1トンを1キロ運んだときに1トンキロと表す。つまり，輸送人数（トン数）と輸送距離（キロ）を乗じるのが人キロ（トンキロ）の計算方法である。したがって，1人を1000キロ運んでも，10人を100キロ運んでも，1000人を1キロ運んでも，同じ1000人キロとなるけれども，それでも輸送人数のような不正確さを回避することができる。したがって，交通の世界では，人キロ，トンキロが一般的であり，輸送量というと通常，人キロ，トンキロを指すことが多い。

もちろん，輸送人員，輸送トン数が劣った指標であるということではなく，それらは有用な場面において適宜用いられている。以上のことから，本書においても今後グラフの説明などで「横軸には交通サービスの量をとる」といった表現が出てくるときは，とくに断りのない限り，旅客にあっては人キロ，貨物にあってはトンキロというように解釈してかまわない。

このほかにも，交通においてはその状況に応じてさまざまな単位が使い分けられる。いくつかの例をあげると，自動車では台キロなど，鉄道では列車キロ，車両キロなど，航空では有償人キロ（トンキロ）や有効座席キロ，海運ではトン時間，トン日数，船の大きさについては重量トンや容積トンなど，実にさまざまな多くの有用な単位がある。道路混雑を学術的に分析するときには「走行台数」「交通フロー」「交通密度」などという表現が頻出する。こうした多くの単位があることを知ってデータを読むこと，そして分析目的に応じた単位を適

36　第2章　交通サービスの性質

Column
トラックはわが国の貨物輸送量の9割を運んでいるのか

輸送に関する単位がさまざまである交通の現場を考えるとき，単位については十分な注意が必要である。しばしば「トラック輸送は国内貨物輸送量の9割を運ぶ」ということがいわれる。確かに，この数値は間違いではなく，国内貨物輸送量を輸送トン数で表したとき（しばしば「トン・ベース」と呼ばれる）に9割という数字が出てくる。しかし，国内貨物輸送量をトンキロで表したとき（しばしば「トンキロ・ベース」と呼ばれる），トラックの輸送量は約6割に減少する。これは大量の貨物を長距離輸送することの得意な内航海運が貨物の約4割を輸送しているからであり，比較的軽量の貨物を短距離輸送することの得意なトラックは，トンキロで表すとそれほど輸送量が多くならない。交通問題を語るとき，データがどのような単位で表されているかを十分注意しないで数字を鵜呑みにしてしまうと，大きな間違いを犯すことがあるので注意が必要である（第3章〔65ページ〕参照）。

切に選択することが重要である。

2 交通サービスの特性

第1章においては，市場の失敗の面から交通サービスの持つ性質を説明した。しかし，交通サービスは市場の失敗からの分類だけでは論じきれない多様な性質を持つ。以下ではこれらの性質を明らかにすることにしよう。

❖ 公 共 性

交通サービスには**公共性**があるということがよくいわれる。たとえば，「交通サービスには公共性があるのに，完全に民間企業に任せるのは問題がある」とか，「交通サービスには公共性があるから採算は度外視しなくてはならない」というような文脈で公共性という言葉が使われることが多い。ところが，「それでは公共性とは何ですか」と公共性の定義を尋ねると，多くの人びとが返答に詰まる。実際のところ，公共性という用語についてすべての人に共通した明確な定義はなく，この言葉を使う人によって公共性がばらばらに，悪くいえば「勝手に」「自分の都合のいいように」使われることが多い。

2　交通サービスの特性　　37

筆者は，時折，初級レベルのミクロ経済学を学び終えた学部学生に「公共性とは何か」という問題を出すことがある。そのときの回答をまとめると，おおよそ次のようなものになる。

(1)　すべての人びとが平等に使うことができるもの。

(2)　公共の場で使用するにふさわしい財・サービスが持っている性質。

(3)　国の管理下にあり，その財・サービスの提供に行政が関わっているもの。

(4)　ほとんどの人びとがそれを利用しないと生活が成り立たないようなもの。

　これらの1つ1つを吟味してみよう。

　(1)について。すべての人びとが平等に使うことができるものとしては，清涼飲料水などの自動販売機がある。特定の人が清涼飲料水の自動販売機を使ってはいけないということはないし，よほどの辺境でない限り，たいていの地方には何らかのこうした機械が存在する。しかし，自動販売機に公共性があるということはあまり聞かない。

　(2)について。これは「公共の場」という言葉を定義，説明していないから公共性の定義になっていない。公共性という言葉をほかの不明確な言葉で言い換えたにすぎない。

　(3)について。公共性がある，という何らかの性質があるからこそ，ある財・サービスが国の管理下に置かれたり行政が介入したりするようになるのだから，国や行政が関与するから公共性があるというのは原因と結果を取り違えた本末転倒の定義ということになる。

　(4)について。この例としては靴がある。ほとんど（というよりもすべて）の人にとって靴がないと生活が成り立たない。しかし，靴に公共性があるということはあまり聞かない。

　このように考えてみると，公共性という言葉にはかなり混乱があることがわかる。事実，経済学の分野においても公共性についての明確な定義はない。確かに経済学においては，公共財の定義は存在する（第1章〔24ページ〕）。しかし，公共性と公共財はまったく同じであるとするのはいささか乱暴な議論だろう。ただ，公共性を考えるとき，公共財という経済学の定義が役に立ちそうなことは確かである。

　いずれにしても，交通サービスに公共性があるかどうかは，公共性という言葉自体に明確な定義がない以上，判断すること自体が不可能である。公共性に

38　第2章　交通サービスの性質

ついて万人が賛同するような定義を作り出すことは非常に困難な作業と思われる。そうである以上，本書において勝手に万人共通の公共性の定義を与えることは僭越でさえある。世間では公共性に関する議論がよく行われるけれども，公共性という言葉を明確に定義せずに安易な議論をすることは慎まなくてはならない。それぞれの頭に思い描く「公共性」像が異なるままに議論することは，議論自体の意味をなくす可能性がある。

それどころか，公共性という言葉が曖昧であることを逆手にとって，自己の主張を通すために都合のいいようにこの言葉が利用されることさえある。この言葉の曖昧性を認識し，少なくともまず公共性についての共通の認識を持ったうえでそれぞれの交通問題を議論する必要がある。そこで，本書ではこうした曖昧な「公共性」という言葉を以下では自明なものとして用いることはしない。

また，**公共交通**という言葉は，公共性を持った交通という意味ではなく，**コモン・キャリア**（運送を依頼するものすべてに対して有償でサービスを提供する事業という意味で，運送引受義務，安全輸送，不当な差別の禁止，公正妥当な運賃設定という条件が課されている）という意味で用いられていることが多い。このコモン・キャリアという言葉は，たとえば大手メーカーが関連企業を使って自社製品を輸送させるような**インダストリアル・キャリア**と対照をなす概念で，コモン・キャリアであるという理由から公的な規制がなされることがある。

❖ 必 需 性

交通サービスには**必需性**がある，ということもしばしば聞かれる。たとえば，必需性という言葉は，「過疎地域のバス・サービスは必需性があるから廃止には反対である」というような文脈でよく使われる。しかし，前述の公共性の場合と同様に，必需性も非常に曖昧な用語であり，この言葉にもまた明確な定義がない。

筆者が前述と同様に学部学生にアンケートした場合，返ってくる回答には，「必要なもの」「欠かせないもの」というような表現が頻出する。しかし，何をもって必要である，あるいは必要でないと判断するのか，そして，同様に何を基準にして欠いてもよいものと欠かせないものを区別するのかということが曖昧なままになっているので，これらの回答は定義として不十分である。

必需性の定義はないけれども，**必需財**の定義は初級レベルのミクロ経済学の

テキストには書かれている。必需財とは**需要の所得弾力性**が1よりも小さい財である。たとえば、必需性があるとよくいわれる通勤・通学輸送サービスを考えてみよう。もし仮に給料が2倍になったら、あるいはお小遣いが2倍になったら職場や学校に行く回数を2倍以上にするだろうか。おそらく、それ以前と行動はほとんど変わらないだろう。職場や学校に行く回数が2倍よりも少なければ需要の所得弾力性は1より小さくなり、通勤・通学輸送サービスは必需財であると判断される。

しかし、公共性と公共財の関係と同様に、必需性と必需財の関係も明確ではなく、必需性と必需財をまったく同じものとしてとらえることには注意が必要である。需要の所得弾力性が1以上であっても、世間では必需性があるといわれている財・サービスがあるかもしれない。逆に、世間では必需性があるとは考えられていない財・サービスの需要の所得弾力性が1以下であることもあるかもしれない。そうなると万人が同意する必需性の定義はやはりありそうもない。その場合、交通サービスには必需性があるかどうかを判断することはできなくなる。

必需性を考えるにあたって、必需財の定義は大いに参考になる一方で、それ以外に**需要の価格弾力性**もその参考になるだろう。再び通勤・通学輸送サービスを考えてみよう。職場や学校に行くときの運賃がこれまでの50%増になったからといって、職場や学校に行く回数を半分に減らす（50%減）ことはあるだろうか。逆に運賃が半額になったからといって、職場や学校に行く回数を極端に多くすることはあるだろうか。いずれもありそうもない。となると、需要の価格弾力性についても検証してみる必要がありそうである。ただ、これも必需性を定義するための1つの材料にすぎない。

このほかにも必需性の有無を判断するための指標があるかもしれない。歯切れの悪い結論ではあるけれども、必需性を定義しないと交通サービスに必需性があるかどうかを判断できないことは確かである。

❖ 即時財・即地財

たいていの財においては、その財が生産される時点と消費される時点が異なるし、また生産地と消費地は異なるのが通常である。たとえばTシャツは冬の間に大量に生産して倉庫に保管され、夏に消費されるので、生産の時点と消

費の時点は異なっている。また，鉛筆は鉛筆工場で生産され，職場や学校で消費されるので，生産の場所と消費の場所が異なっている。

　これとは対照的に，交通サービスは生産される時点と消費される時点が同一で，また生産される場所と消費される場所が同一である。たとえば，ある路線に列車が走っているとし，そのなかに乗客がいるとしよう。列車が走っている時点が生産の時点で，そのときに乗客は列車に乗っているからそれが消費の時点である。したがって両者の時点は同一である。そして，列車が走っているという生産の場所において乗客は列車に乗っているという消費をしているから両者の場所は同一である。このような性質を持つ財を，時点に注目すると**即時財**と呼び，場所に注目すると**即地財**と呼ぶ。

　即時財・即地財の特徴は，在庫ができないということである。たとえばTシャツは冬の間に生産を行い，倉庫に保管しておくことで夏の需要期に在庫をいっせいに放出する。こうした在庫調整によって需要に弾力的に適応することができる。しかし，即時財・即地財である交通サービスは在庫ができない。人が乗らない深夜やオフ・シーズンに大量に列車を走らせておいて，それをラッシュ時に放出するというようなことも，過疎地で列車をたくさん走らせておいて，それをまとめて大都市に持ってくるということも不可能である。このように在庫できない交通サービスは，需要の変化に柔軟に対応することができず，そのため道路混雑，鉄道の通勤・通学ラッシュというような問題を引き起こすことになる。

❖ 利用可能性

　過疎地を含む地方部では公共交通機関への需要が低迷し，列車やバスのなかには，運行していても車両には1人も乗客がおらず，「空気を載せて運んでいる」と揶揄されることがある。そして，空気を運ぶような列車やバスの便はエネルギーの浪費だし，環境にも悪いから廃止するべきであるというような主張も見られる。こうした乗客のいない列車やバスの運行はやめるべきだろうか。

　交通サービスの提供には，乗る，乗らないは別として，運行しているということ自体に価値があるということがある。たとえば，普段は自家用車や自転車を使っているので近所の路線バスを利用しない，という人がいたとしても，その人はもし自家用車が故障したり，雨が降って自転車が使えなかったりすれば，

2　交通サービスの特性　　41

その路線バスを利用するだろう。そうした人は，いざというときにはバスがある，という安心感をバスの運行から得ているということになる。つまり，その人は乗ることとは別の意味でバス・サービスを消費している。こうした交通サービスの特徴を**利用可能性**という。

　自家用車が使えないときに備えて，鉄道やバスが運行されている路線の近くにマイホームを求めるということがある。もし困った事態が生じれば，いつでも鉄道やバスに切り替えられるという安心感は，定期的に列車やバスが運行していればこそ得られるものである。事実，普段の通勤に自家用車や自転車を使う人でも，家を借りたり買ったりするときには不動産広告にある「駅までバス○分」といった条件を気にするということは，この利用可能性の存在を示している。

　同様に，ほとんど車も人も利用しない道路を建設するのは大変な無駄だという主張がなされることがある。利用者がいない道路というのは，空気を載せて運んでいるバスと同様である。しかし，もし災害などが発生し，緊急物資の輸送手段として人びとの生命維持のために活用されるという可能性がその道路にあれば，それは利用可能性を持つといえる。もしこの利用可能性があるとすれば，少なくとも見た目だけで道路建設を無駄だと即断することは正しくないことになる。

　利用可能性は交通サービスだけに特有のものではない。たとえば高層マンションには非常階段を設置することが義務化されている。しかし，普段は誰も非常階段を利用しないからこの設備は無駄だといって撤去を求める人はいないだろう。緊急時には重要な役割を果たす利用者の少ない道路が無駄だとしてその建設を批判することは，非常階段は普段使わないから撤去せよ，ということと原理的には同じである。同様のことは，利用頻度の少ない空港についてもいえる。こうした道路や空港が本当に無駄かどうかは，この道路や空港の利用可能性を含めた便益と費用の大小関係に依存する。

　問題なのは，こうした利用可能性を提供している交通サービスに対して，利用可能性の便益を受けている潜在的な利用者が何の支払いもしないという点にある。確かに利用可能性というサービスをこっそり消費している人に対して，バス企業がそれに相当するだけの支払いを求めたとしても，その人は普段自家用車や自転車を使っていてバスを利用していないことを強調して，その支払い

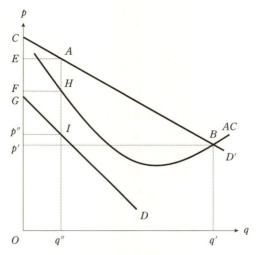

図 2-1 利用可能性

には応じないだろう。というのは，バス企業はその人の心の中をのぞいてどれだけの便益を受けているかを知ることができないからである。これは公共財の供給において常に問題となるフリー・ライダーの問題にほかならない（第1章〔26ページ〕参照）。

NHKの受信料を支払いたくない人がテレビを隠して支払いを逃れるように，沿線の潜在的利用者は交通企業に対して自己の気持ちを隠すことが可能である。そのため，潜在的利用者が利用可能性に相当するだけの支払意思を正直に表明し，それに相当する金銭を支払えば十分採算のとれる交通サービスであっても，彼（彼女）はフリー・ライダーになるため，企業は実際の（顕在的）利用者からの収入しか得られない。このことから，企業が大きな赤字を抱えている事例は多くある。

もちろん，経済学やゲームの理論の分野では，人びとに正直に自己の支払意思を申告させるシステムを提案している。しかし，実際の適用は難しいので，それらは交通サービスの提供に関しては使われていない。

図2-1を使って以上の利用可能性について検討しよう。縦軸には当該交通サービスの費用および運賃 p をとり，横軸には交通サービスの量 q をとる。D は実際にこの交通サービスを利用している乗客の（顕在的な）需要曲線であり，

D' はそれに（実際には利用しないが安心感を得ている）潜在的な利用者を上乗せした需要曲線である。AC はこの交通サービスを提供する企業の**平均費用曲線**である。D と AC は交点を持たないので，現在の利用者だけではどのような交通サービスの量でも採算がとれない。

　もし仮に潜在的利用者が自己の支払意思を正直に表明して企業に支払いをすれば，たとえば B 点において収支均衡が達成され，運賃は p' となり，交通サービスの量は q' となる。フリー・ライダーが生じている現在の状況において，運賃が p''，交通サービスの量 q'' であるとしよう。このときの企業の損失額は $FHIp''$（$= OFHq'' - Op''Iq''$）である。実際の利用者の消費者余剰は GIp'' だから，この図の位置関係においては，利用者の消費者余剰のすべてをつぎ込んでも企業の赤字を解消させることはできない。

　しかし，このときの潜在的な利用者が受けている便益（消費者余剰）は $CAIG$ なので，その一部を赤字に補填してもなお，消費者の手元には余剰が残る。それどころか，運賃を E にした場合にはこの企業には黒字 $EAHF$ が発生することになる。しかし，こうしたことができないのは，フリー・ライダー問題があるからである。

　需要の希薄な地域での鉄道の廃止が問題となっているとき，地域住民がサービスの存続を図るために列車利用キャンペーンを行うのは，こうした潜在的需要を顕在化しようとする試みにほかならない。しかし，「他人の心の中は読めない」という決定的な困難によって，フリー・ライダー問題に起因する利用可能性の存在は，地方交通サービスに大きな課題を与えており，政府による規制の根拠の1つとなっている。

❖ 派 生 需 要

　需要はその性質から**本源的需要**と**派生需要**とに分けることができ，交通サービスは通常，派生需要であるといわれる。本源的需要は，たとえば，鉄道の好きな人が鉄道に乗ること自体を楽しみにしたり，あるいは車が好きな人がどこに行くというあてもなくドライブすること自体を楽しんだりするという例のように，交通サービスの消費それ自体が目的であるような性質のものである。

　一方，派生需要は，交通サービスそのものを目的とはせず，何かほかの目的を達成するために必要な交通サービスへの需要である。つまり派生需要とは，

Column ■ 朝夕の鉄道のラッシュは鉄道企業の責任か

交通サービスは，たいていの場合派生需要なので，本源的需要の性格によってその需要は大きく左右される。たとえば，本源的需要が多くなれば派生需要である交通サービスへの需要も多くなり，本源的需要が少なくなれば交通サービスへの需要も少なくなる。朝夕のラッシュが激しく，交通需要に大きな波動性があるのは，ほとんどの職場や学校が朝の同じ時刻に始まり，夕方の同じ時刻に終わるという本源的需要の性格のためである。つまり，その共通した始業時刻・終業時刻のために乗客がその時間帯に集中する。また，旧盆や正月の時期に観光地（帰省先）への交通需要が高まって混雑が発生するのは，多くの人が旧盆や正月に休んで観光地（帰省先）に行く（帰省する）という本源的需要に伴って発生する。

朝夕のラッシュ時に列車が大混雑し，鉄道企業に苦情をいう乗客がいるかもしれない。しかし，それはもともと（車両の運用のまずさなどを除けば）鉄道企業に責任があるわけではない。朝9時に職場や学校がいっせいに始まり，夕方5時にいっせいに終わるという本源的需要の性格のために車内は混まざるをえないのである。しかし不幸なことに，こうした視点がしばしば抜け落ちている。鉄道企業がオフピーク通勤を促すのは上記のような理由による。

別の本源的需要を達成するための手段として需要される性質のものである。

ある観光地に旅行するときには，その観光地で楽しむことが目的（本源的需要）であり，そこに行くための手段として交通サービスを需要する。車窓を楽しみたいというようなことを除いて，観光客はできるだけ目的地に早く着いて楽しみたいと思うだろう。つまりこの場合は，交通サービスそのものからは効用を直接得ていない。また，職場や学校に行くためには，交通サービスを使わなくては，働いたり勉強したりすることができない。職場で働く，学校で勉強するという本源的需要を達成するための手段として（嫌々ながら混んだ列車に乗って）交通サービスを需要する。

近年の豪華列車による旅行では，鉄道の旅そのものを楽しませようとする鉄道企業の戦略が見える。しかし，そこには悩ましい矛盾が存在する。派生需要に徹するのならば，できるだけ早く目的地となる観光地に乗客を運ぶ必要がある。しかし本源的需要に徹するのならば，車内の快適性を訴求したいし，そのためには長く乗車してもらいたいことになる。両者のバランスをとることが観光に関する鉄道企業の課題となっている。

2 交通サービスの特性

さて，交通サービスが本源的需要の性格に依存せざるをえないという点から，基本的に問題となるのは，交通企業自らの裁量で需要をコントロールすることが難しいということである。たとえば，職場や学校の開始・終了時刻を交通企業が自由に決めることはできない。そのため，コラムにあるような需要の波動性が生じる。利用客の立場からは，ラッシュや混雑は耐えがたいものであるため，ピーク時に対応した輸送体制を交通企業に求める。しかし，もしピーク時に対応した設備を整えると，これらはオフピーク時に大規模な遊休設備となる。そして，それは結局運賃値上げという形で利用者の負担となる。こうした遊休設備を少なくするための交通政策は後に述べるけれども（第5章参照），これらの一連の問題は交通サービスが派生需要であることにも起因している。

❖ 不 可 分 性

通常のミクロ経済学では，財の消費と生産は可分性を前提としている。つまり，消費者がある財を1個だけほしければ，企業はその1個だけ生産をすることができ，1個だけ需要を減らせばその1個だけ生産を止めることができる，ということが前提となっている。しかし，交通サービスの場合はこの前提が満たされにくい。つまり，交通サービスには**不可分性**がある。

たとえば200人乗りの航空機があるとしよう。もし搭乗希望者が201名で，その全員を運ぶとすればその1機だけでは足らず，もう1機を追加で飛ばさなくてはならない。しかし，そのときは199名分の座席が空席となってしまう。逆にいえば，その1名の乗客のために200分の1だけ飛行機を分割して飛ばすということはできない。交通サービスはまとまった形でしか供給することができず，なめらかに生産量を調整することができない。

このことにより，交通サービスの場合，通常のミクロ経済学が想定する費用曲線とは異なる形状が現れることになる。ミクロ経済学の教科書ではなめらかな総費用曲線や平均費用曲線が教科書に現れるけれども，不可分性のある交通サービスの場合，一例として，図2-2(a)の総費用曲線や図2-2(b)の平均費用曲線のような費用曲線が現れる（この場合，総費用曲線は直線状に増加しているので限界費用は一定となる）。

このようにしてみると，交通経済学の場合にはこれまで学んだミクロ経済学の教科書の費用曲線はまったく役に立たないように見えるかもしれないけれど

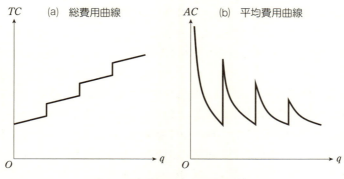

図 2-2 交通サービスの不可分性

も，必ずしもそうではない。図 2-2 を使うような分析は，非常に限定的な，かなりミクロの分析であることに注意するべきである。

ある鉄道企業がある列車編成にもう 1 両を付け加えるとどうなるか，というような意思決定の分析においては図 2-2 のような費用曲線について考えなくてはならない。しかし，ある交通企業全体の意思決定の分析や，一国の交通政策全体を考えるときには，これらの階段状の費用曲線の段差は無視できるほど小さくなり，通常の費用曲線と同様になる（図 2-2 を拡大して描き，かなり離れた距離からそれらを眺めてみるとよい。このとき，曲線はなめらかに見えるだろう）。どの費用曲線の形状を分析に用いるかということについては，その分析対象に応じて柔軟に変える必要がある。もし，こうした変わった費用曲線を扱った分析を見てみたければ，Hau［1998］が参考になる。

❖ 自給可能性

交通は自給可能である。つまり，交通サービスは自ら生産し，かつ消費することができる。多くの人びとが自転車や自家用車を保有している。そのため，公共交通機関に頼らなくても人びとは移動することが可能である。これは貨物輸送においても同様である。自家用トラックを保有している企業や，引越し荷物をレンタカーで運ぶ消費者の場合は，交通サービスを自給している。このように交通は**自給可能性**を持っているために，自家用車の普及などによって公共交通機関が衰退して問題となっている地域が多い。

しかし，自給可能性は交通サービスのみに特有のものではない。たとえば，

銭湯と自宅の風呂，外食と自炊，クリーニングと洗濯機の利用など，ほかの
サービスにおいても自給可能なものがある。それではなぜ，交通サービスに
限って自給可能性が問題になるのだろうか。それは，自家用輸送がすべての人
びとによって可能なものではないからである。言い換えれば，自給可能性には
限界がある。自家用車の運転には運転免許証を必要とするので，18歳未満の
人の利用は不可能であるし，高齢者のなかには運転が難しい人もいる。

　ところが，上記の例における風呂や洗濯機は，最近はボタン1つでも利用可
能になっており，社会的弱者を極端に排除するものとはなっていない。自家用
車のドライバーの増加は公共交通機関の廃止を促進し，それが高齢者の移動の
手段を奪っていると考えることも可能である。そして皮肉なことに，現在のド
ライバーは自分が高齢になったときに頼らざるをえない公共交通機関を，図ら
ずも現在自らの手で廃止に追い込んでいると考えることもできる。

3　交通機関別のサービス特性

❖ 交通機関別の特徴

　職場や学校に向かうときには，さまざまな交通機関の選択の機会が与えられ
ていることがある。鉄道・バスなどの公共交通機関のほかに，自家用車もある
し，短距離ならば自転車という方法もあるだろう。また，国内で観光旅行に行
く場合には，鉄道で車窓を楽しみながらという方法もあるし，のんびりとした
船旅もあれば，時間の惜しい人は一足飛びに航空機という方法もある。さらに
は自分のペースで自動車を運転し，高速道路を使ってもよいかもしれない。

　本章第2節では，交通サービスがほかの財・サービスとどこが違うのか，と
いうことに焦点を当てた。しかし，同じ交通サービスであっても，その交通機
関ごとにまた多くの特徴があり，それらは相互に異なっている。職場や学校に
向かうとき，そして観光旅行をするとき，われわれはどのようにして交通機関
を選択しているのだろうか。

　図2-3は，われわれが交通機関の選択をするときに考慮する要因を9つにま
とめて図式化したものである。1つ1つを見ていくことにしよう。

　第1は，運賃である。運賃の高い安いは，かなり有力な交通機関選択の決定

48　　第2章　交通サービスの性質

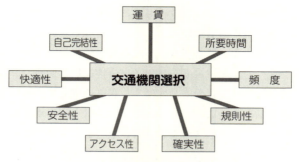

図2-3 交通機関選択の9つの要因

要因となる。最近は規制緩和やLCCの登場でその格差は縮んだものの，航空は一般には運賃が高く，船は安い。

　第2に，運賃に劣らず重要なのは所要時間だろう。これについては逆に航空の所要時間は短く，船は長い。

　第3は，頻度である。都市鉄道はラッシュ時に数分おきに列車がやってくるので頻度は高いが，あまり利用者のいない国への国際航空では週に1，2便ということもあり，頻度は低い。

　第4は，規則性である。これは固定されたダイヤが存在するということを意味する。たとえば，路線バスには時刻表が定められており，航空の定期便も時刻表に出発時刻が載っている。しかし，旅行業者がチャーターした貸切バスや航空は，時刻表に出発時刻は載っておらず，不定期である。海運においては不定期船部門がこれにあたる。

　第5は，確実性である。これは決められたダイヤが遵守されるということである。わが国の場合，鉄道は（ラッシュ時や事故時を除いて）時計代わりになるといわれるほど定時運行が守られており，確実性が高いといえる一方で，天候に左右されやすい航空や，信号待ちなどでダンゴ運転を余儀なくされる路線バスは確実性が低い。

　第6は，アクセス性である。駅やバス停などの立地のよさがこれを左右する。大都市の駅間距離は短く，この場合は鉄道のアクセス性は高い。一方，航空は空港が遠方にあることから，アクセス性が低いことが多い。

　第7は，安全性である。これはいうまでもなく目的地に着くまでに事故など

3　交通機関別のサービス特性　　49

に遭わない程度のことを指す。事故統計をどのように見るかによって変わるけれども，一般に自家用車は事故の確率が高いといわれている。また，航空の場合は事故の確率が高くないにしても，一度事故が発生した場合の被害規模の大きさから，安全性に対する注目度が高い。安全性は旅客輸送だけに限られるものではない。貨物輸送の場合の安全性は，荷傷みの程度によって表される。

第8は，快適性である。これがもっとも高いのは自家用車だろう。いくら車内で大きな音を出していても構わないけれども，公共交通機関の場合はマナー違反で白眼視される。総じて公共交通機関のほうが快適性は損なわれるようである。

最後に，自己完結性である。これはアクセス性と類似しているようで異なるものである。自己完結性とは，あるトリップについて途中に乗り換えなどをすることがなく，その交通機関の利用だけで交通サービスが完結するということである。いうまでもなく，自家用車はドア・ツー・ドアの輸送が可能であり，自己完結性がもっとも高い。一方，航空の場合は自宅から空港まで，あるいは空港から自宅までだけではなく，空港内での移動さえもいくつかの交通機関を使うことがある。したがって自己完結性は低くなる。

われわれはこうした要因を常に考慮に入れながら，自分にとってもっとも望ましい交通機関を選択して利用しているといえる。また，利用者の嗜好の違いによってそれぞれの要因に認める評価や重要性が異なるので，同じ起終点間のトリップでも，利用される交通機関が異なる傾向にある。たとえば，時間が惜しい人は航空を使うだろうし，速さより安さを望む人はフェリーを使うかもしれない。これは人によって時間費用と金銭的費用との比重が異なることによる。いずれにしても，人びとは自己の計算によってもっとも望ましい交通機関を選択するような行動をとっているということに注意しておこう。

❖ 一般化費用

われわれはそれぞれの交通機関を選択するときに，各交通機関の特徴を考慮に入れながら，もっとも望ましい交通機関を選択している。このことは経済学の分析手法を使えばどのように解釈することができるだろうか。交通は，本源的需要を除けば，移動自体から効用を得ないので（できることなら交通機関を使わなくて一瞬にして移動したいので），移動は費用であると理解してよいだろう。

Column
一般化費用の考え方の応用——違法駐車問題

　一般化費用を考えることの重要性は交通機関の選択だけにとどまらない。たとえば，なぜ人は違法駐車をするのかを考えてみよう。車を停めた後のドライバーの活動については，違法駐車であろうが合法駐車であろうが，その効用水準は変わらない。したがって，効用を最大化しようとするドライバーは，違法駐車で発生する一般化費用と合法駐車で発生する一般化費用を比較して，より費用が少ないほうの選択肢を選ぶことになる。

　違法駐車による一般化費用は，罰金の期待費用（罰金額×摘発確率），警察官から注意を受ける不快感，罪悪感などから構成される。一方，合法駐車による一般化費用は駐車場を探すためにかかる時間，駐車場の料金，不便な駐車場から目的地までのアクセス時間や不便感などから構成される。これらを合計した一般化費用の大小でドライバーは違法駐車をするかしないかを意思決定しているといえる。

　以上のことから，違法駐車を止めさせるには違法駐車の一般化費用をより高く，そして合法駐車の一般化費用をより低くすればよい。罰金の高額化は期待費用を上げるし，警察官の数を増やして監視を厳しくすることは摘発確率を上げるのでやはり期待費用を上げることになる。違法駐車による迷惑を強調した画像や映像を見せるようにすれば罪悪感に伴う費用は増加するだろう。一方，駐車場を便利な場所に大規模に整備すると，駐車場探索やアクセスに要する費用を引き下げることができる。

　こうした一連の交通政策は，一般化費用の観点からドライバーのインセンティブを利用した政策であるといえる。同様のアプローチで道路上の違法看板の撤去問題や違法駐輪問題も分析できる（詳細については，竹内［2013a］を参照）。

　具体的にいくつかを取り上げると，運賃と所要時間はそれぞれ金銭的費用と時間費用である。頻度については待ち時間が必要になるのでやはり時間費用が発生する。快適性についても，混んだ車内で不快さを我慢するというのは肉体的あるいは精神的な費用である。

　このように，上記で述べた9つの要因はすべて費用に換算することができ，われわれはこれらの費用を合計して，そのなかでもっとも費用の小さい交通機関を選択していると考えることができる。これらの移動に関するあらゆる費用のことをまとめて**一般化費用**と呼ぶ。つまり，交通の利用者は，一般化費用がもっとも小さい交通機関を選択する。移動先で何かをすることで得られる効用は交通機関にかかわらず一定だから，交通サービスの消費者は自己の（純）効

用を最大にするためには，この一般化費用を最小にすればよい。このことはミクロ経済学における消費者行動の仮定と一致する。

　もちろん，われわれは交通機関を選択するときに上記の9つの要因についていちいち金銭費用に換算し，紙に書いたり電卓をたたいたりして一般化費用を計算しているわけではない。それらを感覚的に判断し，もっとも望ましい交通機関を選択している。経済学の考え方を利用すると，われわれは上記のような計算を一瞬のうちに行って判断していると考えることができる。そして，そのように考えることで，人びとの交通行動を理解することが容易になる。このことについては第10章で再び言及する。

❖ 交通機関選択モデル

　利用者が交通機関をどのように選択しているのかについて，一般化費用の考え方を利用することでその行動を解き明かすことにしよう。利用者は一般化費用を最小にするように交通機関を選択するということが前提となる。上記の9つの費用項目のすべてを取り上げると煩雑になるので，ここでは利用者の行動にもっとも影響を与えると思われる運賃（金銭的費用）と所要時間（時間費用）の2つを取り上げることにしよう。つまり，利用者は金銭的費用と時間費用の合計である一般化費用を最小にするように行動する。以下に示す交通機関選択モデルは，1971年に当時の運輸省（現・国土交通省）において提案されたものである（「犠牲量モデル」とも呼ばれる）。

　いまある人が交通機関 k を利用するときの一般化費用 C_k が次のように表されるものとする。

$$C_k = M_k + T_k \times W$$

　ここで，M_k は交通機関 k を利用するときに必要な運賃，T_k は交通機関 k を利用するときに必要な所要時間，W はこの利用者の時間価値であるとする。ここで右辺第2項の $T_k \times W$ は時間費用の総額を表しているので，「一般化費用＝金銭的費用＋時間費用」となっている。目的地と到着地が決められていれば，運賃も所要時間も決まるので，M_k も T_k も一定であり，定数と考えることができる。いま $k=1, 2, 3$ とする。つまり，交通機関が3種類あると想定しよう。通常は所要時間の長い交通機関は運賃が安く，所要時間が短い交通機関は運賃

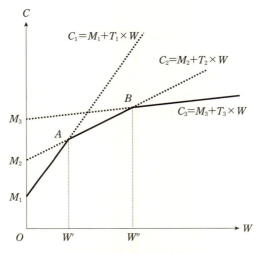

図 2-4　交通機関選択モデル

が高いので，$T_1>T_2>T_3$ であるならば，$M_1<M_2<M_3$ であると考えてよいだろう。イメージしやすくするために1はフェリー，2は鉄道あるいは自動車（高速道路），3は航空などと考えてみるとよい。

　縦軸に一般化費用 C を，横軸に時間価値 W をとると，以上の関係式から図2-4を描くことができる。それぞれの交通機関の一般化費用に関する関数は1次関数なので，直線のグラフとなっている。利用者は一般化費用が最小となる交通機関を選択する。時間価値がゼロから W' の間にある利用者は，この3つの直線のうち，この区間でもっとも下に位置する（一般化費用が最小である）交通機関を選ぶから，交通機関1を選択する。次に W' から W'' の間の時間価値を持つ利用者は，その区間でもっとも下に位置する交通機関2を選択する。同様にして W'' 以上の時間価値を持つ利用者は交通機関3を選択する。

　つまり，当該利用者がどのような時間価値を持っているかに従って，選択する交通機関は実線のようなグラフを描いていくことになる（なお，このモデルのさらに詳しい説明は，山内・竹内［2002］第2章第4節においてなされている）。

　時間価値の大きさによって選択する交通機関が異なることは直感的にも理解できる。たとえば，北海道への観光旅行を考えてみよう。なかなか休みのとれない忙しいビジネス・パーソンは給料が高くても時間がないので，時間を買う

というようなつもりで航空を利用して一気に移動するだろう。一方，それほど収入に余裕はないが，時間のたっぷりある大学生は，のんびりフェリーに乗って北海道へ渡るかもしれない。

この一般化費用の考え方を使うと，なぜ利用者は長距離になると新幹線ではなく，航空（格安料金を除く）を利用するようになるのかを説明することもできる。東京を出発点として西日本に向かうとき，新幹線と航空の利用者数のシェアが逆転するのは広島辺りだといわれる。これは広島以降になると時間費用がかかりすぎ，利用者はそれを金銭費用で代替するようになり，新幹線から航空に転換するのだと考えることができる。その反面，大阪辺りまでだと，時間費用の大きさに比べて相対的に金銭費用が割高であるので，多くの利用者は新幹線を選好する。

このように一般化費用の概念は交通サービス利用者の行動を分析するときに大変有用な概念である。読者はさまざまな交通現象を一般化費用で分析することを試みてほしい。

重要語句

インフラ（インフラストラクチャ），人キロ，トンキロ，公共性，公共交通，コモン・キャリア，インダストリアル・キャリア，必需性，必需財，需要の所得弾力性，需要の価格弾力性，即時財，即地財，利用可能性，平均費用，本源的需要，派生需要，不可分性，自給可能性，一般化費用

復習確認と議論発展のための問題

Q2-1 ★

ゼミナールや勉強会などで，各自が「公共性」を50字程度で定義して，紙や黒板に書き出してみよ。それぞれの定義は互いにどこが違っており，どういう反例をあげることができ，どこに問題点があるのかを考察せよ。「必需性」についても同様のことを行い，考察せよ。

Q2-2 ★

本文中で，交通サービスには即時財・即地財の性質があることを述べた。交通サービス以外で即時財・即地財の性質を持つサービスは存在するだろうか。存在するとすれば，それはなぜ交通サービスのように問題にならないのだろうか。

Q2-3

ある地域の鉄道企業により生産される鉄道サービスの平均費用 AC が以下のとおりであるとする（q は鉄道サービスの生産量である）。

$$AC = \frac{1}{8} q^2 - 2q + 14$$

また，この市場での顕在的な利用者の需要曲線 p_r，そしてそれに潜在的な利用者の需要を上乗せした全体の需要曲線 p がそれぞれ以下のとおりであるとする。

$$p_r = -q + 8 \qquad p = -\frac{1}{2} q + 14$$

(1) この鉄道企業は採算がとれるかどうかを示せ。

(2) 潜在的な利用者の支払意思が正確に表明された場合，この企業の採算がとれるときの運賃と生産量を求めよ。

(3) 現在の運賃が 4 のとき，この企業の赤字額を求めよ。

(4) 現在の運賃が 4 のとき，潜在的利用者が享受している消費者余剰を求めよ。

(5) 現在の運賃が 4 のとき，潜在的利用者の消費者余剰に相当する金額を徴収できれば，この企業は経営を維持することができるか。

Q2-4 ★

あなたの自宅と最寄駅との間に，シャトルバス・サービスが運行されることになったとしよう。このバス・サービスは決まった運賃をとることはせず，利用者の自発的なカンパでサービスの運営費用が賄われているものとする。あなたの支払意思額は利用 1 回当たり 300 円とし，このバス・サービスは 1 回当たり 200 円のカンパがあれば何とか採算を維持できるとしよう。また，カンパをしているか，していないかは誰もわからず，またカンパするとしても，その金額は誰にもわからないと仮定する。

(1) あなたならば 1 回いくらまでカンパするか。それは 200 円よりも低いか。低いとすればどうして低いのか。

(2) もし，このバス・サービスが経営難に陥ったとすれば，その原因はどこにあるのか。

(3) あなたのカンパの額が変化することがあるとするならば，状況がどのように変化したときだろうか。

Q2-5 ★

東京から出発し，北海道を往復するために交通機関を選択するとき，

(1) 次のような場合には，どのような交通機関を選択するか，そして，その交通機関を選択したときに，本文で指摘した要因のうち何を重視してその結論を得たのか。

(a) 大学時代，親しい友人 3 人と旅行，期間は 2 週間。

55

(b) 妻と子ども 2 人の計 4 人で家族旅行，期間は 1 週間。

(c) 会社の研修旅行で道内の研修施設を使用，研修期間は 10 日間。

(d) 上司と 2 人で道内の各営業所回り，ただし大型で壊れやすい高価な商品サンプルを持参，期間は 5 日間。

(2) (1)のような条件だけでは交通機関を決めることができない，あるいは要因の重視を特定できないとするならば，そのときには(a)から(d)の各場合において，どのような追加的な条件が必要だろうか。

Q2-6

ある目的地に到着するための交通機関 1，2，3 があるものとし，それぞれの金銭的費用（運賃）と時間費用から構成される一般化費用 C と時間価値 W との関係が次の式で表されているものとする。

$$C_1 = W + 10 \qquad C_2 = \frac{1}{2}W + 20 \qquad C_3 = \frac{1}{4}W + 45$$

（たとえば，C_1，C_2，C_3 はそれぞれ，バス，普通列車，特急列車の一般化費用と考えればよい。）

(1) 交通機関 1，2，3 のそれぞれの金銭的費用（運賃）を求めよ。

(2) どの交通機関がもっとも所要時間が長いか。

(3) 各交通機関選択の分岐点となる時間価値を求めよ。

第3章

□ □ □ □ □ □ □ □ □

交通データの読み方

　交通市場の分析を行おうとする以上，交通に関するさまざまなデータについて通じておく必要がある。わが国の交通の分野では比較的多くの統計資料が整っており，交通に関する計量経済学的な分析も盛んに行われている。本書は計量分析を紹介するテキストではないので，それほど詳細に現実のデータを取り上げ，分析することはしない。しかし，少なくとも基本的なデータには親しんでおく必要があるだろう。それと同時に，データをもとにして現在の交通市場の分析を行うときの，そのデータの読み方についても注意する必要がある。

　本章においては，交通データを読むときに陥りがちな誤りや，誤解しやすい点を中心に指摘する。また，基本的なデータを紹介することで，併せて交通市場の推移や現状を理解するようにする。

⚠ 本章で取り上げるトピックス

- 1987 年に爆発的に自動車の輸送量が増加し，2010 年に激減したのはなぜか。
- 日本の海運業は危機を脱したのか。
- 公共交通機関はいつも自家用車よりも環境に優しいのか。
- 日本のガソリン税の税率は世界的に見て高いのか。
- 日本の高速道路はもう十分に整備されたのか。
- 交通サービスの規制緩和は事故の増加をもたらしたのか。

1 データで見るわが国の交通の概況

種々の交通データを見ていく前に、わが国の交通の状況を基本的な交通データをもとに概観しておくことにしよう。

図3-1は輸送人キロで見たわが国の旅客輸送量の推移である。1987年と2010年における輸送量全体の大きな変化については別のところで論じるとして、おおむね2000年ごろまで旅客輸送量は増加の傾向にあることがわかる。そのなかでも鉄道は漸増あるいはほぼ横ばいであるのに対して、自動車輸送の伸びが著しいことがその特徴である。その理由としては以下のものが考えられる。

第1に、所得水準の上昇に伴う国民の購買力の増加と、技術革新による自動車の高品質化・低価格化があげられる。高度経済成長期に国民の生活が豊かになるにつれて、より高品質な交通サービスが求められるようになった結果、快適性に優れドア・ツー・ドア輸送が可能な自動車の購入が進んだ。また自動車を持つことは一種のステータスともなっていた。それに加えて、急速に進む技

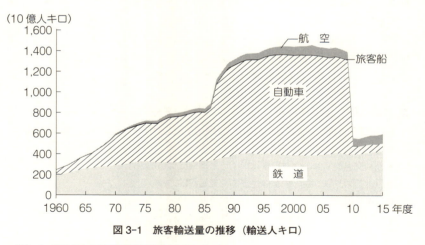

図3-1　旅客輸送量の推移（輸送人キロ）

(注)　1．2010年より自家用車輸送量は計上されていない。
　　　2．2011年より旅客船の輸送量は未公表となっている。
(出所)『道路交通経済要覧』平成18年度版（2004年まで）、『国土交通白書』平成28年度版（2005年以降）より作成。

術革新によって，より安全で便利で，かつ低価格な自動車が登場したということも自動車交通量の伸びにつながったといえる。

第2に，道路インフラの充実があげられる。道路の舗装率が上昇し，ひどい混雑を起こす道路では交差点改良や車線増が進んだ。また高速道路の整備が進み，より快適で高速な道路サービスが実現できるようになった。

ところが，2000年ごろより自動車輸送量の伸びは頭打ちになってきている。現時点ではあまり時間が経っていないのでその理由を明確に分析することは難しい。しかしながら，少子高齢化による交通需要の低迷や，若者を中心としたクルマ離れなどが指摘されている。

一方，鉄道は自動車にそのシェアを奪われつつあるものの，高度経済成長期には漸増，最近ではほぼ横ばいとなっている。これは，わが国では大都市における鉄道ネットワークが充実しており，通勤・通学輸送における鉄道の優位性が確立されていることを示している。

さらに航空輸送量が徐々に増えてきていることも特徴である。以前は高嶺の花であった航空輸送サービスは，規制緩和による運賃の低下によってより庶民的な交通機関として認知されるようになった。さらにLCCと呼ばれる格安航

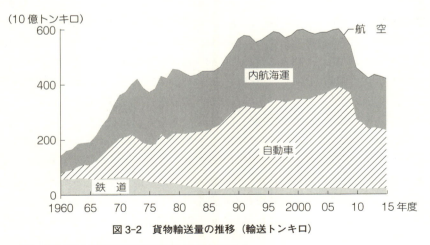

図3-2　貨物輸送量の推移（輸送トンキロ）

（注）　2010年より自家用軽自動車の輸送量が削除されている。
（出所）　図3-1に同じ。

空企業の出現がそれに拍車をかけている。

図3-2は，輸送トンキロで見たわが国の貨物輸送量の推移である。図3-1と比べると，全体の輸送量に波があることが特徴的である。1975年ころの落ち込みは石油ショックによるものであり，2008年ころからの落ち込みはリーマン・ショックによるものである（2010年以降の変化については後述する）。このように貨物輸送は景気の変動に左右されることが多い。

貨物輸送においても自動車（主にトラック）輸送の増加が著しいことが特徴である。その理由には次のようなものが考えられる。

第1に，産業構造の変化があげられる。従来の重厚長大型産業からより高付加価値化した軽薄短小型産業への産業構造の転換によって，輸送品目が石炭，石灰石などのような運賃負担力の小さい（全生産コストに占める輸送コストの割合が大きい）ものから家電製品，情報機器などのような運賃負担力の大きい（全生産コストに占める輸送コストの割合が小さい）ものへ移った結果，鉄道から自動車への輸送機関の転換が進んだ（「運賃負担力」という言葉については第5章で詳述する）。

第2に，輸送品目の輸送に対する要求が変化したことがあげられる。家電製品，情報機器などは，小ロットで輸送されることが多く，在庫を減らしたい企業は，JIT（ジャスト・イン・タイム）輸送を実現できる，小回りのきく機動的な輸送サービスを求める傾向にある。また精密部品などは，輸送中の振動などによる破損などの荷傷みを嫌い，生鮮食料品には厳格な温度管理と高速な輸送が求められるため，それらに適した自動車輸送が伸びたといえる。

第3に，旅客輸送と同様に道路サービスの質の向上，とくに高速道路ネットワークの形成が進んだことがあげられる。高速道路を利用することにより，より高速で品質の高い自動車貨物輸送が実現できるようになった。

図3-2からわかるように，わが国の貨物輸送で特徴的なのは内航海運の存在である。四方を海で囲まれたわが国では，昔から海上輸送が盛んであった。内航海運は鉄道以上に大量の貨物を長距離運ぶことに優位性があるために，石油，石炭などのいわゆる産業基礎物資の輸送を得意とする。長距離大量輸送という点では，自動車は内航海運にかなわない。環境問題軽減に向けたモーダルシフトの動きもあって，内航海運業は依然わが国の貨物輸送において基幹的な位置を占めている。

一方，鉄道は国鉄が民営化される1986年ころまで急速に貨物を自動車に奪われていった。それには，鉄道輸送が石炭や石灰石などの運賃負担力の小さい輸送品目を得意にしており，産業の軽薄短小化に合致しなかったこと，拠点駅での貨物の積み卸しなどにより時間と手間がかかることなどの点で自動車輸送に劣っていたことなどが考えられる。また同じく運賃負担力の小さい輸送品目を得意とする内航海運は，鉄道以上に長距離大量輸送を得意とするために，その点でも鉄道の優位性が十分に発揮されなかった。以上のようなことから，鉄道は自動車と内航海運との間で埋没していったものと思われる。しかし現在の鉄道貨物輸送は，主要幹線での拠点間コンテナ輸送に特化し，内航海運と同様にモーダルシフトの動きもあって，一定量の輸送量を確保している。

　航空貨物輸送は軽量のものを高速で輸送することが特徴である。しかし，トンキロという輸送単位は重量が大きいものを長距離運ぶときに大きな数値が現れるので，図3-2では存在感がない。

　貨物輸送全体としての伸びの低迷は，製造業の海外への工場移転など，産業の空洞化が進んでいることが一因であるともいわれている。

2 定義の仕方による留意点

❖ 国内旅客輸送量

　図3-1において1987年と2010年に大きな変化が現れている。1987年に自動車交通においてどのような状況が生じたのだろうか。1987年において，自動車交通を取り巻く環境が激変したという事実はない。この著しい数値の変化は，国土交通省の統計において，この年から自動車輸送の範疇に新たに軽自動車が含まれたことによる。統計を見るときには，その項目の定義にどのようなものが含まれており，あるいは含まれていないかを確認する必要がある。そのことを怠ると，「1987年を境にモータリゼーションが劇的に進行した」というような誤った判断をしてしまうおそれがある。

　一方，2010年には自動車の輸送量が激減している。これも統計のとり方が変化したことによる。2010年から自家用車の輸送量が統計から削除された。つまり，2010年からは営業用自動車のみの輸送量が自動車輸送量であると定

義が変化したのである。この点を見落としてはならない。同様に，図 3-2 においても 2010 年に貨物輸送量の定義が変化している。2010 年より自家用軽自動車の輸送量が削除された。とくに貨物輸送量においては 2008 年のリーマン・ショックによる貨物輸送量の落ち込みと連続したために，景気動向と輸送量の関連についての分析が難しくなった。

　このように，科学的な分析を行う場合，統計上の定義が変化することは分析を困難にするので，統計の一貫性を保つために定義を途中で変えることはしない方がよい。しかしながら，現状と適合するためにやむをえず定義を改めざるをえないこともある。定義の違いによって統計に連続性が保たれていない場合があることに注意しておく必要がある。

　データのとり方を変える場合などのように，データの一貫性が満たされなくなる場合には，表やグラフの下に小さな文字で注意書きがあることが通常であり，それを見逃さないようにする必要がある。オリジナル・データ（一次文献）にあたる場合，信頼のおける統計データには必ずこうした注意書きがある。ところが，二次文献を引用（孫引用）するときには，その二次文献を利用した人の意図によって注意書きが省略されている場合がある。このような場合には，データを誤って解釈する危険性がある。この危険性を避けるために，データの利用に関してはできるだけ二次文献ではなく一次文献にあたる必要がある。事実，本書で引用しているデータにおいても，紙幅の都合上オリジナル・データにある注を省略しているところがいくつかあり，注意する必要がある。

❖ 外国人旅行者受入数

　図 3-3 は，外国人旅行者受入数の国別ランキングを図にしたものである。観光立国を推進する政府の方針に従って，日本を訪れる外国人旅行者の数は着実に増えている。図 3-3 において，日本は世界ランキングで 16 位となっており，政府はこの順位をさらに上げるために多くの政策を打ち出しているところである。このランキングはしばしばマスコミにも利用されているので，フランスなどに比べれば，まだまだ日本は遅れているという報道や主張を耳にすることも多い。しかし，このランキングには注意しなくてはならない点がある。

　問題なのは，外国人旅行者受入数の計算方法が各国においてさまざまであり，統一的な基準に基づいて算出された数値（ランキング）ではないということで

62　　第 3 章　交通データの読み方

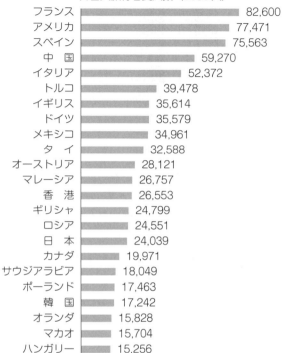

図 3-3　外国人旅行者受入数の国際比較（2016 年）

（注）　1．2017 年 6 月時点の暫定値。
　　　2．アメリカ、トルコは 2016 年の数値が不明であるため 2015 年の数値を採用した。
　　　3．採用した数値は、日本、韓国を除き、原則的に 1 泊以上した外国人訪問者数である。
　　　4．外国人訪問者数は、各国・地域ごとに日本とは異なる統計基準により算出・公表されている場合があるためこれを比較する際には注意を要する。
（出所）　観光庁ホームページ（http://www.jnto.go.jp/jpn/statistics/visitor_statistics.html　2017/9/9 閲覧）より作成。

ある。観光庁のホームページでこの図が掲載されているところにも、小さい注意書きでそのような趣旨のことが書かれている。たとえば、フランスや中国、韓国では、外国人旅行者受入数に外国籍の航空企業の乗員が入国するときの人数がすべて受入数に含まれているのに対して、日本ではこれを受入数に含めていない。日々、離着陸する外国籍の航空機の数は非常に多く、機長やキャビン・アテンダントなどの乗員が入国する数もまた膨大になる。この人数をフラ

ンス，中国，韓国の数値から除外すると，それらの国のランキングはかなり低下することが予想されるし，逆に日本にその数値を加えるとランキングがかなり上昇することが予想される。

このように考えると，図3-3 はそれほど信頼のおけるものではないことがわかる。とくに，計算の基準や定義の違いは国際比較の場合に生じることが多い。国際比較をする場合，それぞれの国がどのような基準に基づいてデータを提供しているのかについて注意しておく必要がある。

❖ 外航海運船舶数

図3-4 は，外航海運におけるわが国の船舶数の推移を示したものである。わが国の船舶数は 1987 年には 800 隻以上あったものが，それ以降急速に減少し，2005 年には 100 隻を切っている。しかしその後 2007 年を底にして再びわが国の船舶数は増加傾向にある。多くの資源を外国からの輸入に頼っているわが国の船舶数が，これほど少ないということに衝撃を受ける読者がいるかもしれない。海洋国家である日本の海運業は消滅の一途をたどるのだろうか。それとも，日本の海運業は 2007 年を境に危機を脱しつつあるのだろうか。

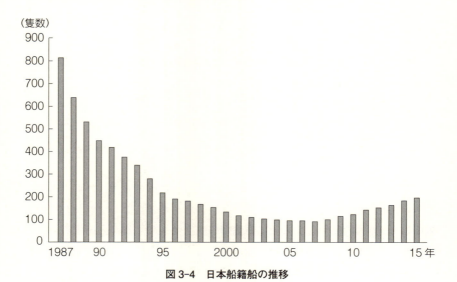

図3-4　日本船籍船の推移

（出所）『海運統計要覧 2016』より作成。

図3-4のデータは誤りではない。船舶には「船籍」というものがあり，船舶は必ずどこかの国籍を保有していなければならないことが国際的に取り決められている。つまり，この数値は日本国籍の船舶（日本船籍船）という定義に基づくデータであり，日本の海運企業が所有する船舶という定義に基づくものではない。日本の海運企業は，実はこれ以外に他国の船籍を持つ船舶を事実上所有している。

日本に船籍を持っていると，税金や日本人船員の雇用などの点でコストがかかりすぎてしまい，激しい国際競争に勝ち残れない。そこで，税金の安い国などに便宜上船籍を置き，実際には日本の海運企業がそれを運航している。こうした船舶は**便宜置籍船**と呼ばれる。便宜置籍船にはそれ固有の問題があり，国際的な検討課題となっている。また，実質上日本の海運企業が多くの船舶を所有しているとしても，日本船籍船が少なすぎることは日本の安全保障上問題があるかもしれず，この点は常に議論となっている。そこで政府は，税制の優遇措置を講ずることなどによって，日本船籍船を増加させる政策をとり，その効果が出始めているところである。それが2007年以降の日本船籍船数の増加に表れている。こうした海運市場の状況を知らないで，いきなり図3-4を見た場合には誤った判断を招くことになる。

3 計測単位の違いによる留意点

❖ 貨物輸送機関分担率

図3-5は，貨物がどの交通機関によってどのくらいの割合で輸送されているかを輸送トン数で見たものである。第2章のコラム（37ページ）で述べたように，この図を見る限り，自動車つまりトラックが貨物輸送の9割を運んでいるということがよくわかる。残りのほとんどは内航海運によって輸送され，鉄道は次第にそのシェアを失っている。

これは旅客輸送の場合と同じく，前に述べたように，高速道路をはじめとする道路ネットワークが充実したことが1つの大きな要因である。またドア・ツー・ドアの輸送が苦手な鉄道は，なかなか現代の貨物需要の要請に応えにくくなっていたという点もあるだろう。内航海運が一定のシェアを占めているの

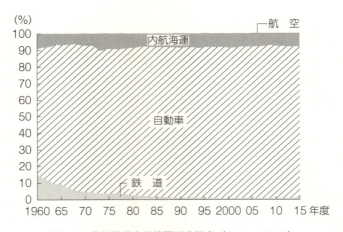

図 3-5　貨物輸送交通機関別分担率（トン・ベース）

(注)　2010 年より自家用軽自動車の輸送量が削除されている。
(出所)　『道路交通経済要覧』平成 18 年度版（2004 年まで），『国土交通白書』平成 28 年度版（2005 年以降より計算）より作成。

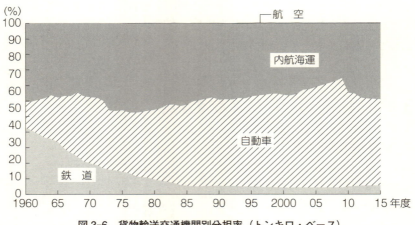

図 3-6　貨物輸送交通機関別分担率（トンキロ・ベース）

(注)　図 3-5 に同じ。
(出所)　図 3-5 に同じ。

は，いうまでもなく，わが国は四方を海に取り囲まれていることが大きな要因である。

ところが，この計測単位を輸送トン数から輸送トンキロに変えると，図 3-6

に見るようにその姿は著しく変化する。トラックは徐々にシェアを伸ばしているとはいえ，せいぜい6割を輸送しているにすぎない（ただし，前述のように2010年から自家用軽自動車の輸送量はデータから除かれている）。代わりに内航海運は4割強の貨物輸送を担当しており，また鉄道も急速にシェアを落としたものの，その存在には無視できないものがある。

これはすでに述べたとおり，内航海運は重量貨物を長距離輸送することが得意であるのに対して，トラックは比較的軽量の貨物を短距離輸送することが得意であることによる。わが国の貨物輸送を担っている交通機関は何かと問われたときに，この図のうちのどちらを見せられるかによって，その判断はまったく異なってくることになる。このことは，一面的な単位からデータを見ることの危険性を教えている。

❖ 国内航空旅客輸送量

図3-7は，わが国の国内航空旅客輸送量のうち，定期航空輸送（チャーター便は除かれている）の実績を示したものである。ここでの計測単位には人キロと座席キロの両方があり，それらが併記されている。いずれの場合も年を経るにしたがって，輸送量を増大させている。この原因には，国民所得の増大により，昔とは違って空の旅が国民の手に届くようになってきたこと，各地に利便性の高い空港が建設され，航空機を利用しやすい環境になってきたこと，そして航空企業間での競争やLCCの登場によって運賃が低廉になってきたことなどが考えられる。なお，2008年からの落ち込みにはリーマン・ショックによるものが考えられ，2011年の落ち込みには東日本大震災が発生したことが考えられる。

ところで，人キロと座席キロの両方の単位のうち，どちらをとるかによって国内航空輸送量の絶対額は大きく異なる。その理由は，人キロの場合は実際の航空サービスの利用者数を用いているのに対して，座席キロの場合は空席も含めて計算されていることによる。その意味において，人キロは実質的な利用量であるのに対し，座席キロは輸送能力を示しているともいえる。

人キロと座席キロの数値から実際の航空機の**ロード・ファクター（座席利用率）**を計算することもできる。いずれにしても，各国における航空輸送のデータを比較するようなときには，どちらの単位が使われているかに注意して，単位を

3　計測単位の違いによる留意点　　67

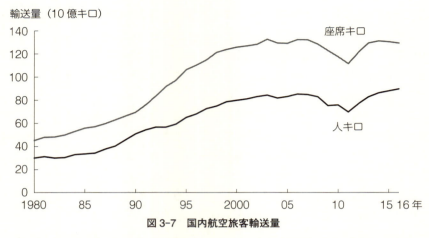

図3-7　国内航空旅客輸送量

（出所）『道路交通経済要覧』平成18年度版（2005年まで），『航空輸送統計年報』平成28年分（2006年以降）より作成。

揃えてデータを見なければならないことがわかる。

❖ **輸送量当たり CO_2 排出量**

　ロード・ファクター（乗車率）を考えないことで問題を見誤ることは，ほかにもある。表3-1は交通機関別の人キロ当たりの二酸化炭素排出量（CO_2）を比較したものである。この種のデータはあちこちで引用され，このデータに基づいて，環境負荷の大きい自家用車から環境に優しい公共交通機関へ転換を進めるべきであるということがしばしば主張される。しかしながら，このデータを見るときに重要な点が見落とされていることが多い。

　たとえば，以下のような例を考えてみよう。地方の閑散とした鉄道や過疎地のバスでは，車内に乗客が1人だけしかいないようなことも珍しくない。この1名の乗客を運ぶのに大きな鉄道車両1両やバス1台を動かすときの環境への負荷と，この1名を自家用車で運ぶときの環境への負荷はどちらが大きいかは一目瞭然である。

　このデータで見落とされやすいのは，このデータは実際に人が乗車しているということを前提にして作られているということである。ほぼ乗車率が100%に近い大都市であれば，このデータに基づいて自家用車から公共交通機関への

表 3-1　輸送量当たりの CO_2 排出量（2005 年度）

（単位：$g\text{-}CO_2$/人キロ）

自家用乗用車	航　空	バ　ス	鉄　道
173	111	51	19

（出所）　国土交通省資料。

転換を主張することに間違いはないだろう。しかし乗車率が著しく低い場合には，公共交通機関のほうが逆に環境に悪いことがある。上記の例で考えると，1 人を大きなディーゼルカーに乗せて運ぶよりも，4 人をまとめて自家用車で運ぶほうがよほど環境に優しい。

　いつでもどこでも公共交通機関は環境に優しく，自家用車は常に環境に悪いと信じ込むことは危険である。一方的に自家用車を否定するのではなく，いかにして自家用車を賢く使いこなすかを考えることが重要である。

4 　比較対象による留意点

※ ガソリン 1 リットル当たりの個別間接税率

　図 3-8(a)は財務省のデータに基づいて，ガソリン 1 リットル当たりの個別間接税率について日本を含めた 6 カ国を比較したものである。この 6 カ国のなかにおいて，日本は一番税率が高い。このグラフを見せられた後で，「日本のガソリン価格は非常に高い。その理由は，他国に比べても過重な税負担をしているからである」ということをいわれれば，日本のガソリン価格に対する不当な高さに不満を感じるようになるかもしれない。

　一方，図 3-8(b)はまったく同じ財務省のデータに基づいた，ガソリン 1 リットル当たりの個別間接税率について日本を含めた 6 カ国を比較したものである。この 6 カ国のなかにおいて日本は一番税率が低い。このグラフを見せられた後で，「日本のガソリンに対する課税は他国に比べて著しく低く，ガソリン価格は不当に低い価格となっている」ということをいわれれば，日本は環境に対する配慮に欠けるひどい国であると不満を感じるようになるかもしれない。

　このように，同じ数値でもそれに対する印象がまったく異なる原因は，比較するべき対象を恣意的に選べるところにある。こうした恣意性は，国際比較の

4　比較対象による留意点　　69

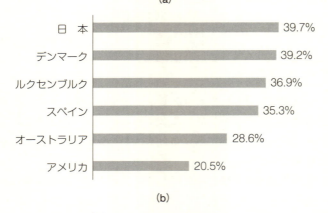

図3-8 ガソリン1リットル当たりの税率

(注) 1. 上記グラフについては，IEA「エネルギー価格と税（2015年第3四半期）」から2015年第2四半期のデータを入手できる国（OECD34カ国中33カ国）のみを記載。
2. 日本の消費税は，付加価値税に区分している。なお，アメリカの小売売上税は上記のグラフ上区分表示されていない。
3. 日本の個別間接税は，揮発油税，地方揮発油税および石油石炭税である。なお，ガソリンにかかる日本の石油石炭税の本則税率は2.04円/リットルであるが，地球温暖化対策のための課税の特例により，2014年4月1日から2.54円/リットルとなっており，本比較では，現在の税率である2.54円/リットルとして計算している。
4. 邦貨換算レートは，2015年4月から6月の為替レートの平均値（ブルームバーグ）。
(出所) 財務省ホームページ（http://www.mof.go.jp/tax_policy/summary/consumption/133.htm 2017/5/6閲覧）より作成。

場合に比較的起こりやすい。財務省のデータでは，33カ国の個別間接税率が紹介されている。このうち，前者のような主張をしたい人は，日本を最高にするような比較対象を持ってくればよいし，後者のような主張をしたい人は日本

を最低にするような比較対象を持ってくればよい。そこに情報操作が行われる可能性がある。

　そこまで悪意がないとしても，限られた紙面で財務省のデータにある 33 カ国のすべてを掲載することは物理的にも不可能である場合が多く，いくつかの比較対象をどうしても選択せざるをえないことがある。比較対象を選ぶのにどれほど注意しようと，そこにはどうしても恣意性が入り込む余地がある。データを読む側も，データを作る側も，故意であろうとなかろうと，比較対象の選び方にはこうした恣意性が伴うことに注意する必要がある。

5 　データ処理による留意点

❖ 高速道路整備率

　表 3-2 は各国の高速道路の整備状況を比較したものである。このデータを見ることで，日本の高速道路の整備が十分であるか，あるいは不十分であるかということが他国との比較で明らかになるので，この種のデータはしばしば引用される。

表 3-2　高速道路整備状況の国際比較

	ドイツ	フランス	イタリア	アメリカ	中　国	日　本
国土面積当たり （m/km²）	36.32	21.03	22.66	10.81	12.87	22.89
可住地面積当たり （m/km²）	53.35	30.39	32.73	15.79	16.43	67.39
GDP 当たり （m/100 万米ドル）	3.86	4.80	3.76	5.89	11.07	1.97
人口当たり （m/1000 人）	161.00	179.27	114.45	327.92	89.36	68.18
車両数当たり （m/1000 台）	274.29	300.78	165.34	421.85	883.58	114.69
走行台キロ当たり （m/100 万台キロ）	17.27	19.83	13.28	21.33	17.40	11.62

（注）　可住地面積は国土面積から森林面積を引いたもの。
（出所）　道路延長，自動車保有台数，総走行台キロ：国土交通省調べ。
　　　　国土面積，森林面積，人口，GDP：総務省統計局「世界の統計 2017」。

国土の単位面積当たりの高速道路延長を見ると，国土面積の広いアメリカや中国は小さい数値となっている。自動車大国といわれるアメリカが，自動車大国といわれる割には高速道路の整備率が低いというのは意外であるかもしれない。この統計処理に関する限り，日本はフランス・イタリア並みであり，遜色がない。

　しかし，国土面積当たりで計算する統計処理は不十分であるかもしれない。なぜならば，人がまったく住んでいないような場所でもそれは国土面積になるから，それをもって道路整備の状況を判断するのは不正確と思われるからである。確かに，自動車大国のアメリカでも，グランドキャニオンのような場所まで計算に含めることは不適切なように見える。

　このような場合には，可住地面積によって比較することが行われる。日本は国土の多くが山岳地帯であるために可住地面積が非常に小さく，そのため，可住地面積で見ると高速道路延長の数値は劇的に上昇する。表 3-2 の国のなかでは最高の整備率となる。ときどき，このデータが出されることによって「日本の高速道路整備はもう十分である」といわれることがある。

　確かに，高速道路は人が住んでいるところから出発し，人が住んでいるところを目的地とするのだから，可住地面積当たりでデータ処理をすることは理にかなっているようにも見える。しかし道路に限らず，交通は空間を克服するためのサービスなので，人が住んでいる場所の相互を隔てている山や森林を克服してこその交通サービスであるともいえる。そのように考えると，国土面積当たりで判断することもあながち不当であるとはいえない。

　面積による判断をしない場合にときどき行われるものとして，その国力を反映した GDP 当たりの道路延長という統計処理がある。GDP 当たりで見ると，日本の道路延長の数値は著しく小さくなる。そして，中国の数値が突出するようになる。しかし，この GDP 当たりの道路延長という考え方には疑義がある。そもそも「GDP 当たり」という計算が意味のあるものであるかどうかが問われなくてはならない。すなわち，GDP の数値は道路サービスを生産活動に利用した結果として得られたものであると考えれば，GDP 当たりで考えることには意味はないのではないか，という疑問である。統計学的にいえば GDP は被説明変数であり，高速道路延長は説明変数である。つまり，GDP 当たりという統計処理は原因と結果をはき違えている可能性がある。道路 1 km 当たり

72　　第 3 章　交通データの読み方

Column

交通サービスの規制緩和は事故の増大をもたらしたか

わが国の交通サービスの規制緩和について，それを是とするか非とするかということに関しては，これまで活発な議論がなされてきている。そのときによく持ち出されるのが，規制緩和によって事故が増えていることを示すデータ，あるいは規制緩和しても事故は増えていないことを示すデータである。

たとえば，道路運送法の改正によって多くの事業者がバス市場に参入してきており，現在激しい競争を繰り広げている。規制緩和による激しい競争で，コスト切り下げのためにバス事業者は安全性を疎かにしているのだろうか。規制緩和が事故の増大をもたらしたかどうかを見るために，経年のバスの総事故件数の変化を見るだけでは正しい分析はできないことは明らかである。なぜならば，バスの車両数も変化しているからであり，バスの車両数が増えれば事故件数が増えるのは当然である。

それならば，バス 1 台当たりの事故発生件数を見れば十分だろうか。これもまだ十分とはいえない。バスは実際に走行するからこそ事故が起こるのだと考えれば，走行台キロ当たりの事故発生件数という統計の処理の仕方が妥当かもしれない。とくに，規制緩和によってバス・サービスの供給量が増えていれば，バス 1 台当たりの走行キロ数も増えているはずである。総事故件数を上回る速度で規制緩和によって総走行キロ台数が増えていれば，走行台キロ当たりの発生事故件数は低下する。もしそうならば，総数で事故件数が増えていても，規制緩和は事故の増加をもたらしていないということになる。

このようにデータを一面的にとらえることは危険であるにもかかわらず，マスコミなどでは一面的なデータの紹介で早急な結論を出していることがままある。読者はそうした操作に惑わされないように冷静な判断をする必要がある。この問題に関心のある読者は，上記のデータについて調べてみるのもよいだろう（Q3-2 参照）。なお，規制緩和と事故については第 7 章（181 ページ）においても若干言及される。

どれだけの GDP を生み出したか，という数値には意味があるが，GDP100 万米ドル当たりどれだけの道路があるか，という数値には意味を見出しにくい。

ちなみに，道路 1 km 当たり GDP となると，表 3-2 の数値の逆数となるから，日本がもっとも高い数値になり，中国がもっとも低い数値になる。試算すると，日本の高速道路 1 km 当たり GDP は 5 億 664 万米ドルとなる。GDP 当たりの数値に意味があるとするのならば，それは「これだけの生産を行っている国がどれほどの高速道路を持っているか」という解釈から行われているのかもしれ

ない。しかし，その場合でも GDP 単位当たりというデータ処理が正しいかどうかは，また別の問題である。

次に，人口当たりどれだけの高速道路延長を持っているか，というデータ処理もありうる。その場合の日本の数値はかなり低い。このデータに基づけば日本の高速道路整備は不十分であるということになる。しかし，高速道路を走行するのは人間ではなく，車であるということを考えれば，人口当たりという統計処理よりも保有台数当たりで計測するほうが適切であるかもしれない。その場合でも日本の数値はかなり低い。

さらに，この数値も適切な指標であるとはいいにくい面がある。たとえ自動車があるとしても，それは走らなくては意味がない。その稼働状況に基づいたデータも必要だろう。それを表したものが，走行台キロ当たりの高速道路延長という指標である。この場合も，日本の数値は低い。

このように，どのようなデータ処理を行うかによってデータは著しくその姿を変える。データに基づいてある政策判断を行うとき，こうしたデータ処理によって都合よくデータが加工されてしまう危険性を認識しておく必要がある。

たとえば，わが国の高速道路はもう要らないという主張をしたい人は，その主張を裏づけるために可住地面積当たりのデータのみを出してくるかもしれない。また逆に，わが国の高速道路整備はまだ十分ではないという主張をしたい人は，人口当たりのデータのみを出してくるかもしれない。一面的なデータを見るだけで判断することが危険であることは，表3-2から明らかである。誤った判断をしないためにも，また人を誤らせるような判断に導かないためにも，データ処理には細心の注意を払うべきである。

重要語句

便宜置籍船，ロード・ファクター（座席利用率）

復習確認と議論発展のための問題

Q3-1

「1日1ドル以下で生活している人が世界に何億人もいる」という情報がわれわれを驚愕させることがある。（この問題の深刻さは別として）この文章表現と，われわれの驚愕との間には考慮されなくてはならない要因が抜け落ちている。それは何か。

Q3-2

　下の表は乗合バス事業の重大事故件数の推移を示したものである。これを見ると2005年から急激にバスの重大事故が増えている。また2002年には乗合バス事業において規制緩和（需給調整規制の撤廃）が行われている。このことから，規制緩和がバスの事故を急激に増大させたと判断してよいだろうか。

年	1996	1999	2002	2005	2008	2011	2014
バス（乗合）	317	297	446	2,063	2,260	2,409	2,613

　（出所）　国土交通省『自動車運送事業用自動車事故統計年報』平成26年版より作成。

Q3-3

　下の表は各都道府県の市町村道の舗装率（数字は%）についてベスト5を取り出したものである。ここで意外に感じるのは，大都市である東京都の舗装率がわずか6割にしかすぎず，しかも大阪府よりも舗装率が低いということである（簡易舗装を除く）。また山岳地域が多いはずの和歌山県の舗装率が東京都に迫っているのも特徴的である。東京都はこれほどまでに道路事情が悪いのだろうか。

大阪府	東京都	和歌山県	沖縄県	神奈川県
61.4	60.3	47.7	39.9	36.1

　（出所）　国土交通省『道路統計年報2016』より作成。

Q3-4

　次の表は各交通機関の運賃の内外価格差を示した表である。この表を見て注意するべき点を指摘せよ。

国　名		日　本	アメリカ	イギリス	フランス	ドイツ
鉄　道	特急（300 km換算） 表定速度150 km/時未満	100	82	―	―	113
	普通（100 km換算）	100	91	422	149	165
	地下鉄（初乗り）	100	159	148	148	131
バス（初乗り）		100	128	123	119	105
タクシー（中間5 km走行）		100	63	99	61	100

　（注）　為替レートで日本を100としたときの数値。
　（出所）　消費者庁ホームページ（http://www.caa.go.jp/information/koukyou/doukou/doukou03.html 2017/9/9閲覧）より作成。

第4章

交通の費用

　第2章の最後の部分では，交通サービスの利用者がどのような基準で交通機関を選択するかという，いわば交通サービスを需要する立場からの分析を行った。金銭的費用（運賃）や時間費用などの一般化費用の概念は，この意味において需要の立場からの費用の考察であったともいえる。本章では，供給する立場から費用の考察を行う。交通サービスの供給に関する費用を多面的に考察することで，現実の交通現象や交通企業の抱える問題を解くヒントが与えられる。

⚠本章で取り上げるトピックス

- ●大学生はIT企業を作れても鉄道会社を作れないのはなぜか。
- ●航空会社が合併したがる理由は何か。
- ●路線バス会社が関連企業に高速バス会社や観光バス会社を持つのはなぜか。
- ●航空路線でなぜハブ・アンド・スポーク・システムができたのか。
- ●高速道路のさみだれ開業，地方の新幹線建設は当該区間の需要で判断してよいのか。
- ●航空会社のアライアンスはなぜ形成されるのか。
- ●航空企業のコードシェア（共同運航）便に2，3社が多いのはなぜか。

1 費用の分類

❖ 費用把握の目的による分類

交通サービスを供給するときに考えられる費用の分類のうち，何のためにその費用を把握するのか，という目的の違いによって分類できる費用項目がある。それは**会計学的費用**と**経済学的費用**である。

会計学的費用は，いわば「報告のための費用」である。ある企業が法人税を申告したり，株式会社が株主に経営状態を報告したりするときには，その財務諸表を明確にしなくてはならない。この財務諸表に登場する数字が会計学的費用である。より具体的にいえば，帳簿に載る費用であると考えてよい。会計学的費用の特徴は，それがそのまま額面どおりに現実の費用としてその企業の取引に使われているということである。たとえば100万円で原材料を仕入れれば，それは実際にその企業にかかった原材料の費用であり，それがそのまま100万円として帳簿に記載される。

一方，経済学的費用は，すでに説明した機会費用と同じであると考えてよい。機会費用は別の見方をすると，その資源の真の価値を表す。政府の税・補助金政策や規制によってゆがんだ市場での取引により，会計学的費用の額は正確な資源の価値を表していないことがある。それは実際の取引によって生じた費用だから，上記の財務諸表のような報告を目的とする場合にはとくに不都合はない。しかし，よりよい社会をめざすために交通を研究する場合は，それぞれの費用が真の資源の価値を表すものでなければ分析によって誤った判断を下すことになる。このため，経済学的費用といわれる機会費用が分析に用いられることになる。

❖ 市場の有無による分類

交通サービスの供給に関連する費用は，それが市場において取引されるか，されないかによって分類できる。市場において取引される場合は，取引される財・サービスに価格がつけられる。したがって，それを使って生産を行うならば，生産の費用は貨幣の額によって表すことができる。このことから，これは**貨幣的費用**（金銭的費用と同じと考えてよい）と呼ばれる。

78　第4章　交通の費用

一方，市場において取引されない財・サービスには価格がつけられない。これらは**非貨幣的費用**と呼ばれる。たとえば，前述の時間費用がその代表的なものである。「1分〇円」という取引価格は存在しない。時間費用のほかにも，環境に関する費用は（排出量取引価格などを除けば）非貨幣的費用である。高品質の道路サービスを提供することによって交通事故が減少するときに社会に発生する便益額を表そうとすれば，傷害や死亡に関する費用，究極的には人命の価値の費用換算が必要になる。これもまた非貨幣的費用である。大規模交通プロジェクトの工事の実施中に歴史的に貴重な遺跡が発見された場合は，その遺跡の価値について貨幣的費用への換算が必要になるし，景観の費用や，生態系破壊の費用なども非貨幣的費用に含まれる。

　このように，交通サービスの供給において非貨幣的費用の果たす役割は大きいにもかかわらず，それらを正確に計測しようとすると困難な点が多い。これらのうちのいくつかは第8章（221ページ）で詳述する。

❖ 固定的設備の変更の可否による分類

　固定的設備の変更の可否による分類は，ミクロ経済学における長期と短期による費用分類と同じである。ミクロ経済学で学んだように，長期と短期を区別するような客観的な数値はなく，両者はあくまで相対的なものである。たとえば，10年物の国債は長期国債と呼ばれる一方で，ミクロ経済学では10年は長期かもしれないし短期かもしれない。長期とは，固定費用を可変費用として扱えるくらいの長い期間であり，短期とは，固定費用の額を変えることができないくらいの短い期間である。

　ある鉄道企業の経営計画を考えてみよう。今後30年の長期経営計画を考える場合，その企業は車両の増減はもちろん，複線化するか，新駅を造るか，というような選択肢があり，ほとんどすべてのものを変更することができ，固定費用は可変費用化する。このとき，これは長期であると考えられる。一方，今後1年間の短期経営計画を策定するときは，この鉄道企業は，現在の路線や駅の配置は現状のままと考えて，その限られたなかで経営の選択肢が与えられる。このとき，固定費用は動かすことができず，短期であると考えられる。

　したがって，長期費用は基本的に可変費用のみから構成されるのに対し，短期費用は可変費用と固定費用から構成される。

1　費用の分類　　79

❖ 費用負担主体による分類

費用は，それを誰が負担するかによって分類することができる。たとえば，航空（輸送）企業を考えてみよう。航空企業は，自己の利潤を最大にするために生産（運航）計画を立てる。航空機をどれだけ購入またはリースし，どれだけの燃料を使うか，それによってどれだけの費用がかかるかを計算する。これらの費用はこの航空企業自身によって負担される費用である。

ところが，航空機が運航されることによって空港周辺に騒音が発生すると，この騒音の費用は周辺住民が負担することになるし，燃料の使用に伴う二酸化炭素排出による地球温暖化費用は社会全体，地球全体が負担することになる。前者を**私的費用**と呼び，それに後者（外部費用）を加えたものを**社会的費用**と呼ぶ。

この費用分類が重要になるのは，市場の失敗のところで見た外部不経済を分析する場合である。交通サービスは社会に与える影響が大きく，しかも多岐にわたるために社会的費用が私的費用を上回ることが多くあり，その両者の乖離（プラスの外部費用）による問題が解決されるべき大きなテーマとなっている。

もちろん，これは外部経済（マイナスの外部費用）においても該当する。あるバス企業はバス・サービスを運営することによって利益を得る。それと同時に，そのバス企業は利用可能性を沿線住民に提供しているから，沿線住民はバス企業に発生しない便益を得る。フリー・ライダーになることで，沿線住民はこの便益に対する支払いをしないから，このようなマイナスの外部費用においても私的費用と社会的費用との間に乖離が発生している。

❖ サービスの供給範囲による分類

交通サービスの供給範囲は非常に広い。たとえば，鉄道企業やバス企業は通常複数の路線にサービスを提供し，航空企業は国内線と国際線で航空サービスを提供する。大手の海運企業は不定期船部門と定期船部門を併せ持つのが普通である。こうしたサービスの供給において，個々のサービス部門に帰属させることができるような費用を**個別費用**と呼び，複数のサービスに共通してかかる費用を**共通費用**と呼ぶ。

たとえば，鉄道企業やバス企業において路線ごとに計算できる燃料費用があればこれは個別費用であり，その企業の本社の管理部門職員の給与は共通費用

である。また，航空企業の国内線と国際線で客室乗務員が分かれていれば各乗務員の給与は個別費用となる一方，航空機を国内線と国際線で併用していれば航空機の購入費用やリース費用は共通費用となる。

共通費用の把握について難しいのは，それをどのようにして個別の交通サービスに合理的に配分するか，ということである。本社管理部門職員の給与のうちどれだけをどの路線に帰属させるかを合理的に決定することは難しい。各路線の乗車人員の比率で配分するのか，輸送能力の比率で配分するのか，それとも各路線の営業収入の比率で配分するのか，それぞれの費用配賦方法には一長一短がある（第9章〔244ページ〕参照）。

なお，共通費用と類似したものに**結合費用**がある。ミクロ経済学によれば，1つのインプットから2つ以上のアウトプットが発生する場合の結合生産物に関する費用を結合費用という。たとえば，トラックが荷物を積んで目的地に行けば（往路），必ずそのトラックは出発地に戻らなくてはならない（復路）。つまり，1つの交通サービスは往路と復路という，その比率を変えることのできないアウトプットを必ず持つ。この場合，結合費用をどのように往路と復路に配分するのかは，企業の意思決定上重要な問題となる。この結合費用と共通費用の関係については，過去に交通の分野において「ピグー・タウシック論争」と呼ばれる有名な議論があった。関心のある読者は山内・竹内［2002］の第3章第3節を参照されたい。

❖ サービス中止の効果による分類

通常，交通サービスの供給量を増やせば増やすほど，その供給に必要な費用は増加する。ところが，逆に交通サービスの供給量を減らしたとしても，必ずしも費用が減少しないことがある。

たとえば，ある鉄道路線と鉄道企業を考えてみよう。この路線では旅客輸送と貨物輸送が行われており，その鉄道企業が旅客サービスと貨物サービスの両方を運営しているものとする。もしこの路線において貨物輸送を廃止したとすれば，貨物用機関車や貨車などは不要になるので，燃料費や車両の維持費などを支払う必要がなくなり，費用を低下させることができる。

しかし，貨物輸送を廃止したからといって，レールそのものは撤去できないし，サービス供給に従事している駅員を辞めさせることはできない。なぜなら

1　費用の分類　　81

ば，レールも駅員も旅客輸送のために必要であるからである。このように，あるサービスの廃止によって支払いを逃れることができる費用を**回避可能費用**といい，サービスを廃止しても支払いを逃れることができない費用を**回避不可能費用**という。

交通サービスは広範囲に提供されることが多いので，回避不可能費用の問題が大きくなる。そして，上記の例のように，サービスの廃止による費用削減効果がそれほどない場合も多々ある。また，この問題は共通費用とも密接な関係があることは明らかだろう（詳細については，山内・竹内［2002］の第3章第3節参照）。

この費用分類に密接に関連するものとして**埋没費用**の存在がある。埋没費用とは，ある事業の実施のためにいったん投資してしまうと，その事業から撤退したとしても回収できない費用のことをいう。たとえば，個人タクシーを営業している人がタクシー業を廃業したときに，タクシーは中古車として売却し減価償却分を除いた一定程度の費用を回収することができるから埋没費用ではない。一方，鉄道のトンネルや橋梁を支える橋脚は，その路線が廃止になったときに売却することができず，費用が回収できないからこれは埋没費用となる。埋没費用の存在やその額の大小は交通サービスの種類によっても異なる。埋没費用の重要性は，それが交通サービスの規制緩和のキーワードになるという点にある（第7章〔176ページ〕参照）。

2 費用特性による交通企業の行動

❖ 規模の経済

第1章において，市場の失敗の要因の1つとして規模の経済を取り上げた。そして，交通企業では固定費用の占める割合が高く，規模の経済が発生しやすいことを指摘した。その結果として，この費用特性が破滅的競争を引き起こし，自然独占という結果をもたらすことも述べた。このような交通サービス提供に関する費用特性は，交通企業の行動に大きな影響を及ぼす。

しかし，「破滅的競争とその結果として生じる自然独占は規模の経済があるからである」という表現は厳密には正しくない。結論からいえば，規模の経済

82　第4章　交通の費用

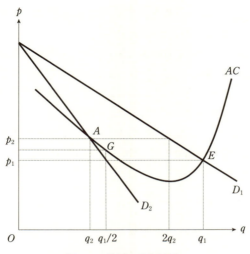

図 4-1　費用の劣加法性

があれば破滅的競争は起こるけれども，破滅的競争が起これば常に規模の経済がある，ということにはならない。つまり，規模の経済と破滅的競争は必要十分の関係にはない。規模の経済がないのに破滅的競争が起こる状態を見てみよう。これは図 4-1 において示されている。

　いま，ある交通市場に交通企業が 2 社存在するものとしよう。この 2 社はまったく同規模で同じ技術を持ち，あたかも互いにクローン企業のようなものであるとしよう。したがって，この 2 社は市場全体の需要（需要曲線を D_1 とする）を完全に半分ずつ分担しているとする（このときの 1 社当たりが持っている需要曲線は D_2 で，相互に同じである）。つまり，D_2 と縦軸で挟まれた横の距離は，D_1 と縦軸で挟まれた横の距離の半分である（D_2 の傾きは D_1 の傾きの 2 倍であるといってもよい）。もし互いの企業が仲よく収支均衡状態で需要を分け合っているならば（A 点），各企業は同じ運賃 p_2 を課し，そのときの各社の担当する需要は q_2 となる（市場全体では $2q_2$）。

　ところが，この 2 社は互いに相手を出し抜いてこの市場の需要を独占しようとするインセンティブを持つ。E 点においてはこの市場全体を 1 社が支配でき，収支均衡が成立していることに注意しよう。このときの市場での交通サービスの独占的供給量は q_1 であり，このときの運賃は p_1 である。$p_2 > p_1$ であるから，

2　費用特性による交通企業の行動　　83

企業は互いに p_2 よりも低い運賃を課すことによってほかの企業を追い出そうと試み，運賃競争が勃発することになる。

　このとき，市場全体の需要曲線 D_1 が（長期）平均費用曲線 AC の逓増部分で交点を持っていることに注意しよう。ここでは明らかに規模の経済は発生していない。しかし破滅的競争は起こる。このように規模の経済だけでは破滅的競争を説明することができないので，規模の経済よりもさらに広範囲の概念が必要となる。こうした平均費用の逓増部分の一部も含めた破滅的競争の起こる費用の性質は，**費用の劣加法性**と呼ばれる。これは次の式によって表すことができる。

$$C(q_1 + q_2 + \cdots + q_n) < C(q_1) + C(q_2) + \cdots + C(q_n) \qquad (4\text{-}1)$$

ここで $C(q_i)$ は，ある1種類の交通サービスの量を q_i だけ生産するときの，交通企業での総費用である（$i = 1, \cdots, n$）。(4-1) 式は，言い換えれば，各サービスを細切れに生産したときの費用よりも，すべてを一括してまとめて生産したときの費用のほうが小さいことを意味する（(4-1) 式のような式の表記に慣れていない読者は，本文が理解されていればこの式を読み飛ばしても差し支えない）。このとき破滅的競争が起こる。図4-1でいえば，E 点では (4-1) 式が成立しているため，費用の劣加法性が成立している（章末付録参照）。

　図4-1から明らかなように，規模の経済は交通企業の規模拡大競争を引き起こすことはもちろんのこと，さらに規模を拡大して一部に規模の不経済が発生するような，より大きな規模においてさえ破滅的競争が起こりうることに注意しよう。つまり規模拡大競争は規模の経済がなくなった後でも続くことがある。

　このことから，なぜ大学生の起業はIT企業などで多く，鉄道企業を始めるような大学生起業家がいないのかがわかるだろう。鉄道事業では費用の劣加法性があるといわれることが多く，運賃競争が始まると規模の拡大競争となる。投下する資本が少なくて済むIT企業などでは，大学生の起業家でも勝負をすることができるけれども（IT企業の場合，費用の劣加法性はないように見える），莫大な資本を必要とし，規模をますます拡大させる必要のある鉄道企業に関しては，資金調達の面から大学生には手が出しにくい。同じく，なぜ航空企業が合併を繰り返すのかもこのことから明らかである。合併することの目的の1つは，規模の拡大を行うことによって費用を切り下げ，運賃競争に勝ち，相手企

84　　第4章　交通の費用

業を駆逐しようとすることにある。

❖ 範囲の経済

　規模の経済は，これまで述べてきたことからわかるように，単一の生産物を生産するときに発生する現象であった。たとえば，鉄道企業が旅客輸送をするときに，単線より複線，複線より複々線にするほうが単位当たりのコストが安くなる，というような例がこれにあてはまる。

　このほかに，複数の異なる生産物を生産するときに規模の経済に似た現象が生じることがある。これを**範囲の経済**と呼ぶ。これは，複数の異なる生産物を別々に生産するよりも，一緒に生産するほうがコストが少なくて済むということである。たとえば，鉄道企業の場合を考えてみよう。ある路線において貨物鉄道企業と旅客鉄道企業が別々に貨物輸送のみと旅客輸送のみを運営するならば，個々に線路・駅・駅員・機関士（運転士）などを用意しなくてはならない。

　しかし，1社の鉄道企業が貨物輸送と旅客輸送を同時に行うならば，それぞれ個別に必要だった生産要素を共有することができる。線路は共用され，駅員は貨物列車と旅客列車の両方の業務を行うことができ，機関士（運転士）は免許さえあれば貨物列車にも旅客列車にも乗務できる。このとき，貨物輸送と旅客輸送を同時に行うほうが，個別に行うよりもコストが安く済むだろうことは容易に想像がつく。同様に，バス企業が（名目上別企業にすることが多いけれども）路線バスと，観光バスや都市間高速バスをあわせて運営したり，タクシー企業がハイヤー事業（正確な定義はない）をあわせて行ったりすることが多いのは，この範囲の経済を活用している例であるといえるだろう。

　範囲の経済は，式で表すと次の（4-2）式のように示すことができる（生産物が2種類の場合）。

$$C(q_1, q_2) < C(q_1, 0) + C(0, q_2) \tag{4-2}$$

ここで，q_i は第 i 番目のサービスの量（$i = 1, 2$）であり，C はサービス供給に要する交通企業の総費用である（（4-2）式のような式の表記に慣れていない読者は，本文が理解されていれば読み飛ばしても差し支えない）。ここでの q_1 と q_2 は，互いに種類の異なるサービスの量である。この（4-2）式は規模の経済で述べた費用の劣加法性の式と類似している。事実，費用の劣加法性は規模の経済と範

2　費用特性による交通企業の行動　　85

囲の経済の両方を包含する概念である。しかし，規模の経済があれば必ず範囲の経済があるとは限らないし，範囲の経済があれば必ず規模の経済があるとも限らない。

　範囲の経済が発生することが多いのは，設備などを共有することができる，つまり共通費用が存在する場合である。そのため，諸施設を共通費用化できる複数のサービスを展開し，事業の多角化を行う交通企業は多い。ただ，この場合注意しておかなくてはならないのは，事業多角化のすべてが範囲の経済を伴うとは必ずしも限らないということである。たとえば，鉄道企業が駅ビルやホテルを営業したり，鉄道施設とは明確に区別できるところでバス・サービスの提供や旅行代理店を営んだりするときには，共通費用はないか，あるとしてもわずかだろう。このとき，範囲の経済は，皆無か，あっても小さい可能性がある。この場合の事業の多角化は，範囲の経済を追求するというよりも，むしろ鉄道利用客をそのまま囲い込むことができるという需要面での効果をねらったものである可能性がある。

❖ 密度の経済

　航空輸送市場の規制緩和によって厳しい競争にさらされている航空企業は，コストの削減に努めることが必要になる。そのための1つの戦略として，従来の路線ネットワークの再編が行われることが多い。図4-2(a)を見てみよう。8つの空港を結ぶ路線ネットワークを持っている航空企業は，直行路線を設定す

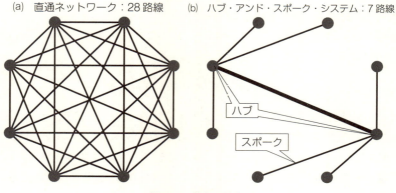

図4-2　密度の経済

ると合計28路線を持たなくてはならない。そして，輸送量を一定とすれば，路線ごとの運航便数はそれほど多くはない。さらに，航空機が各空港に分散するため，各機材のやりくりや乗務員の手配などが煩雑になる傾向にある。

　航空企業はこうした直行路線ネットワークを改めて，**ハブ・アンド・スポーク型**のネットワークに再編することがある。図4-2(b)ではハブ空港が2つ設定され，路線数は7路線に減少する。こうしてネットワークを簡略化し，とくにハブ空港間の運航本数を稠密にすることによって機材や乗務員の効率的な利用を進め，コストを低減させることができる。

　このように集中的な生産を行い，それによってコストが低減できる場合，これを**密度の経済**という。より一般的な形でいえば，生産量（運航本数）の拡大による平均費用の低減であるといってもよい。ただし，ここで注意しておかなくてはならないことは，運航対象となっている空港は依然8つの空港であり，ネットワークの拡大，つまり規模の拡大は行われていないということである。これは現在のネットワーク規模を変えない範囲での，生産量の増加（各路線での運航本数の増大）による平均費用の低下であるという点に留意しよう。

　ときどき，交通サービス以外の文脈でも，「大量生産（薄利多売）による低コストの実現」ということが規模の経済と混同されることが多い。しかし，規模が変わっていないので，これは規模の経済ではなく，むしろ密度の経済であ

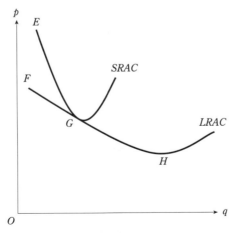

図4-3　規模の経済と密度の経済

るというべきである。規模の経済と密度の経済の関係は図 4-3 において示されている。ここで $SRAC$ は**短期平均費用**曲線で，$LRAC$ は長期平均費用曲線である。規模の経済は $LRAC$ の FGH の部分に該当し，密度の経済は，$SRAC$ の EG の部分に該当する。つまり，大量生産によるコストの低下は E から G への方向の動き（密度の経済）であって，F から H への方向への動き（規模の経済）ではない。

❖ ネットワーク・サイズの経済

　交通サービスは，別の視点からいえばネットワークを提供するサービスだから，ネットワークを拡大することによって単位当たりの費用を低下させることができる。路線ごとに個々の需要があったとしても，それぞれの路線が互いに補完的な役割を果たすことによって需要が拡大し，その結果として費用が低下することがある。この場合，**ネットワーク・サイズの経済**があるといわれる。

　具体的な例をあげることにしよう。新函館北斗・札幌間の北海道新幹線の建設を検討する場合，新函館北斗・札幌間の需要の少なさだけを理由にして新幹線の建設を取り止めるという評価の仕方は正しいだろうか。これは正しい評価の仕方とはいえない。札幌まで新幹線が開通することによって，従来は航空機を利用していた仙台・札幌間の交通利用客が新幹線を利用することになって需要が増大することが考えられる。こうした効果は「**フィーダー（培養）効果**」とも呼ばれる。この場合の新幹線の建設の判断は，このフィーダー効果も考慮に入れたうえで行わなくてはならない。

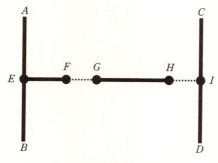

図 4-4　ネットワーク・サイズの経済

同様に図 4-4 のような高速道路ネットワークを考えてみよう。いま *AB* 間と *CD* 間に高速道路が開業しており，その相互の幹線を連絡する道路が *EF* 間と *GH* 間で部分的に開業しているとしよう（いわゆる「さみだれ開業」といわれる状態である）。*EF* 間と *GH* 間の 2 つの高速道路はその区間だけの交通量を見ると大変利用頻度が低く，無駄な高速道路であり，建設する価値がないという判断がなされるかもしれない。しかし，*FG* 間と *HI* 間が開業して，*EI* 間が全線開通すると飛躍的に交通量が増大する可能性がある。こうしたネットワーク・サイズの経済を見落とすと，有益な高速道路が建設されなくなる可能性がある。

　ネットワーク・サイズの経済と規模の経済との相互の関係を明確にすることはなかなか難しい。この場合は「規模」という言葉をどのように定義するかによって判断が分かれるだろう。各路線の起終点数，路線数，路線区間の距離など，規模を定義する基準は多くある。そのため，ネットワーク・サイズの経済と規模の経済は同様に論じることができることもあるだろうし，個別に論じるほうが意義のある場合もある。

※ 内部補助に関する覚え書き

　費用と交通企業の行動について，本節の文脈からは若干外れるけれども指摘しておきたい重要な概念がある。それは**内部補助**である。

　内部補助とは，複数市場で交通サービスを供給する同一交通企業の内部において，ある市場の収入を原資として，それをほかの市場のサービス供給に補助として使うことをいう。いま，ある交通企業が 2 市場において交通サービスを供給しているものとして，第 1 市場の交通サービス供給に必要な費用とそれから得られる収入をそれぞれ C_1, R_1 とし，第 2 市場のそれを C_2, R_2 とする。このとき，以下の式，

$$C_1 < R_1 \qquad C_2 > R_2$$

が成り立っていれば，第 1 市場のサービスは内部補助をし，第 2 市場のサービスは内部補助をされている，という。端的に言えば，内部補助とは，1 企業のなかでの黒字部門から赤字部門への補助をいう。

　利潤最大化を目的とする企業では，赤字市場のサービスの生産は損失をもたらすので供給を取り止めて市場から撤退することが通常である。しかし，赤字

市場であっても生産を維持して内部補助を行うにはそれなりの理由がある。

第1に，赤字市場はその企業にとって将来有望な成長市場であって，今は赤字でも将来黒字に転化すると見込まれる場合である。

第2に，赤字市場は競争が激しいため，その競争に生き残る，あるいは他企業を市場から追い出すために黒字部門の資金を赤字市場につぎ込む場合がある。とくに不当に低い価格（**略奪価格**）を設定することで他企業を市場から追い出す行為は，独占禁止法に触れる可能性がある。

第3に，両市場で生産するサービスが補完的な関係にあり，赤字市場のサービス生産の中止が黒字市場の収入に負の影響を与える場合である。

第4に，赤字市場のサービス生産が社会的要請に基づくものであり，採算を度外視してでも，サービス維持のためにやむをえず黒字市場から資金を調達する必要がある場合である。

交通企業の場合，とくに第3と第4の理由が重要となる。第3の理由について，ネットワーク・サイズの経済の存在によって赤字路線の乗客が黒字路線も利用して移動する場合，赤字路線の廃止はそのまま黒字路線の利用客減，つまり収入減をもたらす可能性がある。この場合は，赤字路線の廃止は黒字路線の収支を悪化させるので，赤字路線は内部補助によって維持する必要がある。第4の理由について，たとえば過疎地域において唯一のバス路線が廃止されると地域住民の足が奪われ，生活に支障を来す場合は，地元自治体はバス企業に路線の維持を求めることがある。バス企業がそれを認めれば黒字路線からの内部補助は不可避となる。

内部補助は交通企業にとって重要なキーワードとなる。国鉄分割民営化以前の国鉄運賃は全国一律の運賃制度（1981年まで）であったし，高速道路の料金プール制は事実上の内部補助である。また，規制緩和以前は，過疎地域の赤字路線を維持させるために，規制当局がバス企業に都市中心部の黒字路線でのサービス供給を独占的に許すこともあった（第9章〔242ページ〕参照）。

実は内部補助の定義は上記に述べたような単純なものではない。内部補助の厳密な定義，内部補助の経済学的な評価，交通における内部補助の実例などについては第9章において詳述される。

3 費用配分モデル

❖ 共同事業のうま味

これまで述べてきたように，共通費用が存在する場合には範囲の経済が発生することがよくあるので，交通企業は事業の範囲を拡大することがある。しかし，単一の交通企業内だけではなく，共有する資産を持たない完全に別個の交通企業が共同で事業を行うというような状況もしばしば見られる。たとえば国際航空輸送の場合，コードシェアリングといって，同じ路線の便名であるにもかかわらず当該航空企業が別の航空企業と共同運航する場合がある。A社の便だと思って搭乗したら，まったく別のB社の航空機であったというようなことを経験した読者もいるだろう。

同じく航空企業は「アライアンス」（企業連携・事業提携）を組んで相互に便宜を提供し合う場合がある。たとえば，C社において貯めたマイレージが同じアライアンスに属するB社においても使えるというような状況である。海運市場においてもアライアンスは形成されている。また，わが国の都市鉄道では，相互乗り入れがよく行われている。これも各鉄道企業の共同事業であるといってもよいだろう。

こうした交通企業間において共同事業が成立しているのはなぜだろうか。また，どのような状況のときに共同事業が成立し，どのような状況のときに共同事業は成立しないのだろうか。この点について費用の点から考えてみることにしよう。

❖ コアの理論

いまある鉄道企業A社とB社があるとしよう。両社はそれぞれの担当地域の観光地を利用して共同で企画旅行商品を開発しようとしている。それと同時に，両社は単独でも企画旅行商品を開発できるものとしよう。単独で企画旅行商品を開発する場合は，おそらく相互に便宜は図られないだろう。こうした状況でのこの企画旅行商品の開発に要するコストと，両社のこの企画旅行商品の見積もり購入客数が表4-1のとおりであったとする。

この表を見る限り，共同で商品開発した場合のほうが単独で開発したときの

3　費用配分モデル　　91

表 4-1 鉄道企業の企画旅行商品の費用構造

	A 社	B 社
企画旅行商品の見積もり購入客数	4000 人	1000 人
単独での商品開発費用	0.9 億円	0.5 億円
共同での商品開発費用	1.2 億円	

合計よりも費用が安くなっている。そこでA社とB社は共同で企画旅行商品を開発したときの費用である1.2億円の負担をめぐって交渉をすることになる。もっとも単純な方法は1.2億円を半分ずつ折半し0.6億円ずつを負担する方法である（これを方法(1)としよう）。この場合，A社はこの方法に同意する一方，B社は単独で商品開発するほうが0.1億円安くて済むので，これには同意しない。

次に，この商品の見積もり購入客数を使って比例配分するという方法がある（これを方法(2)としよう）。この場合，A社は0.96億円（＝1.2×(4000／5000)），B社は0.24億円（＝1.2×(1000／5000)）の負担額となる。しかし，今度はB社が同意してもA社は同意しない。なぜならばA社は単独で商品開発したほうが0.06億円安くて済むからである。

上記の2つの方法の場合，交渉は決裂する。これを図に描いたものが図4-5である。

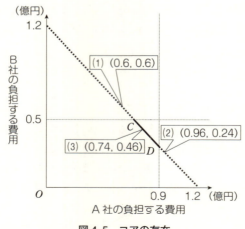

図 4-5 コアの存在

図 4-5 においては横軸に A 社が負担する費用，縦軸に B 社が負担する費用がとられている。A 社は 0.9 億円以上を負担したくないから横軸の 0.9 を通過する垂直な直線より左の配分提案のみに同意し，一方，B 社は 0.5 億円以上を負担したくないから縦軸の 0.5 を通過する水平な直線より下の配分提案のみに同意する。このことから，方法(1)と(2)は両社のいずれの希望する領域にも位置しないので交渉が決裂する。

　次の提案として，共同で商品開発することによって節約される金額 0.2 億円（ $= (0.9 + 0.5) - 1.2$ ）だけを互いに利用者数に応じて配分し，それを控除する方法がある（これを方法(3)としよう）。この方法だと，節約金額の総額である 0.2 億円を利用者数に応じて配分するから，A 社の控除分は 0.16 億円（ $= 0.2 \times (4000/5000)$ ），B 社の控除分は 0.04 億円（ $= 0.2 \times (1000/5000)$ ）となる。結局，負担額は A 社が 0.74 億円（ $= 0.9 - 0.16$ ），B 社が 0.46 億円（ $= 0.5 - 0.04$ ）となり，ともに単独のときの商品開発より費用が安くなるので交渉が成立する。

　また，単独で商品開発をしたときの費用の大きさに応じて費用を配分すると（これを方法(4)としよう），A 社は約 0.77 億円（ $= 1.2 \times (9/14)$ ），B 社は約 0.43 億円（ $= 1.2 \times (5/14)$ ）となって，この場合も交渉が成立する。

　さらに，方法(3)のような控除の方法で節約分を単純に半分に折半する方法（これを方法(5)としよう）でも，この数値例では交渉が成立する（A 社は 0.8 億円の負担，B 社は 0.4 億円の負担）。

　このときの方法(3)〜(5)はいずれも図 4-5 の直線 *CD* の線上に位置する。この線分 *CD* 上の点のいずれも両社の間で交渉が成立するので，実は交渉の成立する点は無限にある。この線分 *CD* 上の点を，この費用配分モデルにおける**コア**と呼ぶ。コアの概念はゲームの理論において厳密に定義されている。

❖ コアの概念の一般化

　上記の数値例では方法(1)と(2)はコアではなく，方法(3)〜(5)はコアに属していた。しかし，この費用配分モデルでは，数値例を変えることで，先に述べた費用配分の各方法がコアになったり，ならなかったりすることには注意しておく必要がある。また，それだけではなく，コアがただ 1 つだけということもありうるし，コアが存在しないという場合もありうる。読者は数値例を工夫してみることで，このことを確認されたい。

3　費用配分モデル　　93

Column ■ 航空のコードシェア便にはなぜ2，3社が多いのか

　本文でも述べたように，航空輸送市場ではコードシェア（共同運航）便は国内路線，国際路線を問わず，よく見られる航空企業の経営戦略である。

　コードシェアをすると，航空企業にとっては，コードシェアをする航空企業の持つ販路や顧客を利用することができるようになるので，座席を埋めることができるようになり，収益を拡大できるという利点がある。そのため，コードシェアに参加する航空企業が多ければ多いほど望ましい。

　しかしながら，コードシェア便を見ると，その便で共同運行する航空企業は2，3社程度であることが多く，それ以上の企業が参加するコードシェア便は，あることにはあるが，それほど多くはない。その理由はコードシェアをする各企業との間での利害調整が難しいことにある。本文で述べたような売上げや利益に関する調整のような点だけではなく，買いとり座席の数に関する調整や，運賃設定，アライアンスを超えるコードシェアの場合にはそれについての調整など，コードシェアに関して協議することが多く，利害が対立する航空企業の数が多ければ多いほど合意に至ることは難しくなる。そのため1つの便でコードシェアを行う航空企業の数がそれほど多くなっていないのではないかと考えることができる。

　もちろん，上記の費用配分モデルは3社以上の場合においてもあてはまる。たとえば，3社の場合については，山内・竹内 [2002] の第3章第4節において説明されている。この費用配分ゲームに参加する企業の数が増えれば増えるほど，参加企業が合意に達する可能性が限られてくるだろうことは想像に難くない。参加企業が増えれば増えるほど，交渉の過程は複雑になり，合意に至る道筋は難しくなる。

付　録　費用の劣加法性

　図4-1において E 点，A 点およびその間の点（G 点）での平均費用を比較すると，

$$AC(q_1) < AC\left(\frac{1}{2}q_1\right) < AC(q_2)$$

が成り立っている。左側の不等号について，平均費用を総費用 $C(q)$ を使って書き換えると，$AC = C(q)/q$ より

$$\frac{C(q_1)}{q_1} < \frac{C\left(\frac{1}{2}q_1\right)}{\frac{1}{2}q_1} = 2 \times \frac{C\left(\frac{1}{2}q_1\right)}{q_1} = \frac{C\left(\frac{1}{2}q_1\right)}{q_1} + \frac{C\left(\frac{1}{2}q_1\right)}{q_1}$$

と書けるので，これを変形すると，

$$C(q_1) < C\left(\frac{1}{2}q_1\right) + C\left(\frac{1}{2}q_1\right)$$

となる。これは劣加法性を定義する（4-1）式と一致する。なお，需要曲線 D_1 が平均費用の逓減状態で交点を持っている場合においても（つまり規模の経済がある場合でも）上記の関係が成り立つことは明らかである。

重要語句

会計学的費用，経済学的費用，（非）貨幣的費用，私的費用，社会的費用，個別費用，共通費用，結合費用，回避（不）可能費用，埋没費用，費用の劣加法性，範囲の経済，ハブ・アンド・スポーク，密度の経済，短期平均費用，ネットワーク・サイズの経済，フィーダー効果，内部補助，略奪価格，コア

復習確認と議論発展のための問題

Q4-1

あなたがほかの仲間とともに，新入生（新入社員）の歓迎会を開いたとする。会が終了して会計をするときには，次のような費用負担の方法が考えられる。

(a) 新入生（新入社員）は半額とし，上級生（既存の社員）が残りを均等に負担

(b) アルコールを飲まない人は低額を，大酒飲みは高額を負担

(c) セット料金を均等に負担し，追加の飲み物を注文した人は個別に支払い

(d) あまり歓迎会を楽しめなかった人は低額を，歓迎会を大いに楽しんだ人は高額を負担

(e) 飲みすぎて周囲に迷惑をかけた人は多めの金額を負担

以上のような費用負担の方法は何を根拠にして行われているのだろうか。

Q4-2

次のそれぞれの費用関数について，どの費用関数が破滅的競争を引き起こすことになるか。なお，C は総費用，q は生産量（$q \geq 0$）である。

$$\text{(a)} \quad C = q^2 \qquad \text{(b)} \quad C = q \qquad \text{(c)} \quad C = \sqrt{q}$$

Q4-3

ある市場においてまったく同じタイプの企業 A と企業 B の 2 社が存在し，この市場における市場全体の需要曲線と，企業 A（B）の（長期）平均費用曲線がそれぞれ以下

のとおりに近似的に表されるものとする（p は価格，q は生産量）。

$$p = -q + 30 \qquad \begin{cases} AC = -q + 24 & (0 \leq q \leq 16) \\ AC = \dfrac{1}{2}q & (16 \leq q) \end{cases}$$

(1) この市場においては規模の経済が存在するか。その理由とともに述べよ。

(2) 企業 A（B）の需要曲線を求めよ。

(3) 各企業が操業を維持できる最低価格 p とそのときの生産量 q を求めよ。

(4) この市場を 1 社が支配したとして，その 1 社が操業を維持できる最低価格 p とそのときの生産量 q を求めよ。

(5) (3)と(4)の結果から，この市場で破滅的競争が起こる誘因があるかどうかを，その理由とともに述べよ。

Q4-4

サービス A とサービス B を同時に生産しているある交通企業を考える。この交通企業のサービス A とサービス B の生産量をそれぞれ a, b とするとき，この交通企業の総費用 C は，

$$C = a^2 + b^2 - ab + a + b$$

と表されるものとする。たとえば，航空企業が同一の飛行機に旅客と貨物を載せて輸送している場合などを考えればよい（これを「ベリー輸送」と呼ぶ）。

(1) この企業がサービス A のみを 10 単位生産するときの費用を求めよ。

(2) この企業がサービス B のみを 20 単位生産するときの費用を求めよ。

(3) サービス A を 10 単位，サービス B を 20 単位生産するときの費用を求めよ。

(4) (1)〜(3)を考えると，このときこの企業には範囲の経済が存在するか。

(5) サービス A とサービス B をそれぞれ単独に生産するとき，この企業には規模の経済が存在するか。

Q4-5

A 航空と B 航空の 2 社が共同で旅行商品を開発し，共同で航空機の運航を企画しているものとする。各社が単独で旅行商品を開発した場合の費用と，共同旅行商品の各社の利用者数は次のようなものであるとする。なお，共同で開発するときと単独で開発するときの費用が同一の場合は共同でその旅行商品を開発するものとし，各社とも 100 万円単位でしか行動できないものとする。

	A 航空	B 航空
共同旅行商品の各社ごとの利用者数	7,000 人	3,000 人
各社単独での旅行商品開発費用	1,200 万円	1,000 万円
共同旅行商品開発費用	x 万円	

(1) $x = 2200$ のとき，A 社と B 社が開発費用を折半して負担するとき双方は合意する

96　第 4 章　交通の費用

か。

(2) $x = 2000$ のとき，A 社と B 社が利用者数に比例して開発費用を負担するとき双方は合意するか。

(3) $x = 2000$ のとき，コアは存在するか。存在する場合は，A 社と B 社が合意し共同開発する費用の組み合わせをすべて求めよ。

第5章

運 賃 理 論

　基本的に運賃は通常の財の価格と同じものなので，資源配分を最適にするためには，運賃は完全競争市場均衡における価格と同じであればよい。このように運賃を完全競争市場価格と同等にする価格設定の方法を限界費用価格形成と呼ぶ。本章ではまず，運賃の意味と伝統的な差別運賃論を述べた後に，この限界費用価格形成について説明する。

　しかし，交通サービス市場は完全競争市場ではないことが多いために，単純に限界費用価格形成を適用することができない。そこで次に，限界費用価格形成の応用となる運賃理論を紹介し，資源配分を最適にするための運賃はどうあるべきか，について分析する。

⚠本章で取り上げるトピックス

- 石炭とダイヤモンドは，どちらが運賃に敏感なのか。
- 昔あった鉄道貨物運賃等級表はなぜなくなったのか。
- 通学定期を買うときになぜ在学証明書が必要なのか。
- 道が混んでいることで怒り出すドライバーの態度はもっともなことなのか。
- 希少な資源は行列で手に入れるべきか，支払額の大きさで手に入れるべきか。
- 「最適な混雑」というようなことがありうるのか。
- 混雑している高速道路を値下げすると何が起こるのか。
- 混雑にも環境にも同時に最適な料金は存在するのか。
- ピーク時とオフピーク時の交通量の格差をなくせば問題は解決するのか。
- 朝夕のラッシュ時の需要と昼間の需要は同じものなのか。
- オフシーズンでも予約がとれないホテルがなぜあるのか。
- 独占企業の差別価格と同じ方法がなぜ歓迎されるのか。

1 運賃とは何か

❖ 価格・運賃・料金

　運賃は交通経済学における重要なテーマの1つである。これはミクロ経済学の主要なテーマが価格であることとまったく同じである。ミクロ経済学が別名「価格理論」と呼ばれるように，交通経済学においても運賃理論はその核心に位置する。

　ところで，運賃とは何だろうか。運賃とは交通サービスが提供されることの対価であるといえるので，この意味で運賃は交通サービスの価格である。つまり，ミクロ経済学における価格が交通経済学では運賃と呼ばれているにすぎない。一方，運賃と料金との違いは制度上明確である。運賃とは，ある地点からある地点までヒトやモノが運送されることの対価である。

　ところが，ヒトやモノの運送に関しては，単に運送だけではなく付帯的なサービスも提供されることがある。たとえば，特急・急行サービスや，座席指定サービス，寝台列車の寝台利用サービスなどである。このように運送に付帯したサービスへの対価は料金と呼ばれる。したがって，これらはそれぞれ特急・急行料金，座席指定料金，寝台料金などと呼ばれ，「特急運賃」などとは呼ばれない。

　高速道路サービスの提供については，高速道路「運賃」とは呼ばれず，高速道路「料金」と呼ばれる。これは一般道路での通行が可能であるにもかかわらず，より高品質な道路サービスを選択的に利用するという意味で料金と呼ばれていると考えられる。いわば道路サービスの急行料金である。運賃と料金ではこのように制度上の違いはあるものの，料金もまたサービスへの対価である以上，経済学でいう価格と同じである。

　要するに，運賃も料金も価格であることには変わりなく，単にその呼び方が異なるにすぎない。以下では運賃，料金という言葉がしばしば用いられる。しかし，いずれの言葉を価格と呼び換えてもその本質的な点において差し支えはない。

❖ 運送価値説と運送費用説

　運賃は何によって決まるのかという問題は，かなり以前から交通経済学上の重要な論点であった。古典的な運賃論において，運賃は運送価値によって決まるという**運送価値説**と，運賃は運送費用によって決まるとする**運送費用説**が長い間並立してきた。現代の交通経済学においては，どちらが正しいかということを論ずることにそれほど重要な意味はない，ということで一応の決着を見ている。しかし，この両者の考え方を整理しておくことは運賃の本質を把握するために有効である。

　運送価値説とは，その運送サービスにどれだけの価値が認められるかによって運賃水準が決まるという考え方である。したがって，運送価値説に基づくと，そのサービスに認められる価値が高ければ運賃は高くなり，認められる価値が低ければ運賃は低くなるとされる。たとえば，開発途上国におけるパラトランジットなどの乗り物では，運賃は運転手と乗客の自由交渉になっていることが多い。もし乗客が急いでおり，ほかに利用するべき車両がないというような場合，運転手は「足元を見て」高い料金を吹っかけたりすることがあるという。このような現象は運送価値説から説明できる。

　運送価値説に関する重要な言葉に，**運賃負担力**という言葉がある。この言葉については，第3章（60ページ）において簡単に触れておいた。貨物輸送を例にとって考えてみよう。「運賃負担力が大きい」とは，その貨物の価値に占める運送費用の割合が低いために，運賃が多少高くなってもその輸送量にさほど影響が現れない（運賃を負担する力がある）ということである。逆に「運賃負担力が小さい」とは，その貨物の価値に占める運送費用の割合が高いために，運賃のわずかの上昇でもその輸送量に大きな影響が及ぶ（運賃を負担する力があまりない）ということである。

　たとえば，ダイヤモンド1個はときとして数百万円の価値を持つけれども，その運送費用は（保険などを別とすれば）100円もかからないだろう。仮に運賃が100円であったとして，それが倍の200円になったとしても，そのダイヤモンドの輸送量にはほとんど影響がない。つまり，ダイヤモンドは運賃負担力が大きい（言い換えれば，需要の運賃弾力性が小さい）。一方，石炭1個はその価格が非常に安い。仮想的にかなり高価な石炭を想像して1個300円としよう。仮に運賃が100円であったとして，それが倍の200円になれば，その石炭の輸送

1　運賃とは何か　**101**

は非常に難しくなるかもしれない。つまり，石炭は運賃負担力が小さい（需要の運賃弾力性が大きい）。

次に運送費用説について考えてみよう。運送費用説とは，運賃は運送に必要な費用に基づいて決まるという考え方である。この考え方も一定の説得力を持つ。実際，鉄道事業法第16条第2項には次のような条文がある。

「国土交通大臣は，前項の認可（筆者注：旅客鉄道運賃の上限の認可）をしようとするときは，能率的な経営の下における適正な原価に適正な利潤を加えたものを超えないものであるかどうかを審査して，これをしなければならない。」

この条文から，鉄道運賃に関しては運賃の認可が原価（費用）に基づいて行われていることがわかる。ほかのいくつかの交通機関の運賃に関する法律も鉄道事業法とおおむね同様の内容の条文となっている。このように，交通サービスの供給に要する費用も運賃決定の重要な要因となっていることは明らかである。ただし，実際にはその費用の算出には難しい問題を伴う。たとえば，共通費用の配分などはその代表的なものである。この費用に基づく運賃の計算方法については第6章において詳述する。

❖ 差別運賃論

交通経済学における運賃理論は，現代のミクロ経済学から見れば価格理論のなかの1つの分野にしかすぎない。しかし歴史的にみると，運賃理論は経済学の初期のころから重要なテーマだったことがわかる。

たとえば，通常のミクロ経済学の教科書では必ず記述される**価格差別**の理論は，経済学を学ぶ学生とっては必須の重要な理論である。規範的経済学を語るうえでは研究者にとって必読の書となっている A. C. ピグーの著書『厚生経済学』（Pigou［1920=1953-55]）で展開されている価格差別の理論では，すでに鉄道運賃の例が言及されている。ピグーにとって，価格差別の分析のなかで**運賃差別**が強く意識されていたことは間違いない。ピグーは運賃差別を第1級から第3級まで分類しているけれども，ここでは紙幅の関係からこれらを個別に解説することはせず，現在の運賃理論の分析でもっとも重要な，**市場差別**と呼ばれている（ピグー流にいえば第3級の価格差別である）運賃差別について考ることにする。

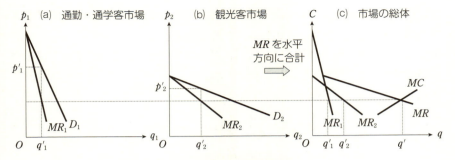

図 5-1　運賃差別（市場差別）

　具体的に次のような事例を想定してみよう。いま，鉄道サービスを独占的に供給している鉄道企業があるとし，利用客には通勤・通学客と観光客の2種類があるものとしよう。前に述べたように，通勤・通学客は需要の運賃弾力性が小さい（第2章〔40ページ〕参照）。一方，観光客は需要の運賃弾力性が大きい。なぜならば，運賃が高くなれば別に無理して観光地に行く必要はないし，鉄道を使わないでほかの観光地に行っても構わないからである。鉄道企業は，鉄道サービスをこの2種類の利用客に提供しているものとする。たとえば，同じ新幹線の車内にビジネス・パーソンと観光客がいるというような状況である。この2つの利用客を2つの市場として分割したときに，個々の市場の状況と全体の状況がどのようになっているかを示したものが図5-1である。

　図5-1(a)の第1市場（運賃 p_1，交通サービスの量 q_1）は通勤・通学客の市場，(b)の第2市場（運賃 p_2，交通サービスの量 q_2）は観光客の市場，(c)は2つの市場を合わせた当該鉄道企業の意思決定を説明する図である。通勤・通学客市場と観光客市場の需要曲線と**限界収入曲線**はそれぞれ D_1, D_2, MR_1, MR_2 である。MR は同じ MR_1 と MR_2 の生産量を水平に合計したものである（したがって，$MR = MR_1 + MR_2$ ではないことに注意）。MC はこの鉄道企業の鉄道サービス生産に関する限界費用であり，両市場における交通サービスの量の合計（たとえば，通勤・通学客数＋観光客数）で決まる（ビジネス・パーソンと観光客は同じ新幹線に乗っている）。なお，図が見にくくなることを避けるために，図5-1(c)では市場全体の需要曲線は省略されている。

　鉄道企業は利潤を最大にしようとするから，図5-1(c)において限界収入と限界費用が等しくなる（$MR = MC$）点である q' を生産し，それを各市場で売りさ

1　運賃とは何か　103

ばけばよい。q' をそれぞれの限界収入に対応させるように分けると，第1市場での割当量は q'_1 となり，第2市場での割当量は q'_2 となる（$q' = q'_1 + q'_2$）。各市場でこれらの割当量をさばくためには，その割当量が需要曲線によって対応する価格である p'_1，p'_2 を運賃として課せばよい。このとき，次のような関係式が成立していることが知られている。

$$p_1\left(1 - \frac{1}{e_1}\right) = p_2\left(1 - \frac{1}{e_2}\right) = MC$$

ここで e_1 と e_2 はそれぞれ第1（通勤・通学客）市場と第2（観光客）市場の需要の運賃弾力性である。つまり，差別運賃は各市場の需要の運賃弾力性の大小によってその水準が決定される。先に述べたように，第1市場の需要の運賃弾力性は第2市場の需要の運賃弾力性よりも小さい。MC を一定の値として e_1 と e_2 にそれぞれ小さい値と大きい値を入れてみると，p_1 は高い値に，p_2 は低い値になることがわかる。つまり，需要の運賃弾力性が小さい市場では高い運賃が課され，需要の運賃弾力性が大きい市場では低い運賃が課される。

このことは直感的にも理解できる。高い運賃を課すと乗客が逃げ出しやすい（需要の運賃弾力性が大きい）市場では，低い運賃で乗客を引きつけて収入を上げ，高い運賃を課しても逃げ出す乗客の少ない（需要の運賃弾力性が小さい）市場では，高い運賃を課して収入を上げれば，（与えられた費用のもとでは）企業は利潤を大きくすることができる。

しかし，こうした差別運賃の設定が成功するためには，次のような条件が成立することが必要である。

第1に，その鉄道企業がその市場において市場支配力を持っていなければならない。同様のサービスを提供できる競争相手がいる場合には，差別運賃よりも低い運賃をライバル企業に提示されることで差別運賃制度は崩壊する。かつての国鉄は，ほかに充実した交通機関がなかったために交通市場で絶大な独占力を持っていた。ところが，その後の高速道路網の整備や国内航空路線の充実によって国鉄は急速にその独占力を失っていった。この事実は表5-1にあるように貨物運賃等級表の簡略化と運賃の格差の縮小からもうかがい知ることができる。1960（昭和35）年には運賃格差が最大と最小で2倍強あったものが，1980（昭和55）年には約1.24倍に縮小している。

第2に，異なる属性を持った利用客が存在するときに，企業はその属性に応

表 5-1　国鉄貨物運賃等級表の変遷

(a)　1960 年

等級	品目（例）	賃率（円/トンキロ）
1	自動車，生糸，化粧品	7.63
2	バター，紅茶，教科書	6.20
3	米，牛，板ガラス	5.24
4	ドライアイス，みそ	4.86
5	リンゴ，あさり，軽油	4.67
6	石炭，大理石	4.53
7	わら，薪	4.34
8	氷，鉄鉱石	4.20
9	稲苗，鉱さい，土	4.01
10	石灰岩，水，雪	3.81

(注)　賃率は 100 km 輸送した場合。
(出所)　日本国有鉄道『貨物運賃等級表』（昭和 35〔1960〕年）
より作成。

(b)　1980 年

等級	賃率（円/トンキロ）
1	14.03
2	12.57
3	11.35

(注)　賃率は 100 km 輸送した場合。
(出所)　日本国有鉄道運賃法（昭
和 55〔1980〕年改正）別表 2
より作成。

じて市場を分割することができなくてはならない。通勤・通学客と観光客の区別は，その外見から比較的市場の分割が容易である。しかし，スーツを着た登山客や登山服を着たビジネス・パーソンが多くなるとこれは不可能になる。同様に大人と子どもも比較的市場を分割しやすい。

　第 3 に，各市場間においてサービスの転売が不可能でなくてはならない。もし転売が可能ならば，運賃の低い市場から乗車券を仕入れて，運賃の高い市場の乗客に少し低めの運賃で売りつけるブローカー（仲買人）が現れ，利ざやを稼ぐことができる（裁定取引）。これが行われると，誰も運賃の高い市場で乗車券を購入しなくなり，差別運賃制度は崩壊する。

　このため，大学生や高校生が通学定期を購入する場合には，必ず在学証明書を売り場窓口で提示しなくてはならない（それによりブローカーが通学定期券を仕入れることを防止できる）し，乗客は求めに応じて乗務員に身分証明書を提示しなくてはならない（たとえば「JR 東日本旅客影響規則」第 228 条）。これらは，交通経済学の立場から見ると，転売阻止の方策であると解釈することができる。また，高齢者対象の JR の「ジパング倶楽部」（かなりの運賃割引が適用される会員制度）も，会員になるために年齢を証明するものと本人の写真が必要であり，これも同様であると考えられる。

　もっとも，理論的には通勤・通学客の運賃は高くなるはずなのに，実際には通学定期券などのほうにかなり大幅な割引運賃が適用されており，事実は上記

1　運賃とは何か　　105

Column

鉄道の子ども運賃が大人運賃の半額なのはなぜか

なぜ鉄道では大人運賃の半額が子ども運賃なのか。その理由を突きとめるために，いつからそのような運賃制度になったのかを筆者は調べたことがある。

日本国有鉄道［1969］『日本国有鉄道百年史第1巻』によると，日本初の鉄道開業年である1872（明治5）年に発表された「鉄道列車出発時刻表及賃金表」において，「小児四歳未満ハ無賃其余十二歳未満ハ半賃ヲトルベシ」との記述があったそうである。つまり，わが国においては鉄道開業当初から子ども運賃は大人運賃の半額だったということになる。なぜそのころから半額であるのかということを含めて，子ども運賃半額の理由は，筆者が調べた限りでは不明だった。

交通サービス以外の市場の価格設定を調べてみると，子ども料金が大人料金の半額になっていない状況はしばしば見ることができる。たとえば東京ディズニーリゾートでは，1デーパスポートで子ども料金は大人料金の約0.65倍（税込み価格：2017年8月1日現在），ユニバーサル・スタジオ・ジャパンでは，1デイ・スタジオ・パスで子ども料金は大人料金の約0.67倍（税込価格：2017年8月1日現在）となっている。こうしたテーマパークは一定程度市場支配力を有していると考えられるので，価格差別の理論が教えるように，事業者は利潤最大化のために，需要の価格弾力性を勘案しつつ，子ども料金を大人料金の半額よりも高く設定していると考えられる。

そのほかに，美術館や博物館の料金なども半額であることが多い。たいていの人にとって子ども運賃（料金）は大人運賃（料金）の半額であるということがあたり前のことになっており，それに疑問を差し挟む人は少ない。後に述べるように，ラムゼイ価格を適用するならば，大人と子どもの需要の価格弾力性は異なるのが普通だから，社会的余剰を大きくするであれば，子ども運賃が半額であるということはあたり前のことにはならない。

今のような運賃（料金）制度になっているのは，おそらく公共交通機関や美術館，博物館などのいわゆる「公共料金」では利潤最大化を目的とせず，いわば前例を踏襲している制度なのだろうと判断することもできる。

よく調べてみると，子ども料金が大人料金の半額となっていない例がほかにも見つかるかもしれない。その理由を価格差別の理論（市場支配力）から眺めてみることも興味深い。

の理論とは逆の状態となっている。それは鉄道企業がさまざまな点から規制を受けていて利潤最大化ができないということ，また通学定期券に関しては，割引が文教政策上の理由から事実上の補助金のような役割を果たしていることな

どが考えられる（第9章コラム〔240ページ〕参照）。もし仮に鉄道企業が何の制約も受けず，かつ上記のような3つの条件を満たすことができれば，理論の予測と同じ差別運賃が出現する可能性がある。

❖ イールド・マネジメント

近年，企業の販売戦略として「イールド・マネジメント」（yield management）という言葉がよく使われるようになった。

イールドとは企業によって生産されたもの，そしてそれを販売することで得られる収入のことを指す。企業は生産したもの（交通企業の場合は車内の座席）をうまく活用する（マネジメントする）ことによって収益（収入）そして利潤を最大にしようとする。より具体的には，航空輸送市場に見られる「早割」や「特割」といった運賃や，新幹線の事前購入割引（JR各社によっていろいろな呼称がある）が代表的なものである。

航空輸送を例にとって考えてみよう。航空機を1機運行させるとき，乗客に関する限界費用はほぼゼロに等しい。言い換えれば，空席のまま航空機を運航させても，1名の乗客を追加的に乗せたとしてもそれに必要な費用はほとんど変わらない。そうであれば，たとえ1円でも払って乗客に航空機を利用してもらえれば，それは企業にとっての利潤となる。乗客に格安で座席の提供をすることで少しでも空席を埋めようとすることがイールド・マネジメントの要諦である。

同じ航空機の隣同士の座席であっても座っている乗客の支払う運賃は異なるから，これは差別価格の一形態といってよい。通常，前もって航空券を買うことのできる人ほど需要の価格弾力性が大きく，直前に買う人は需要の価格弾力性が小さい。たとえば，仕事で急に出張に行かなくてはならないビジネス・パーソンは，その緊急度から，どれほど航空運賃が高くてもその便に乗らざるをえない（需要の価格弾力性が小さい）。その一方で，かなり以前から座席を購入できる人は，安い航空運賃であればどれほど事前に自分の行動が拘束されようと構わず，それくらい運賃の額を優先的に考えているということだから，需要の価格弾力性は大きい。

以上のことから，価格差別の理論が教えるとおり，需要の価格弾力性の大きい早期予約客の運賃は低く，需要の価格弾力性の小さい直前の予約客の運賃は

1　運賃とは何か　107

高い。

2 限界費用価格（運賃）形成原理

❖ 理想の運賃

限界費用価格形成とは，価格すなわち運賃を限界費用と等しくなるように設定することである。しかし，この言葉を最初に聞く読者は混乱することがあるかもしれない。なぜならば，生産量（供給量）とそのときの限界費用の組み合わせは無限にあり，それを価格と等しくするといっても，その組み合わせは無限にあるからである。もし，こう考える読者がいるとすれば，需要曲線の存在を忘れているのが原因であるかもしれない。

需要曲線とは，価格とそのときの消費量（需要量）の組み合わせを表したものである。限界費用と生産量（供給量）の組み合わせが無限にあるとしても，一定の財・サービスの量が市場に出たときに消費者にそれを買ってもらわなくては意味がなく，完全に売りさばくためには市場において需要量と供給量が一致する必要がある。需要曲線と限界費用曲線を考えれば，生産量と消費量が一致する場合，価格は限界費用と等しくなっている。以上のことから，限界費用価格形成における価格（運賃）は需要曲線と限界費用曲線の交点において，通常ただ1つの組み合わせになる。

ところで，ミクロ経済学が教えるように，限界費用曲線の逓増部分の一部が供給曲線になるのだから，需要曲線と限界費用曲線の交点とは，実は需要曲線と供給曲線の交点だということになる。これは通常の完全競争市場における市場均衡点にほかならない。そして，またミクロ経済学が教えるように，完全競争市場における市場均衡点で社会的余剰は最大となり，資源配分が最適になっている（第1章〔16ページ〕参照）。要するに，完全競争市場における市場均衡点と限界費用価格形成に基づく価格と数量の組み合わせの点は同じものである。

同じであるとしても，その意味はかなり異なっている。完全競争市場における市場均衡点では社会的余剰が最大になる（資源配分が最適になる），ということを意味している。しかし，限界費用価格形成の場合は，限界費用価格形成をすることによって社会的余剰を最大にする（資源配分を最適にする），というこ

108 　第5章 運賃理論

とを意味している。

つまり，完全競争市場では人為的な制御が介在しないのに対して，限界費用価格形成ではそれを人為的に行うところが違っている。やや乱暴ないい方をすれば，完全競争市場での市場均衡点で資源配分を最適化できるのであれば，市場に頼らずに人為的にその点を求めて，そのような価格を企業に課すことを行っても結論は変わらないことになる。もちろん，人為的な価格形成を行う代わりに完全競争市場に価格の決定を委ねても同じ結果を得ることができる。

しかし，交通市場は市場の失敗が非常に起こりやすい市場であるために，自由放任にしておくと，価格と限界費用が一致しないことが多くなる。そこで，人為的に価格と限界費用が等しくなるような価格（運賃）設定を行う限界費用価格形成が交通市場において常に議論となる。

❖ 限界費用価格形成の問題点

限界費用と一致するように運賃を決定するという限界費用価格形成は，資源配分を最適にするので望ましい運賃決定原理であるといえる。しかし，限界費用価格形成を無批判に受け入れるには難しい問題がいくつかある。以下では，これを4点にまとめて整理しよう。

第1に，すでに指摘しておいたように，交通市場が費用逓減という状態にあるときに限界費用に等しい運賃を課すと，交通企業には赤字が発生してしまい，そもそもそのサービスが供給されなくなってしまうというおそれがある（第1章〔17ページ〕参照）。仮に，無理に限界費用価格形成原理を適用したとすれば，その場合には交通企業に発生する赤字を補填する必要がある。しかし，赤字補填の仕方についての詳細は，限界費用価格形成の理論の枠外となっている。政府からの補助金によって赤字を賄うとしても，その補助金の原資として政府は課税を行う必要がある。ところが，その課税政策によって最適な資源配分がまたゆがめられてしまう可能性がある。もしそうであるならば，限界費用価格形成を行う意味はなくなる。

第2に，短期と長期の問題がある。ミクロ経済学が教えるように，限界費用曲線には**短期限界費用**曲線と長期限界費用曲線がある。短期限界費用曲線は現行の設備を所与とする限界費用曲線だから，現行の設備を所与として最適な運賃を考えるのならば，短期限界費用に基づいて運賃が決定されるべきである。

2　限界費用価格（運賃）形成原理　**109**

一方，長期限界費用曲線は固定費用が可変費用化するほどの長期を考えているので，既存設備の変更まで考慮に入れた最適な運賃のためには長期限界費用に基づいて運賃が決定されるべきである。もちろん，両者は異なった費用曲線だから，運賃も異なる水準となる。また，現行の設備を所与とするべきかどうかについては先験的には決められない。

第3の問題点は，第1の問題点と関係している。限界費用価格形成に基づいて運賃を決定したときに，仮にその交通企業が赤字に転落したとすれば，それはその市場が費用逓減の状態にあるからだと安易に判断することはできない。なぜならば，その企業は経営努力をせず，放漫経営をした結果として赤字を発生させたかもしれないからである。もし限界費用価格形成を課した規制当局と交通企業との間に情報の非対称性があるならば，交通企業は経営努力したかどうかを表に出さないので，赤字が限界費用価格形成に基づく構造的なものなのか，あるいは単純に経営努力の欠如によるものなのか，という判定を規制当局が行うことは難しい。

第4は，次善の問題である。世の中には無数に近い市場が存在している。限界費用価格形成が資源配分の最適化を達成するためには，すべての市場において価格が限界費用と等しく設定されていることが必要である（ただ，当該市場とまったく関連性を持たない市場については，価格の限界費用からの乖離がほかの市場に影響を与えないこともまた知られている）。つまり，相互に関連の深い市場間では，どこか1つの市場だけでも何らかの理由で価格が限界費用と乖離すれば，それは社会全体の資源配分の最適を保証しない。より進んだ分析により，ある市場が限界費用と等しい価格を設定することに失敗した場合には，最適化は不可能となるので，その次に資源配分がよくなる状態（次善の状態）を実現するためには，すべての価格を限界費用から離れるように付け直さなくてはならないことが証明されている。しかし，あらゆる価格を改めて付け直すことは現実的に不可能である。

このように限界費用価格形成にはいくつかの問題点があることが指摘されている。しかし，それでも限界費用価格形成が運賃決定の理論に大きな示唆を与えてくれることは確かである。直接の適用が不可能であっても，この考え方を基本とした応用的な運賃の提案が多く行われている。以下では，限界費用価格形成を応用した運賃理論のいくつかを紹介することにしよう。

3 混雑料金の理論

❖ 混雑はなぜ起きるのか

　混雑の問題は，交通問題のなかでも最大の関心事であるといっても過言ではないだろう。満員電車での混雑は車内の人間同士の混雑であり，道路混雑は車両（自動車）同士の混雑である。ここでは主に道路混雑を取り上げることにする。

　なぜ（道路）混雑は起きるのだろうか。経済学的に考えれば，その理由は単純明快である。提供されている道路資源に比べて，相対的にその利用希望者が多く殺到するからである。通常の財・サービスでは混雑は発生しない。なぜならば，私的財は集合消費性を持っていないので，誰かがその資源を使えばほかの消費者はそれを使えない。しかし，道路は一定水準まで集合消費性が存在するために，道路に車を「詰め込む」ことが可能である。そのために混雑が発生する。混雑は，その財・サービスが不完全な集合消費性を持っていることに起因する。

　道路混雑は道路上のある車両がほかの車両の進路をふさぐことによって発生するのだから，これは自己の意思決定が他者の意思決定にマイナスの影響を与える外部不経済である。しかし，車両は相互に影響を及ぼし合って互いの進路を妨害するから，混雑の被害者はまた加害者でもある。こうした現象は，**コモン・プロパティの外部性**あるいは「共有地の悲劇」と呼ばれる。

　ときどき，車に乗っていると「どうしてこんなに道が混んでいるんだ！」と怒り出すドライバーがいる。これは，自分が混雑の被害者であることのみを考えていて，自分が他者に及ぼしている迷惑を忘れている点で不当な怒り方だといえる。つまり，迷惑を受けていると思い込んでいる自分が，そこに存在することによってむしろ全体の混雑を激しくしているのである。この点が，大気汚染や水質汚染を発生させる企業と地域住民の関係（これは一方的な外部不経済の発生である）との違いである。

❖ 道路資源の配分方法

　混雑が放置されている現在の状況においても，現実に道路が使われている以

上，何らかの方法で限られた道路資源が道路利用者に配分されているといえる。混雑が放置されている状況で道路資源を配分する方法とは，行列である。言い換えれば「先着順」（早い者勝ち）であり，また別の言い方をすれば，時間による資源の配分方法である。

この方法は人気コンサートのチケットを手に入れるために前の日から並んだりすることでも使われる。最初に到着した人から順に希少な資源の利用を認めるのが，まさに現在の混雑状態における道路資源の配分方法である。休日に行楽地に向かうために早朝に家を出るというのは，先着順で道路という資源の配分を受けようとすることにほかならない（行列と機会費用の関係については，第1章〔9ページ〕で指摘しておいた）。

ここで取り上げる混雑料金とは，支払意思による資源配分の方法である。つまり，ある希少な資源に対して，それに高い価値を認める人から順にその資源の利用を認めるという方法である。具体的には，ある料金が課され，支払意思がそれより大きい人は料金を支払うことによって利用が認められ，支払意思がそれより小さい人は料金を支払わないので利用から排除される。

混雑料金制度を提案するということは，行列（先着順）による道路資源の配分方法を支払意思による道路の資源配分方法に変える，ということを意味する。なぜ，このように配分方法を変えることが望ましいのだろうか。

❖ 支払意思による配分方法の優越性

行列（現在の混雑処理の方法）と支払意思（混雑料金による混雑処理の方法）のどちらが望ましいかを考えるために次のような例を考えてみよう。

ある川を渡るために渡し舟があるとする。この渡し舟の定員は10名で，1回しか利用できないものとしよう。この渡し舟の利用者が図5-2(a)のような順番で15名やってきたとする。この図の縦軸には，渡し舟の利用希望者がこの渡し舟を利用することによって得られる価値（支払意思）が測られている。

いま行列（先着順）で利用を認めるとすれば，図5-2(a)の左から10名までが乗船することができ，この場合の渡し舟によって実現される社会の価値（乗船客の価値の合計）は網かけの部分，つまり，

$$3+6+4+1+9+5+3+2+5+4=42$$

112　第5章　運賃理論

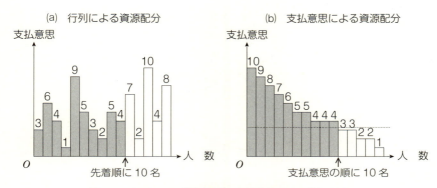

図 5-2 行列による資源配分と支払意思による資源配分

となる。

次に支払意思が高い順番に 10 名を乗客として利用を認める場合には，渡し賃を支払意思で 3 と 4 との間になるように設定すればよい（図 5-2(b)）。この場合，4 までの支払意思を持つ人は喜んで渡し賃を支払い，3 以下の支払意思を持つ人は支払いを拒否する。そして，図 5-2(b)の例では 4 までの支払意思を持つ人でちょうど 10 名となる。この場合の渡し舟によって実現される社会の価値（乗船客の価値の合計）は網かけの部分，つまり，

$$10+9+8+7+6+5+5+4+4+4=62$$

となる（経済学にやや詳しい読者は「デュピュイの橋」を思い出すだろう）。

このように，行列によって資源配分するときに実現できる社会の価値は 42 であるのに対して，支払意思によって資源配分するときに実現できる社会の価値は 62 である。明らかに支払意思による資源配分のほうが，社会が実現できる価値は大きい（より効率的である）。ここに支払意思，つまり混雑料金による資源配分の望ましさがある。

❖ 混雑の費用曲線

混雑に関する費用曲線を導出する前に，混雑の程度（これは結局，交通量と同じである）を表す単位を明確にしておく必要がある。通常，混雑に関する費用曲線を表すときには**フロー**という単位を用いる。フローとは，ある一定時間に道路上のある一点を通過する自動車の台数によって計測される。このフロー

3 混雑料金の理論　113

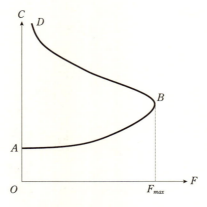

図 5-3　フロー・コスト曲線

F を横軸として，縦軸にそのときの自動車の目的地までの費用 C（主に時間費用や走行費用から構成され，ここでは簡単化のために時間費用のみを考えることにする）をとったときの曲線を，フロー・コスト曲線と呼ぶ。典型的なフロー・コスト曲線は図 5-3 の ABD のように描かれる。

　フローが小さいときには混雑は発生しておらず，周囲の車に邪魔されることなく制限速度の範囲内で車は自由に走行することができる（これを「自由走行速度」による走行と呼ぶ）。しかし，フローが増加する（交通量が増す）につれて，混雑が発生することになり，費用（走行時間）が増加する。道路には道路容量（交通処理能力）というものがあり，それ以上車は流れない。その限界値が F_{max} であって，ここでフローは最大となる。

　しかし，さらに車が流入を続けると，交通は混雑から渋滞に転じ，走行速度が極端に落ち（費用が急増し），フローは低下する。それでもさらに車が流入すれば交通は麻痺状態となり，車は 1 cm も前に進むことができなくなり，速度はゼロに（時間費用は無限大に）なる。したがって，コストはフローがゼロになるとき無限大に発散する。フロー・コスト曲線の BD の部分は「超混雑」と呼ばれることもあり，興味深い部分であるものの，理論的に難しい問題をはらんでいる（竹内 [2013b]）。そこで，本書では AB の部分だけを取り上げることにしよう。説明を簡単にするために表 5-2 のような数値例を考えることにする。

　また，図 5-4 は表 5-2 をグラフにしたものである（説明を容易にするために，縦軸と横軸の目盛りは正確ではない）。この図において，フロー・コスト曲線は

表 5-2 混雑費用を説明するための数値例

交通量（F）		5	6	7	8	9	10	11	12	13	
1台当たり時間費用（SAC）	…	10	10	10	10.2	10.6	11.2	12	13	14.2	…
追加1台による時間費用の増加分（PMC）	…	10	10	10	10.2	10.6	11.2	12	13	14.2	…
総時間費用（$STC = F \times SAC$）	…	50	60	70	81.6	95.4	112	132	156	184.6	…
追加1台による総時間費用の増加分（SMC）	…	10	10	10	11.6	13.8	16.6	20	24	28.6	…

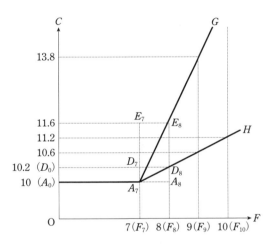

図 5-4 混雑に関する費用曲線

線 $A_0 A_7 D_8 H$ となる。横軸の原点から右に向けて，当該道路に車が1台，2台と流入してきて，たとえば F_8 では車が8台まで入ってきていることを示している。F_7（7台目）までは目的地までの時間費用が10と一定であるので，自由走行の状態であり，混雑は発生していない。7台が走行している場合は1台当たり10の費用で走行しているから，社会全体の費用（**社会的総費用**）STC_7 は四角形 $OF_7 A_7 A_0$ で表され，それは70（$=7\times10$）である。ところが（この道路の交通処理能力では）8台目がこの道路に入ってくることで混雑が発生する。

8台目が流入してきたときフロー・コスト曲線は線 $A_0 A_7 D_8 H$ であるから，8台目に入ってきた車の時間費用は10.2（四角形 $F_7 F_8 D_8 D_7$）である。つまり，0.2（四角形 $A_7 A_8 D_8 D_7$）に相当する費用が混雑によって8台目の車両に発生したこ

3 混雑料金の理論 115

とになる。10.2 という費用は、新たに 1 台が追加的に当該道路に入ってきたことによって生じる費用の増加分であり、しかもそれは 8 台目の車自身が負担する費用（ほかの車両に及ぼす混雑費用を考えていない）であるから、私的限界費用である。

しかし前に述べたように、混雑は当該道路に存在する車が相互に影響を及ぼし合って互いに混雑の費用を負担することになるから、8 台目に入ってきた車だけに 0.2 の費用が発生するわけではない。8 台目であれ、1 台目であれ、ドライバーが負担する費用はどれも同じになる。ということは、四角形 $F_7F_8D_8D_7$ を 8 倍した四角形 $OF_8D_8D_0$ が社会的総費用 STC_8 であり、この値は 81.6 となる。逆に考えると、この社会的総費用をそのときのフロー（交通量）である 8 台で割ることによって 1 台当たりの費用、つまり**社会的平均費用**が得られる。その値は 10.2（＝81.6÷8）である。このことから私的限界費用と社会的平均費用は等しい。

さて、7 台から 8 台に車が 1 台増加したことによって社会的総費用は 70（STC_7）から 81.6（STC_8）に増加したのだから、その増加分 11.6 は社会的限界費用 SMC となることは限界費用の定義から明らかだろう。ここで図 5-4 の線 $A_0A_7E_8G$ は、社会的限界費用曲線である。そして、前述の 11.6 は図 5-4 の四角形 $F_7F_8E_8E_7$ に相当する。このうち、10 に相当する四角形 $F_7F_8A_8A_7$ は 8 台目の車の自由走行時の時間費用であり、0.2 に相当する四角形 $A_7A_8D_8D_7$ は発生した混雑費用のうち自己が負担する費用だから、差し引き 1.4 に相当する四角形 $D_7D_8E_8E_7$ は自分の車が他車に及ぼした混雑に関する外部費用ということになる。以上のことから、

　　　社会的限界費用＝私的限界費用（＝社会的平均費用）＋混雑の外部費用

という関係が成り立っている。

❖ 最適な混雑料金

以上の整理をもとにして最適な混雑料金を求めてみよう。図 5-4 の費用曲線と道路利用者の当該道路の利用に関する需要曲線を合わせて描いたものが図 5-5 である。縦軸に費用および価格 p をとり、横軸に生産量 q をとる（これまで述べたフロー F と同じ意味である）。SMC は社会的限界費用曲線であり、PMC

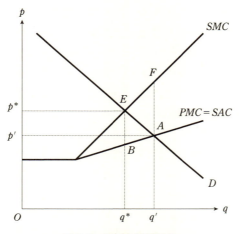

図 5-5　最適な混雑料金

は私的限界費用曲線であり，SAC は社会的平均費用曲線である。D は当該道路を利用する利用者の，その道路に対する需要曲線である。

　混雑が放置されている，つまり行列（先着順）という方法で道路が利用されている場合には，利用者は自己の混雑費用のみを考えればよいから，均衡点は A 点になり，そのときの交通量は q' である。通常の外部不経済の内部化の理論を考えればわかるように（第 1 章〔22 ページ〕参照），社会的に最適な点は E 点である。したがって，この均衡点を実現するためには EB だけの混雑料金を道路利用者に課せばよいことになる。その結果，交通量は過大に道路が利用されていた q' から q^* に減少する。これによって三角形 EAF だけの資源配分上の無駄がなくなることがわかる。

　興味深いことに，社会的に最適な点である E（q^*, p^*）が実現されているときも，依然混雑が発生していることに注意しよう。道路の形状や処理能力にもよるけれども，社会的に望ましい状態とは混雑が解消された状態ではない。いわば「最適な混雑」という一見矛盾するような表現の状態が望ましい状態となる。これは次のような理由による。

　混雑をいっさい発生させない道路の状態とは，過度に道路の利用者を排除している状態である。本来ならば，多少混雑しても，より多くの人びとに道路を利用してもらうことでもっと便益を高めることができるはずである。このよう

3　混雑料金の理論

に過度に道路利用を制限するよりも，ある程度混雑が発生してもそれによる費用をはるかに上回る額の便益を確保できるならば，ある程度の混雑が発生することは社会的にはむしろ望ましいことになる，というのが経済学の判断である。現在の道路混雑の状態は，その望ましい混雑水準をはるかに超えているということが問題なのであり，それを混雑料金によって最適な混雑状態まで補正しようというのが混雑料金の理論の考え方である。

❖ 都市高速道路料金の値下げは何をもたらすか

　道路混雑の問題は全国の至るところで発生しており，大都市における道路混雑の問題はとりわけ深刻である。とくに利用者にとって容認しがたいのは，高速道路料金を支払っているのに混雑のために高速走行ができなくなっている都市高速道路や，大都市に近接する東名高速道路や名神高速道路などの高速道路である。

　確かに，「高速」で走行できる道路であるからこそあえて料金を支払っているのにもかかわらず，「低速」でしか走行できないのであれば，その料金に見合ったサービスが提供されていないことになる。これは，いわば「ワケあり」商品といえる。そこで，混雑した高速道路料金は値下げするべきである，という主張が現れる。この考え方にしたがって高速道路料金を値下げすると，どのようなことが起こるのかを検証しよう。図 5-6 は図 5-5 と基本的に同じものである。

　現在の都市高速道路の料金は，おそらく社会的に最適な料金 EB よりも低い，たとえば $A''B''$ という料金になっているものと考えられる。混雑が発生しているとはいえ，混雑を放置している状態に比べれば，現行の高速道路料金はある程度の混雑抑止効果（「料金抵抗」とも呼ばれる）を持っているから，このときの交通量は混雑放置状態の q' よりも少ない q'' となっている。しかし，q'' は最適の交通量 q^* よりは多いので，現在の資源配分上の無駄は三角形 $EA''E''$ で表されている。

　道路の混雑がひどくて「低速」道路なのだから料金を引き下げよ，という主張を受け入れて料金を下げると，料金は $A''B''$ よりも低くなり，極端に低くすればゼロに近くなって混雑放置状態と同様になる。つまり，料金を引き下げれば引き下げるほど，交通量は q'' から増加して q' に近づく。したがって，資源

118　　第 5 章　運賃理論

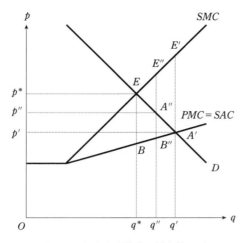

図 5-6 都市高速道路の料金値下げ

配分上の無駄も $EA''E''$ から拡大し，最終的には $EA'E'$ に至る。

結論は，混雑した大都市周辺の高速道路での料金値下げは混雑を激化させ，資源配分の状態をより悪化させるということになる。いわゆる，高速道路料金値下げ（あるいは無料）論を主張する場合，確かに主張する本人の料金負担は下がる。しかしほかの道路利用者にとっても等しく料金が下がるので，料金抵抗がなくなって全体としての交通量が増加し，混雑がさらに激化する，ということが見落されている場合が多い。換言すれば，この議論は原因と結果を取り違えているともいえる。つまり，「混雑している（原因）から安くしろ（結果）」ではなく，「安い（原因）から混雑している（結果）」のである。したがって，混雑している道路ほど料金を高く設定しなくては快適な走行は実現できない。

❖ 最適な混雑のための料金と最適な環境のための料金

混雑料金は，政策実施段階では通常ロード・プライシングと呼ばれることが多い。ロード・プライシングが実施される場合の政策の目標としてしばしば言及されるのは，混雑の緩和と環境負荷の軽減である。この政策目標においては，ロード・プライシングによって設定された料金を通じて，あたかも最適な混雑水準と最適な環境水準が同時に達成されるかのように主張されがちである。しかし，それは可能だろうか。

結論からいえば，混雑にとっても環境にとっても，同時にともに最適なロード・プライシングは存在しない。理由は，環境の外部不経済を最適水準に内部化する交通量と，混雑の外部不経済を最適水準に内部化する交通量は通常は一致しないからである。もちろん，両者の外部不経済を合計して全体としての最適水準を求めて内部化する交通量もまた，個別に求めた両者の最適な交通量と通常一致しない。

　環境と混雑の両者を考慮し，全体としての最適な交通量の実現のために混雑料金を導入することには意味がある。しかしそのときに導出された交通量は，環境と混雑にとって個別に最適な水準を同時に達成しているのではなく，全体としての最適を達成しているということに注意するべきである。この点については，竹内［1997］がグラフを使った説明を行っている。

❖ 混雑料金の課金方法

　混雑料金を課金する場合には，いくつかの方法が考えられる。以下ではこれらを整理しておくことにしよう。

(1)　差別的燃料税

　比較的古くから提案されている方法である。混雑地域に近づけば近づくほど燃料税の税率が引き上げられ，最混雑地域において燃料価格が最高となる。したがって，燃料のコストに混雑料金が含まれることになり，混雑地域での車の利用抑制が期待される。しかし，道路利用者が低税率の地域で燃料を入れ，混雑地域で車を利用する可能性があるので，その実効性には疑問が持たれている。また，ガソリンスタンド間での価格競争が激しければ，それは差別的燃料税の効果を低下させるおそれがある。

(2)　駐 車 料 金

　駐車料金に混雑料金を上乗せすることによって駐車料金を高額にする方法である。何らかの用件があって混雑地域に乗り入れるのだから（派生需要），車を必ず駐車させる必要がある。したがって，駐車しにくくすることによって交通量を減少させる効果が期待される。しかし，駐車料金の支払いを逃れるために，車を駐車させずに用件が終了するまでほかの人に車を乗り回してもらうことになれば，かえって混雑は激化することになる。また，通過交通に関しても効果が現れないという問題点がある。

Column

混雑料金の実施例

混雑料金（ロード・プライシング）が初めて実践的に提案されたのは，いわゆる「スミード・レポート」であるといわれている（Ministry of Transport［1964］）。しかし技術的な困難や，当時無料があたり前であった一般道路への課金という提案であったために抵抗も多く，しばらくの間実施には至らなかった。

世界で初めてロード・プライシングが実施されたのは1975年のシンガポールである。当時のシンガポールの課金方式はエリア・ライセンスで，実施後に交通量は60％減少したといわれている。現在シンガポールでは，エレクトロニック・ロード・プライシング（ERP）という名前で，日本のETCと似たようなシステムで課金が実施されている。

シンガポールはしばしば理想の道路交通システムを持つ国として，ロード・プライシングだけが強調されることが多い。しかし，シンガポールの道路交通量の減少は，単にロード・プライシングによるものだけではなく，車を利用する権利を定期的に入札によって決定するという車両割当システム（Vehicle Quota System）や，自動車に課された高額な関税という政策も大きく作用していることを忘れてはならない。

シンガポールでの導入以降に有名となったロード・プライシングの事例としては，イギリスのロンドンがある。ロンドンのロード・プライシングは2003年2月から実施されている。課金システムはエリア・ライセンスに近い。ロード・プライシングによる料金収入はロンドンの交通整備に充当されている。

そのほかにも北欧の諸都市（オスロやヴェルゲン，トロンハイムなど）でのロード・プライシング（ただし，課金目的は混雑緩和というよりもトンネル建設などの資金調達であったとされる）があったし，香港での課金実験（実験終了後実施されていない）など多くの事例や社会実験が世界各国で見られる。道路が無料というイメージの強いアメリカでさえ，カリフォルニア州 I-15 では，1本の道路のなかに課金レーンを設置するというユニークなロード・プライシングが現在導入されている。ヨーロッパでも，ドイツのアウトバーンへの課金など道路への課金が進む傾向にあり，「道路は無料があたり前」という考え方は時代遅れのものとなりつつある。

日本では東京都や鎌倉市でかなり具体的にロード・プライシングが計画されたものの，実現されないまま現在に至っている。

ロード・プライシングの分野でもICTを中心とした技術革新は著しく，GPSを活用した課金システムなどが実験され，実用化に向かっている。

(3) エリア・ライセンス

一定の混雑地域を課金地域として，そのなかに入るために事前に進入許可証を購入し，それをフロントガラスなどに貼付することで課金地域での車の通行を認めるという方法である。したがって，ライセンスを購入していれば何度課金地域を出入りしても新たには課金されない。進入許可証を貼付していない場合は罰金などの処罰がなされる。技術的にも比較的導入しやすい方策であり，初期投資もそれほど必要としないので，世界初のロード・プライシングといわれるシンガポールの課金制度（1975年開始）はこの方法から始まった（本章コラム〔121ページ〕参照）。ただし，進入許可証が貼付されているかどうかを監視するためのコストが必要であり，その点が問題となる。

(4) コードン・プライシング

課金される地域との境界線（コードン・ライン）をまたぐときに課金される方式である。具体的には，混雑地域に向かう道路の入口に料金所を設け，そこで料金を支払って対象地域での車の利用を許可することが多い。近年の技術革新の結果，車と料金所に発信器とセンサーを取りつけて自動的に課金する「エレクトロニック・ロード・プライシング」（わが国でのETCに相当する）が実現し，実行が容易になった。発信器あるいはセンサーを持たなかったり，課金において不正を行ったりした場合は料金所でナンバープレートが撮影され，後に処罰される。精度が高く，違反車両の監視も容易である点など利点が多いけれども，多額の初期投資が必要であること，プライバシー侵害のおそれがあること，道路ネットワークが複雑な場合は多くの場所で料金所の設置が必要になることなどの問題点がある。

❖ 混雑料金収入の使途

混雑料金は，そもそも何らかの使途の目的がまず先にあって，その費用を賄うために徴収される性格のものではない。混雑料金は外部不経済を内部化する目的で課金されるものであるために，混雑料金の理論は徴収することの意義は説明しても，その使途について何も説明してはくれない。もちろん，制度の運用そのものに必要な経費は料金収入から回収すべきであるとしても，それ以上に料金収入は莫大なものになると予想される。そこで，次のような料金収入の使途がしばしば提案される。

(1) 公共交通への補助

　混雑料金収入を，同じ混雑地域での代替的な交通手段であるバスや鉄道など
の公共交通機関への補助に利用する方法である。料金収入を財源とした補助金
の交付によって，より公共交通機関が魅力的なものになれば，道路利用者は公
共交通に転換しやすくなる（第10章〔276ページ〕参照）。したがって，この方
法は道路混雑の緩和に相乗的な効果を及ぼすことになるので支持されやすい。
しかし，同じ公共交通機関であっても，当該地域の代替的な交通機関ではなく，
支払いを行う道路利用者とはまったく関係のない地域の公共交通（地方のバス
企業への補助など）に振り向けられる場合はそのような効果はなく，また支払
いの当事者である道路利用者の合意も得られにくい。

(2) 自動車関係諸税の負担軽減

　混雑料金の賦課によって過重な負担を強いられる道路利用者のために，自動
車関係諸税の税率を下げて負担を軽減することが提案される。一見したところ，
この方法は道路利用者にとって優しい方法に見えるけれども，この方法は混雑
緩和効果を低下させてしまうおそれがある。なぜならば，負担が軽くなった道
路利用者が実質所得の増加分を再び自動車の利用に振り向けようとする「買い
戻し」効果が発生するからである。負担減少分で再び混雑道路への流入が起こ
れば，混雑料金の効果が低下することになる。

(3) 一般財源への繰り入れ

　混雑料金収入を，使途が特定されない一般財源に繰り入れる方法である。一
般財源に繰り入れられた場合は，財源の使途が明確ではないために，道路利用
者が支払った料金がその利用者とはまったく関係ないところに使われてしまう
という可能性がある。それは，社会保障費かもしれないし，農業への補助金か
もしれない。このように受益と負担の関係を明確にできないのが一般財源の特
徴であるため，負担が増える道路利用者の合意を得ることが難しい方法である。

(4) 道路の建設

　混雑料金収入を，当該地域の道路の拡幅やネットワークの整備に振り向ける
方法である。道路が混雑しているということは道路が不足していることを意味
するのだから，道路容量を増やすために混雑料金収入を用いることは道路利用
者の支持を得られやすいし，混雑緩和の相乗効果も期待される。交通経済学の
進んだ理論では，道路の規模の拡大がそれに比例するだけの交通量の増加をも

たらすことができるならば（規模に関する収穫一定），混雑料金収入の当該道路投資への充当は道路規模を最適にするということが証明されている（たとえば，Mohring and Harwitz［1962=1968］参照）。このように，道路投資への料金収入の活用は望ましいといえる。ただ，公共交通への補助の場合と同様に，当該道路とは何の関係もない地方の道路の建設などに料金収入を振り向けることは当該道路利用者の合意を得られにくいという問題点がある。

❖ 混雑料金の問題点

混雑料金は環境負荷に対する課金などの政策と総合されて，ロード・プライシングとしてしだいに社会的な認知度を高めつつある。しかし，混雑料金については，次のような問題点があると指摘されている。

第1に，そしてもっとも大きな反対理由となりがちなものとして，道路利用が一部の金持ちだけのものになるのではないか，という公正に関する問題がある。確かに，料金の支払いはそれを支払うだけの余裕（支払能力）のある人だけが可能であるために，道路利用が高額所得者に限定される可能性があり，混雑料金水準によっては低所得者が道路利用から排除されるという結果をもたらすかもしれない。

しかし，これに対する反論もある。目的地への移動はバスや鉄道でも可能なのだから，とくに自家用車で行く必要はないという主張や，バスも道路混雑緩和の恩恵を受けるのだから，バスを使う低所得者にとっても便益が及ぶという主張がある。それでもこの公正に関する問題は，社会的な合意形成のための大きな抵抗となりうる。

第2に，車種別料金の問題がある。それぞれの車両はその固有の性質（道路に占める面積など）によって混雑を引き起こす程度はさまざまであり，厳密にいえばすべての車種に応じた混雑料金を課すことが必要となる。しかしそれは現実には不可能であり，せいぜい数種類の車種別料金しか課すことはできないだろう。それらはあくまで近似値であって，その分類によっては混雑費用に見合った支払いをしない車両が現れる可能性がある。

第3に，長期と短期の問題がある。現在の道路設備の規模を所与として，そのなかで最適な混雑料金を設定する場合と，道路規模の拡充も視野に入れたなかでの最適な混雑料金を設定する場合とでは，その料金水準が異なることにな

る。つまり，短期社会的限界費用曲線に基づく設定と，長期社会的限界費用曲線に基づく設定で料金水準が異なるという問題である。

第4に，混雑料金の課金方法に関する問題，第5に，混雑料金の収入使途に関する問題がある。これらはすでに指摘しておいた。

4 ピーク・ロード・プライシング

※ ピーク・ロード・プライシングの目的

第2章において，派生需要という交通サービスの特性と，それに基づく需要の波動性について言及した。需要の波動性に伴う問題は，交通サービスを提供する設備（インフラ）の規模がその需要変動に対して柔軟に対応できないということによって起こる。

交通の利用者は混雑を忌避するためにできるだけピーク時の需要に対応しうる設備の規模を望む。しかし，最大の需要が発生するピーク時に設備規模を合わせれば，オフピーク時の設備の遊休化が問題となる。過大な規模の設備投資は結果的に運賃の上昇という形で利用客にはね返ってくるので，最大のピーク時に合わせた設備規模が社会的に最適であるということはない。もちろん設備規模が過小であれば，それもまた社会的には最適ではない。ピーク時の需要に対応しつつ同時に設備の遊休化をできるだけ回避するためには，いったいどの程度の規模の設備を整えれば最適であり，そのためにはどのような運賃を課すべきなのだろうか。

ピーク・ロード・プライシング（章末注参照）の理論は，こうした最適な設備規模がどのようなものであり，そうした最適設備規模を達成するためにどのような運賃を課すことが社会的に望ましいかを明らかにする運賃理論である。ところが最近では，混雑緩和に照準を合わせて，現行の設備規模を所与とした短期における最適化を求める運賃形成もピーク・ロード・プライシングと呼ばれるようになってきている。この種のピーク・ロード・プライシングの場合には混雑についての最適化は達成されるが，設備規模の最適化という問題は解決されない。伝統的には，設備規模の最適化までも含めた長期の運賃形成がピーク・ロード・プライシングの目的とされる。

ここでは，伝統的な理論に従い，最適設備規模の実現に向けた運賃形成としてピーク・ロード・プライシングを考えることにする。なお，以下では鉄道サービスの例を想定することにしよう。

❖ ピーク・ロード・プライシングによる運賃

JRの繁忙時の特急料金の割増や閑散期の割引，地下鉄の土曜・休日割引回数券や時差割引回数券など，交通サービスにおいてもピーク時とオフピーク時で運賃水準を変えることが行われている。これらはピーク・ロード・プライシングの実践のようにも見えるけれども，その目的が最適設備規模の達成であるかどうかは明確ではない。もしかすると，これらは現行の設備規模を所与とした，単に需要の平準化を目的にしているだけのものかもしれない。しかし以下では，前述のように最適設備規模を考慮に入れた社会的に最適なピーク時とオフピーク時の運賃を求めることになる。

単純化のために1日をピーク時とオフピーク時の2つに分けることができるものとしよう。ピーク・ロード・プライシングの理論を明確に理解するために，通常は図5-7のような費用曲線が想定される。縦軸には総費用 TC（図5-7(a)）と限界費用 MC（図5-7(b)）がとられており，横軸には交通サービスの量 q がとられている。図5-7(a)の直線群は総費用曲線を表しており，$srtc$ は短期総費用曲線である。ここでは施設規模を4つだけ示しているので，それぞれの規模

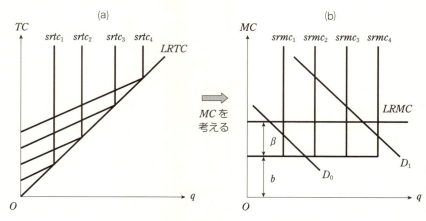

図5-7　ピーク・ロード・プライシングの費用曲線

に対応した$srtc_1$から$srtc_4$までの4つの短期総費用曲線が描かれている。短期総費用曲線が図5-7(a)のような形状になっている理由は以下のとおりである。

ある鉄道車両に乗客が乗り込み，乗客数がしだいに増加していくと，車両が傷んでその補修，維持運営費用がかさむし，乗客の整理のために多くの駅員や安全のための警備員を必要とするので，しだいにそれらの費用は増加する（簡単化のために増加は比例的，つまり直線であるとする）。しかし車両には限界があり，一定以上の乗客が乗り込もうとすると積み残しが出てしまい，それ以上の乗客を処理することができない。したがって，ある交通量の水準を超えると各短期総費用曲線は無限大に発散する。

この図からわかるように，4種類の設備規模のうち，もっとも小さい規模は添え字の1であり，もっとも大きい規模は添え字の4である（各$srtc$の縦軸における切片の大きさが固定費用を表すから，規模の大小関係はこのことから明らかである）。長期総費用曲線は，ミクロ経済学の教えるとおり，短期総費用曲線の包絡線なので$LRTC$のようになる。読者はこの位置関係が通常のミクロ経済学の短期と長期の総費用曲線の関係と同じであることに気づくだろう。

この各総費用曲線に対応する限界費用曲線が図5-7(b)において描かれている。一定の交通量まで短期総費用曲線は比例的に増加するので短期限界費用曲線$srmc$は一定の値をとり，長期総費用曲線$LRMC$も直線なので一定である（ただし$LRTC$の傾きは$srtc$の傾きよりも大きいので，$LRMC$は$srmc$よりも上に位置している）。またD_0とD_1はそれぞれオフピーク時とピーク時のこの鉄道に対する需要曲線を表している。ピーク時のほうが需要は多いからD_1はD_0よりも右方に位置している。

ときどき同じ鉄道を同じ区間乗っているのにもかかわらず時間ごとに料金が異なるのはおかしい，という意見がある。しかし，需要曲線の位置が違っているならば，時間帯の違いによって明らかに市場は異なっている。したがって，市場が異なれば運賃も異なるのが普通である。つまり，「同一距離＝同一運賃」というのはきわめて限られた状況でのみいえることであって，一般的にはそれは成り立たない。

さて，われわれの目的は社会的余剰を最大にするような最適な設備規模と，最適規模をもたらすような運賃を導出することだから，図5-7(b)でいえば，最適な規模を表す$srmc$を特定するということが目的となる。なお，βは設備に

4 ピーク・ロード・プライシング 127

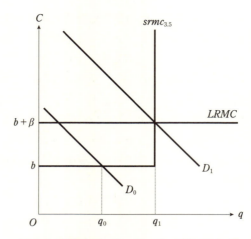

図 5-8 最適なピーク・ロード・プライシング

関する限界費用を表しており，b はこの鉄道サービスの維持運営に関する限界費用を表している。したがって，$b+\beta$ は長期限界費用ということになる。

　数学モデルを使って，乗客の支払意思の総額から総費用を差し引いた社会的余剰を最大にするように問題を解くことによって，次のような結果を得ることができる。すなわち，オフピーク時の運賃は，維持運営に関する限界費用 b と等しくすればよく，ピーク時の運賃は，維持運営に関する限界費用 b と設備に関する限界費用 β の合計 $b+\beta$ と等しくすればよい，ということである。

　換言すれば，最適な設備規模のもとでは，オフピーク時の利用者の限界効用が維持運営に関する限界費用 b と等しくなるように，そして，ピーク時の利用者の限界効用が維持運営に関する限界費用 b と設備に関する限界費用 β の合計 $b+\beta$ と等しくなるように運賃が決定される，ということである。いうまでもなく $b+\beta>b$ なので，ピーク時の運賃はオフピーク時の運賃よりも高い。このことを表したものが図 5-8 である。

　このようにして求められた設備の最適規模が 3.5 であるとしよう。図 5-8 においては D_1 と $LRMC$ と $srmc_{3.5}$ が同じ点で交点を持っている。これは D_1 と $LRMC$ との交点を通るような $srmc$ を与える規模が社会的余剰を最大にするものとして選ばれるということであり，そのときの規模が 3.5 であることを示している。

Column
オフシーズンに混むホテル

　パッケージツアーのパンフレットやホテルのホームページの空室情報にある料金表を見ると，シーズンとオフシーズンでかなり料金に開きがあることが多い。しかし，これは本章で述べているピーク・ロード・プライシングではないことは明らかである。なぜならば，ホテルなどは民間企業であるので，料金に格差を設ける目的は社会的余剰の最大化ではなく，利潤の最大化であると考えられるからである。

　ところで，その料金格差が非常に大きかったりすると，観光客が少ないはずのオフピーク時にホテルが満室で，観光客が多いと見られるピーク時に空室が目立つというようなことがときどきある。筆者も予約の申し込みをしたときに，オフピーク時の利用を希望すると「満室です」といわれ，ピーク時に「お部屋をご用意できます」といわれた経験がある。こうした需要の逆転状態を経験した読者もいるだろう。これは社会的余剰の最大化と利潤最大化との違いはあるが，移動ピークの典型である。

❖ 固定ピークと移動ピーク

　以上のことから，ピーク・ロード・プライシングを用いることによってピーク時の運賃は高くなり，オフピーク時の運賃は低くなることがわかる。これによりピーク時の交通量は減少し，オフピーク時の交通量は増加する。結果として需要が平準化され，最適な設備規模を実現することが可能になる。しかし，状況によってはピーク時の需要が下がりすぎ（オフピーク時の需要が上がりすぎ），ピーク・ロード・プライシングを課した状況においてオフピーク時の交通量とピーク時の交通量が逆転してしまう可能性がある。このようにピークが逆転する状態を**移動ピーク**と呼び，逆転しない状態を**固定ピーク**という。

　前述のピーク・ロード・プライシングによる最適運賃は固定ピークの場合であり，移動ピークの場合にはまた別の運賃を設定する必要がある。これも数学モデルを利用することによって結論が出ている。要点は，オフピーク時の乗客にも設備に関する限界費用の一部を負担させることが正当化され，固定ピークに比べてオフピーク時の運賃は上昇し，ピーク時の運賃は下落するということである。そしてこのとき，ピーク時とオフピーク時の交通量は一致する。このことについては，山内・竹内 [2002] の第 5 章第 4 節において詳しく示されている。

❖ ピーク・ロード・プライシングの問題点

前述のように，特急料金の割増・割引や曜日別の回数券など，ピーク・ロード・プライシングに類似した試みは徐々に行われてきつつあるものの，依然として大規模なものは行われていないように見える。ピーク・ロード・プライシングが実行しにくい問題点としては次のような点が指摘できる。

第1は，公正に関する問題である。ピーク・ロード・プライシングの理論が教えているように，最適な運賃においては，ピーク時の乗客のみが設備に関する限界費用を負担し，オフピーク時の乗客はそれを負担しない。しかし，オフピーク時の乗客でも設備を利用していることは明白であり，それにもかかわらず負担をしないということは不公平ではないか，という問題がある。確かに，移動ピークの場合にはオフピークの乗客も設備に関する限界費用の一部を負担することになるけれども，それが公正を損なわない程度の負担額であるかどうかはわからない。

第2は，コンセンサスの問題である。現状の画一的な運賃制度からピーク・ロード・プライシングによる運賃制度に移行する場合，必然的にピーク時の運賃は上昇することになる。社会的には最適になるといっても，ただでさえ混雑に苦しんでいる乗客がこうした運賃値上げに同意してくれるかどうかは疑問である。

第3は，技術的な問題である。時間帯ごとに料金を変動させるためにはそれに応じた設備投資が必要であるし，運賃表も複雑になって乗客にとっても煩雑となる。分刻みの料金の変動が望ましいとしても，そうした制度が実施できるかどうかはそれに伴う新たな維持運営費用にもよる。もっとも，最近の自動改札機の普及によって技術的な問題点はかなり克服されるようになってきている。

第4は，混雑料金の理論との関連である。ここで紹介したピーク・ロード・プライシングはあくまで最適な設備規模を実現するための長期の運賃理論であり，現行設備を所与とした短期の混雑の問題については考慮されていない。限界費用価格形成のところで述べたように，長期と短期の限界費用のどちらを採用するのかによって最適な運賃が変化するのと同様に，ピーク・ロード・プライシングの最適料金と現行設備を所与とした混雑料金の水準は異なるのが一般的である。したがって，混雑料金については別に考察が必要になる。ただし，長期の場合を考慮に入れた混雑料金の理論も発展しつつあるので，両者の境界

は曖昧になりつつある。

5 ラムゼイ運賃形成

❖ ラムゼイ運賃形成の目的

第1章において，交通市場が費用逓減の状態にあるときに限界費用に等しい運賃を設定すると，企業には損失が発生するためにそのサービスが供給されなくなる，ということを述べた（第1章〔17ページ〕）。交通企業に赤字が出てサービスが供給されなくなってしまうと元も子もないので，少なくとも交通企業には赤字が出ないようにする，つまり収支均衡は保証するべきではないか，と考えることは自然だろう。ところが，収支均衡を達成する価格は限界費用価格ではないから（これは**平均費用価格形成**である），社会的余剰を最大にすることができない。

以上のことから，われわれは交通企業に収支均衡を保証する代わりに，社会的余剰を最大にすることを断念しなくてはならない。しかし断念するにしても，収支均衡のもとでできるだけ社会的余剰を大きくしようとすることは必要である。こうした考え方から，**ラムゼイ運賃**形成が導出される。つまりラムゼイ運賃形成とは，交通企業に収支均衡という状態を保証し，その制約下において，できるだけ社会的余剰を大きくしようとする運賃の決定方法にほかならない。われわれは最善の運賃形成をあきらめた代わりに，その次によい価格（運賃）を求めようとしているのであるから，ラムゼイ運賃形成は次善の価格形成である。

❖ ラムゼイ運賃形成による運賃設定方法

ラムゼイ運賃形成という名前がつけられた理由は，1927年に書かれたF. P. ラムゼイの論文「課税理論への貢献」による（Ramsey［1927］）。ラムゼイにとって，もともと収支均衡下における次善の価格形成を論じることがこの論文の目的ではなかったということは有名な話である（ラムゼイはそもそも数学者や哲学者として取り上げられることも多い）。ラムゼイはこの論文において，一定の税収を上げるという制約のもとで最適な税体系はどのようなものであるか，

について論じた。ここにおいて導出された結果が，現在のラムゼイ運賃形成に活用されることになる。ラムゼイの導き出した結果とは次のようなものである。

q_A^a，q_A^b，q_B^a，q_B^b のそれぞれを財 A と B の課税後 (a)，課税前 (b) の数量とする。このとき，政府の税収が一定という制約のもとで社会的に望ましい税体系とは，

$$\frac{q_A^b}{q_A^a} = \frac{q_B^b}{q_B^a}$$

の関係式が成立するような税体系である。つまり，課税の前後で2つの財の消費量の比率が等しい，ということである。この知見をわれわれが問題としているラムゼイ運賃形成に適用すると，「課税前」が限界費用価格形成に，「課税後」がラムゼイ運賃形成に，「一定税収」という制約が，「収支均衡」という制約に置き換わっていることに注意しよう。

いま，ある交通市場 A と B があるものとしよう。ある交通企業はこの市場 A と市場 B の両方で交通サービスを提供しているものとする。したがって，この交通企業の両市場からの収入の合計が両市場で供給する交通サービスの費用とちょうど等しくなるという制約のもとで，できるだけ社会的余剰を大きくするような運賃を設定することが目的である。図 5-9(a) において市場 A の状況が，図 5-9(b) において市場 B の状況が描かれている。縦軸は費用および運賃 p で，横軸はそれぞれ市場 A と市場 B における交通サービスの量 q である。

D_A，D_B をそれぞれ市場 A と市場 B の需要曲線とする。そして，MC_A，MC_B

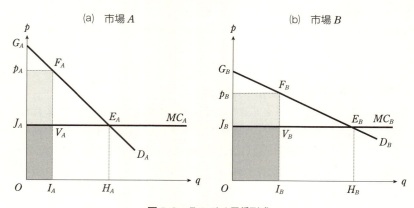

図 5-9　ラムゼイ運賃形成

をそれぞれ市場 A と市場 B の限界費用曲線で一定である（したがって，限界費用曲線は平均費用曲線と一致している）とし，単純化のために両者の限界費用を等しいとする。前述のラムゼイの最適課税の関係式から $OI_A : OH_A = OI_B : OH_B$ の比率を維持するにように，点 F_A と点 F_B はそれぞれ D_A, D_B 上を連動することがわかる。つまり，

$$OI_A : OH_A = G_A F_A : G_A E_A = OI_B : OH_B = G_B F_B : G_B E_B$$

である。このとき，収支は均衡しなくてはならない。市場 A の $OJ_A V_A I_A$ と市場 B の $OJ_B V_B I_B$ はそれぞれ限界費用曲線の下側の面積であり，この合計 $OJ_A V_A I_A + OJ_B V_B I_B$ は可変費用となっている。一方，収入の合計は $Op_A F_A I_A + Op_B F_B I_B$ である。この収入の合計から可変費用相当分の $OJ_A V_A I_A + OJ_B V_B I_B$ を引いた部分 $J_A p_A F_A V_A + J_B p_B F_B V_B$（$= Op_A F_A I_A + Op_B F_B I_B - OJ_A V_A I_A - OJ_B V_B I_B$）がちょうど固定費用に等しくなっていれば収支均衡となるから，そのようにして点 F_A, F_B は決定される。そして，そのときの各市場のラムゼイ運賃はそれぞれ p_A と p_B である。

　ラムゼイ運賃が成立しているときには次のような関係式が成立していることが知られている。

$$\frac{p_i - MC}{p_i} = \frac{k}{e_i}$$

ここで，p_i は第 i 市場におけるラムゼイ運賃，MC は各市場における限界費用（すべての市場で同一と仮定），e_i は第 i 市場における需要の運賃弾力性，そして k はラムゼイ（指）数である。この式の左辺は運賃が限界費用からどれだけ離れているか（乖離率）を示しており，図 5-9 の $(p_A - J_A)/J_A$ あるいは $(p_B - J_B)/J_B$ を示している。これが需要の運賃弾力性と反比例していることがラムゼイ運賃の特徴である。

　なお，ラムゼイ数は数学モデルの展開の途中で出てくる定数で，対象となる市場の状況によって異なる数となる。このラムゼイ数は興味深いことをわれわれに教えてくれる。もし，$k = 0$ であるならば上の式は $p_i = MC$ となり，限界費用価格形成の式と一致する。もし $k = 1$ であるならば，上の式は，

$$p_i \left(1 - \frac{1}{e_i} \right) = MC$$

と変形することができ，この式は独占企業が実施する差別運賃の式と一致する

表 5-3　ラムゼイ数と運賃の形態との関係

ラムゼイ数	ラムゼイ運賃の関係式	運賃の形態
$k=0$	$p_i = MC$	限界費用運賃
$0<k<1$	$\dfrac{p_i - MC}{p_i} = \dfrac{k}{e_i}$	ラムゼイ運賃
$k=1$	$p_i\left(1 - \dfrac{1}{e_i}\right) = MC$	差別運賃（利潤最大化）

（本章〔104 ページ〕）。このように考えると，ラムゼイ運賃は差別運賃の一形態であるということもできる。換言すれば，資源配分をゆがめる典型といわれる運賃差別戦略が，実は別の面では社会的余剰を高めるのに役立つ戦略にもなっているということになる（表 5-3）。

❖ ラムゼイ運賃形成の問題点

　ラムゼイ運賃は限界費用価格形成ほど社会的余剰を大きくすることはできないものの，企業が交通サービスの供給を停止しない範囲内で最大の（次善の）余剰を実現できるという点で魅力的な運賃形成の方法であるといえる。しかし，ラムゼイ運賃形成には次のような問題点がある。

　第 1 に，コンセンサスの問題がある。前述したように，ラムゼイ運賃は差別運賃の形態をとる（つまり，限界費用が等しくても異なる運賃を設定する）。そして需要の運賃弾力性に基づいて運賃が設定される。したがって，それは独占企業が利潤を最大にするときと類似した運賃の徴収形態だから（もちろん運賃水準は利潤最大のときとは異なっている），企業の内部をうかがい知ることのできない利用者は，それが本当にラムゼイ運賃なのか，利潤最大化のための独占的な差別運賃なのかを見分けることができない。そのため，このような運賃形成に反対するかもしれない。

　第 2 に，公正の問題がある。ラムゼイ運賃は前述のように需要の運賃弾力性から決定される。ある運賃が公正であるかどうかは，需要の運賃弾力性とは別の次元で論じられるべきものである。しかし，ラムゼイ運賃ではこうした観点がなく，機械的に需要の運賃弾力性に基づいて運賃が設定される。これは利用者に不公平感をもたらす可能性がある。

　第 3 に，理論と現実の乖離の問題がある。ラムゼイ運賃の関係式は上記のよ

うに非常に簡潔であり，エレガントな形態をとる。こうした簡潔な関係式を導出できたのは，たとえば需要の交差運賃弾力性がゼロである（ある交通サービスの運賃の変化がほかの交通サービスの需要量に変化を与えない）と仮定したことなどによる。しかし現実の世界を考えると，需要の交差運賃弾力性をゼロとしてしまうことには無理があるだろう。実際にはさらに複雑な計算による運賃形成が必要となる。

　現実の交通市場において，ラムゼイ運賃がそのまま運賃として課されている例はないといってよい。しかし，これはラムゼイ運賃の分析が無駄であるということを意味しない。ラムゼイ運賃形成の考え方に基づいて現実の運賃を分析し，またラムゼイ価格の考え方から今後の運賃のあり方を考察することができるという点で，ラムゼイ運賃形成の理論が与える示唆は大きい（たとえば，山内［1987］，竹内［2010］参照）。

＊注

　ピーク・ロード・プライシングと，前出のロード・プライシングは日本語にすると「ロード」という同じカタカナ表記になってしまうが，原語は異なっているので注意する必要がある。ピーク・ロード・プライシングの場合は "peak *load* pricing" であり，ロード・プライシングの場合は "*road* pricing" である。

重要語句

運送価値説，運送費用説，運賃負担力，運賃（価格）差別，市場差別，限界収入，イールド・マネジメント，限界費用価格形成，短期限界費用，次善，コモン・プロパティの外部性，フロー，社会的総費用，社会的平均費用，ロード・プライシング，ピーク・ロード・プライシング，移動ピーク，固定ピーク，平均費用価格形成，ラムゼイ運賃

復習確認と議論発展のための問題

Q5-1

　以下の各ケースのうち，一般に運賃負担力の大きいものと小さいものを区分せよ。

(1) 土砂と無煙炭

(2) 紙と本

(3) ガソリンと重油

(4) サバとヒラメ

Q5-2

グリーン車に乗るときに必要なグリーン券は前もって駅で買うときの価格と，車内で買うときの価格が異なる。それはなぜだと考えられるか。

Q5-3

ある独占市場において，あるサービスを供給する限界費用は4で一定であるものとする。市場は第1市場と第2市場の2つに分割することが可能であり，各市場での需要曲線と限界収入曲線はそれぞれ，

$$p_1 = -2q_1 + 36 \qquad MR_1 = -4q_1 + 36$$
$$p_2 = -4q_2 + 84 \qquad MR_2 = -8q_2 + 84$$

であるとする。この市場における独占企業が市場差別を行うとき，

(1) 第1市場と第2市場の生産量 q_1, q_2 をそれぞれ求めよ。

(2) 第1市場と第2市場の価格 p_1, p_2 をそれぞれ求めよ。

(3) 第1市場と第2市場の需要の価格弾力性 e_1, e_2 をそれぞれ求めよ。ただし，需要の価格弾力性の定義にはマイナスをつけたものを用いること。

(4) 以上のことから，企業の価格差別戦略にはどのような特徴があるといえるか。

(5) (4)の特徴に基づいて，利潤最大化をめざすあなたが（運賃規制をいっさい受けず，参入規制のある）独占市場における航空企業の経営者であった場合，どのように航空利用客の市場を分けてどのような運賃を課すか。

Q5-4

航空輸送や，新幹線や優等列車による輸送，都市間高速バス輸送などではイールドマネジメントが活用されている一方で，都市の通勤電車や路線（乗合）バスではイールドマネジメントは見られない。それはなぜか。

Q5-5

ある交通市場での需要曲線とそのときの供給曲線（限界費用曲線）がそれぞれ次の式で表されるものとする。

$$p = -q + 20 \qquad p = q$$

(1) この市場において限界費用価格形成を行ったときの運賃と社会的余剰がそれぞれ10と100であることを示せ。

(2) もしこの市場での運賃が限界費用よりも a $(a>0)$ だけ高い運賃で固定された場合，実現されない余剰（dead-weight-loss）を求めよ。

(3) もしこの市場での運賃が限界費用よりも a $(a>0)$ だけ低い運賃で固定された場合，実現されない余剰（dead-weight-loss）を求めよ。

(4) (2)と(3)から，限界費用と異なるいかなる運賃も限界費用価格形成による運賃より

も社会的余剰が少なくなることを示せ。

Q5-6

以下の表で示されるある道路を考える（なおフローが7までは自由走行できるものとする）。

交通量（フロー：F）	…	5	6	7	8	9	10	11	12	13	…
社会的平均費用（SAC）	…	5	5	5	5.4	6	6.8	7.8	9	10.4	…
私的限界費用（PMC）	…										…
社会的総費用（STC）	…										…
社会的限界費用（SMC）	…										…
需要曲線（道路サービス価格）	…	26.5	24	21.5	19	16.5	14	11.5	9	6.5	…

(1) 表の空欄をすべて埋めよ。
(2) 混雑を放置しているときの交通量 F を求めよ。
(3) 社会的に最適な交通量 F を求めよ。
(4) 最適な混雑料金を求めよ。

Q5-7

ある道路サービスに関して，私的限界費用曲線（PMC），社会的限界費用曲線（SMC），需要曲線がそれぞれ次のように近似的に表されるとする（q は交通量〔フロー〕）。

$$\begin{cases} PMC = 12 & (0 \leq q \leq 16) \\ PMC = \dfrac{1}{4}q + 8 & (16 \leq q) \end{cases} \quad \begin{cases} SMC = 12 & (0 \leq q \leq 16) \\ SMC = 2q - 20 & (16 \leq q) \end{cases} \quad p = -\dfrac{3}{2}q + 50$$

このとき，
(1) 混雑が発生し始める交通量を求めよ。
(2) 混雑が放置されるときの交通量を求めよ。
(3) 混雑が放置されているときの実現されない余剰（dead-weight-loss）を求めよ。
(4) 最適な混雑料金を求めよ。
(5) 最適な混雑料金を課したときの料金収入の総額を求めよ。

Q5-8

ある鉄道企業が選択できる企業規模が規模1から規模4までの4つあるとし，それぞれの短期総費用曲線 $srtc$ が次のようなものであるとする（q は鉄道サービスの生産量）。

$$srtc_1 = \begin{cases} \dfrac{1}{4}q + 3 & (0 \leq q \leq 4) \\ \infty & (4 \leq q) \end{cases} \quad srtc_2 = \begin{cases} \dfrac{1}{4}q + 6 & (0 \leq q \leq 8) \\ \infty & (8 \leq q) \end{cases}$$

$$srtc_3 = \begin{cases} \dfrac{1}{4}q + 9 & (0 \leq q \leq 12) \\ \infty & (12 \leq q) \end{cases} \quad srtc_4 = \begin{cases} \dfrac{1}{4}q + 12 & (0 \leq q \leq 16) \\ \infty & (16 \leq q) \end{cases}$$

また長期総費用曲線 *LRTC* は,

$$LRTC = q$$

である。さらにオフピーク時（添え字 0）とピーク時（添え字 1）の需要曲線はそれぞれ,

$$p_0 = -\frac{1}{2}q + \frac{17}{4} \qquad p_1 = -\frac{1}{2}q + 9$$

であるとする。

(1) この鉄道企業がピーク・ロード・プライシングを行うときに選択される企業規模は 1 から 4 のうちのどれか。

(2) オフピーク時の運賃 p_0 とそのときの生産量 q_0 を求めよ。

(3) ピーク時の運賃 p_1 とそのときの生産量 q_1 を求めよ。

Q5-9

市場 A と市場 B にサービスを供給する鉄道企業があり，ラムゼイ運賃を実施するものとする。市場 A の需要の運賃弾力性は 0.6 であり，市場 B の需要の運賃弾力性は 1.2 であるとする。また，両市場での限界費用は一定で同一の値をとるとし，それを 6 とする。なお，ラムゼイ（指）数は 0.24 とする。このときの各市場におけるラムゼイ運賃を求めよ。

第6章

運賃政策

第5章では，限界費用価格形成の応用としての運賃理論を紹介した。しかし，これらの理論は実際にそのまま適用されているというわけではなく，現実の運賃はまた別の原理によって決定されている。そこで本章においては，実際の運賃がどのように決まっているのか，そしてそうした運賃の決定方法にはどのような問題点があり，それらの問題の核心はどこにあり，その問題の解決のためにどのような運賃政策が提案されているのか，ということについて述べる。

本章で述べられる運賃政策に関する分析は，交通サービスに限らず電力・都市ガス・情報通信などの公益事業の料金政策全般にも拡張できるものである。

⚠本章で取り上げるトピックス

- 交通企業の「適正な利潤」はどうやって決まるのか。
- 交通企業では資本の過大投資が発生しているのか。
- やる気のない交通企業をどうしたらやる気にさせることができるのか。
- 大学の食堂がフランチャイズ方式になったらどうなるのか。
- 鉄道運賃やバス運賃はなぜ上限だけを決められているのか。
- 「初乗り運賃」というものはなぜ存在するのか。
- マイレージ・サービスの普及は何を意味するのか。

1 総括原価主義

❖ 運賃決定原則

　第5章において，資源配分を最適にする限界費用価格形成原理を応用した運賃理論を紹介した。しかし，これらの理論はそのままに現実の世界で実施されているわけではない。それでも現実の運賃が存在している以上，それらは何らかの基準によって設定されているはずであり，そのメカニズムを理解しておくことは重要である。

　現実の運賃の決定には，たとえば次のような法律がその根拠となっている。公営バスや公営地下鉄などの交通サービスは「地方公営企業法」によって規制されており，その第21条第2項には，

　　「(略) 料金は，公正妥当なものでなければならず，かつ，能率的な経営の下における適正な原価を基礎とし，地方公営企業の健全な運営を確保することができるものでなければならない。」

と規定されている。また，民営バスやタクシーなどが依拠している「道路運送法」においては，同法第9条において，

　　「(略)(筆者注：旅客の運賃および料金の) 認可をしようとするときは，能率的な経営の下における適正な原価に適正な利潤を加えたものを超えないものであるかどうかを審査して，これをしなければならない。」

と規定されている (「鉄道事業法」については第5章〔102ページ〕に紹介したとおりである)。地方公営企業法と道路運送法ならびに鉄道事業法との違いは，前者には「適正な利潤」という言葉が明示的には含まれていない一方で，後者には含まれているという点である。そのほかの交通サービスの例として，トラック事業は「貨物自動車運送事業法」が根拠法となっている。ここでは，運賃が極端に上下動して混乱が生じるような場合に，国土交通大臣が標準運賃および標準料金を定めることができるとされ，同法第63条において，

　　「(略) 一般貨物自動車運送事業の能率的な経営の下における適正な原価及び適正な利潤を基準として，期間を定めて標準運賃及び標準料金を定めることができる。」

と規定されている。しかし，標準運賃および標準料金は例外的に設定されるも

140　　第6章　運賃政策

のであって，これ以外に運賃決定に関する基本的な条文はなく，運賃設定に関する原則はとくにないといってよい（したがって，本章での議論との関係は薄い）。

これらの法律の条文からわかるように，「適正な原価」および「適正な利潤」というようなキーワードが運賃決定原則に関わっていることがわかる。適正な原価と適正な利潤を合計したものを総括原価（フルコスト）と呼び，総括原価に基づく運賃の決定原則を**総括原価主義**という。以下ではこれを詳細に見ていくことにしよう。

❖ 費用積み上げ方式

総括原価主義による運賃決定の1つが，**費用積み上げ方式**と呼ばれるものである。これは，必要となる費用と正当な利益を単純に合計して，それが運賃収入と等しくなるように運賃を決定するという方法である。費用は事業運営の費用（営業費）や税金，支払利子などから構成されるので，費用積み上げ方式はきわめて簡単にまとめると，次のように表すことができる。

$$総括原価 ＝ 営業費 ＋ 予定利益 ＝ 運賃収入$$

先ほど述べたように，地方公営企業となっているバスや地下鉄，軌道（路面電車）などは，この方式によって運賃が決定されている。なお，このほかに地方公営企業法第21条では，こうした運賃や料金が公正妥当であることを求めている。これは費用積み上げ方式によって算出された運賃や料金が公正妥当なものであるかどうかをチェックするという意味に解釈するべきだろう。この**公正妥当主義**は高速道路料金などの決定原則にも見られる。

❖ 公正報酬率規制

総括原価主義による運賃決定のもう1つは公正報酬率規制である。公正報酬率規制は別名レート・ベース方式とも呼ばれる。**公正報酬率**は適正な利潤を計算するための工夫であり，公正報酬率がこの計算において重要な役割を果たす。これは地方公営企業法では示されていない。一方，「適正な利潤」という用語は道路運送法や鉄道事業法には明示的に示されている。計算式はきわめて簡単にまとめると，次のように表すことができる。

1 総括原価主義　141

総括原価＝営業費＋レート・ベース×公正報酬率＝運賃収入

ただし，道路運送法や鉄道事業法では，上記の計算式に基づいて導出された運賃はあくまで運賃の上限となるだけであり（**上限運賃制**），この上限運賃以下で運賃を設定することは原則自由である（規制緩和前は，上記の計算式で求められた運賃水準がそのまま運賃となっていた）。

　この計算式にあるレート・ベースとは，交通企業が持つ正味の資産価値（＝使用資産額－使用資産の減価償却累積額）を意味する。この正味資産価値に公正報酬率を乗じたものが適正な利潤となる。そこで，公正報酬率の数値がどのように決定されるのかが運賃決定のための重要な要素となる。報酬率とは，言い換えれば利益率のことだから，投下された資本が生み出す利益率と考えられる。したがって経済学上は，公正報酬率は資本の機会費用と一致するべきものとされる。

　資本の機会費用とは，交通企業が保有している資本を仮にほかの事業で使用していたならば得られただろう利益をもって測られる。したがって，ほかの事業において用いられている資本の利益率や市場金利などが公正報酬率を設定するための参考となる。公正報酬率は，前述のように理論的には資本の機会費用と一致するべきものだから，経済学上は**正常利潤**であると解釈される。「報酬率」とか「利益率」といってしまうと世間一般の認識では**超過利潤**のようなイメージを持ってしまうけれども，そうではないことに気をつけるべきである（以上のよりわかりやすい説明は，竹内［2017］参照）。

❖ アバーチ・ジョンソン効果

　ところで，公正報酬率規制には1つの特徴があるといわれる。これは，この特徴を指摘した H. アバーチと L. ジョンソン（Averch and Johnson［1962］）にちなんで，**アバーチ・ジョンソン効果**と呼ばれている。アバーチ・ジョンソン効果とは，公正報酬率規制が行われるとき，交通企業は最適な生産要素の組み合わせのときに比べて，資本の量を相対的に過大にするということを指す。以下ではこのことを図を用いて示すことにしよう。

　交通サービスは資本と労働という2種類のインプットによって生産されるものとする。図6-1において，縦軸に労働の量 L を，横軸に資本の量 K をとる。

142　　第6章　運賃政策

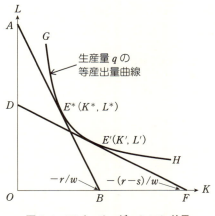

図6-1 アバーチ・ジョンソン効果

曲線 GH は一定の交通サービスの生産量を実現させるために必要な資本と労働の生産要素(インプット)の組み合わせの軌跡,つまり等産出量(等量)曲線である。なお,技術的な制約から等産出量曲線は端点 G と H との間でしか存在しないものとする。

直線 AB は公正報酬率規制を実施しないとき,つまり交通企業が自由に運賃を設定するときの等費用曲線である。資本の価格を r,労働の価格を w とすれば,総費用 C は,

$$C = rK + wL$$

と表され,総費用を一定 (C^0) とすると,等費用曲線 AB は,

$$L = -\frac{r}{w}K + \frac{C^0}{w}$$

となるので,その傾きは $-r/w$ となる。したがって費用を最小化する最適な生産要素の組み合わせは,点 E^* (K^*, L^*) である。ミクロ経済学の理論では,費用を最小化する企業は各生産要素の価格の比率と,それぞれの生産要素の**限界生産性**の比率(生産に関する**限界代替率**)が等しくなるような生産要素の量の組み合わせを選ぶことが説明される。E^* 点はまさにそのような点であり,このとき,交通サービスの生産のために最適な資本と労働の組み合わせが実現されている。

1 総括原価主義

直線 DF は公正報酬率規制を実施したときの等費用曲線である。公正報酬の額は sK で表されるから，これは費用から控除される。したがって，総費用は，

$$C = rK + wL - sK = (r-s)K + wL$$

と表され，総費用を一定（C^1）とすると，等費用曲線 DF は，

$$L = -\frac{r-s}{w}K + \frac{C^1}{w}$$

となるので，その傾きは $-(r-s)/w$ となる。等費用曲線 AB の傾きと DF の傾きを比べると，$s>0$ だから，常に DF の傾きのほうが AB よりも緩やかになる。

　この状況のもとで交通企業が費用を最小化しようとすれば，その最適な生産の組み合わせは点 E'（K', L'）となる。図から明らかなように，K' は K^* よりも右側に位置しているから，$K'>K^*$ となり，資本の量が過大となっている。以上のことから，公正報酬率に基づいて運賃規制がなされると規制がないときに実現できる最適な生産要素の組み合わせがゆがむ，というのがアバーチ・ジョンソン効果の指摘するところである。

　アバーチ・ジョンソン効果の詳細な説明に関心のある読者は，Vickers and Yarrow［1988］，田中ほか［1998］などを参照されたい。アバーチ・ジョンソン効果が実際に存在するかどうかについての定量分析は以前から行われてきており，その分析結果についてはさまざまである。しかし少なくとも，公正報酬率規制が最適な資本と労働の組み合わせの実現を阻害するだろうことは従来から問題視されている。公正報酬率規制が部分的に導入されている交通市場で資本の過大投資が行われているかどうか，注意して交通サービスを眺めてみることも読者にとっては興味深いだろう。

❖ 総括原価主義の性質

　これまで述べてきたように，上限運賃の決定方法として総括原価主義は運賃決定に依然影響力を持っている。この総括原価主義には，整理すると次のような性質があるといわれている。

　第1に，総括原価主義は収支均衡をその目標としている。つまり，資源配分の最適化ということは念頭に置かれていない。言い換えれば，総括原価主義では収支均衡の達成を通じた交通企業の経営の安定性を確保することがまず重視

144　　第6章　運賃政策

されており，その結果，資源配分の状況がどのようになるのかということについては考慮されていない。

第2に，総括原価主義には経営能率改善の機能が欠如している。あらかじめ「適正な利潤」としてそれ以上でもそれ以下でもない利潤が確保されているために，企業は費用最小化努力（経営能率の改善）をすることによってより多くの利潤を稼得しようとするインセンティブを持たない。具体的には，企業がいくら費用削減の努力をしたとしても，規制当局はそれに応じて運賃を引き下げるだけであって，それは企業にとっての何のメリットもない。それどころか，逆にどんなにいい加減な経営をしたとしても，それによるコスト増は運賃に反映されるようになるから，企業はあえて経営努力をする必要はない。

第3に，総括原価主義では交通企業の全体としての費用を対象としている。つまり，個別の原価については考慮していない。そのため，個別に利用者が支払う運賃は常に適正な原価と適正な利潤から成り立っているわけではないということに注意するべきである。総括原価主義は企業全体としての適正な原価と適正な利潤を考えているのであって，個々の運賃にまで対応しているわけではない。したがって，個々の利用者の支払う運賃は個別の原価よりも高かったり低かったりしており，それらを合計した全体として総括原価主義が成り立っている。

本章においては，とくに2番目の経営能率改善の機能の欠如という性質が重要である。わが国の交通サービスの規制緩和が進行した大きな理由の1つが，この経営努力の欠如に対する批判であり，それに対応する新たな運賃規制が求められてきた。次節では，この経営能率改善に焦点を当てた運賃規制を3つ取り上げて見ていくことにしよう。これらは総称して**インセンティブ規制**と呼ばれている。

2 インセンティブ規制

❖ フランチャイズ方式

交通サービスでは，破滅的競争を回避するために参入規制によって競争が制限される場合がある。こうした状況においては，交通企業は競争がないために

2　インセンティブ規制　145

経営努力を行わず，非効率な運賃設定が行われ（独占的な供給権が与えられていれば，それは独占価格になるだろう），資源の浪費が起こることになる。

こうした状況を排除するためには，その交通企業に与えている事業免許を取り消して，ほかの交通企業にそれを与えるというように既存企業を（言葉は悪いが）脅かせばよい。より具体的には，ある交通企業に交通サービスの事業免許を一定期間与えた後，その期間の終了後に競争入札によってより低価格高品質の交通サービスを供給できる企業にその事業免許を与えるような制度を構築すればよい。こうした制度のことを**フランチャイズ方式**という（通常われわれがイメージするコンビニエンス・ストアやレストラン・チェーン店などでいう「フランチャイズ」とは意味が異なるので注意されたい）。

この制度により，既存の交通企業は一定期間後の目に見えない競争相手との競争に勝つために，普段から低価格高品質のサービスを維持するように努めるだろう。この方法はイギリスの鉄道事業における運行権の決定などに関して適用されている（第7章〔177ページ〕参照）。

イメージの湧きにくい読者は（交通サービスではないが）次のようなことを想像するとよい。読者が大学生であるとすれば，大学のなかには購買店舗や食堂があるだろう。そうしたなかには過去からずっと大学が直営で営業していたり，同じ企業がサービスを提供していたりするところもある。必ずしもすべてではないけれども，そのなかにはマンネリの品揃えや魅力のない価格で不満のある読者も多いかもしれない。

こうした購買店舗や食堂において，5年おきに競争入札を行い，もっとも低価格高品質のサービスを提供する企業に経営権を付与すると宣言すればどうだろうか。参入企業として有名コンビニやデパート，有名ファミリー・レストランなどが名乗りを上げるかもしれない。そういう制度を作っただけで，潜在的な競争相手と競争することになった既存企業のサービスが向上する可能性は十分にある。

ただ，フランチャイズ方式においては次のような問題点がある。

第1に，競争入札に参加する企業間で共謀・談合の可能性がある。もし共謀・談合が成立すれば，事実上独占的な状態を変えることができず，運賃の低下や交通サービスの品質向上などは望めなくなる。このときはカルテルの場合と同様の状態となる。

第2に，参入障壁の問題がある。既存企業は実際の交通市場でサービスを供給しているので，他企業が知りえない多くのノウハウをすでに蓄積している。たとえば，利用客の旅行目的の内容やそれによる行動様式，ある路線特有の事情による特定の設備の必要性などはその路線での営業経験のない企業にはわからない（先の大学の購買店舗や食堂の例では，学生の品物の好みや味つけの好みなど）。結果として，既存企業と新規参入企業との間に情報の非対称性が生じて公正な競争ができなくなる可能性がある。

第3に，既存企業の資産処理の問題がある。たとえば，仮にある既存の鉄道企業が競争入札に敗れ，新たな鉄道企業が経営権を握ったとしよう。新しい鉄道企業が前の企業とは異なる軌間（線路の幅）を持っているとすれば，旧鉄道企業の線路をすべて取り外し，新たに線路を敷設し直さなくてはならない。仮に元の企業が次回の入札で勝ったとすれば，今度もまた線路を敷設し直さなくてはならない。このようなことは大きな資源の浪費につながる。したがって，フランチャイズ方式が機能しやすいのは，競争入札の前後で共通の規格のインフラを交通企業間で引き継ぎしやすいような状況に限られる。

❊ ヤードスティック方式

交通企業が，ある地域内においてのみ交通サービスを供給している場合，ほかの地域と比べてさまざまな経営の温度差が出てくるのは自然なことだろう。すべての地域にわたって総括原価主義が行われているとしても，A地域のある企業は経営努力をしていて比較的低運賃で高品質のサービスを供給しているかもしれないし，B地域のある企業は経営努力をしないために高運賃で低品質のサービスを供給しているかもしれない。

しかし，両地域における市場の状況が酷似している限り，一方の企業が低コストで交通サービスを供給できるのであれば，高コスト経営をしている他方の交通企業もそうした低コストでの経営ができないはずはない。こうした考え方に基づいて提案されるのが**ヤードスティック方式**である。

ヤードスティック方式は，他企業の費用状況を参考にして運賃を決定し，当該企業の費用状況を直接的には運賃決定に関与させないという方式である。もっとも簡単な事例として，2社の場合のヤードスティック方式を考えてみよう。高コスト企業は低コスト企業の費用状況に合わせて運賃が決定されるため，

現状のコスト構造では赤字は必至である。しかし、同じような市場状況であれば低コスト経営を実現できないはずはないので、この赤字がペナルティとなって経営努力を行わざるをえなくなる。

他方、低コスト企業は高コスト企業の費用状況に合わせて運賃が決定されるために黒字を出すことができる。これは低コスト経営を行ったことによるボーナス（報酬）と解釈され、この企業はボーナスを増やすために、よりいっそうの費用削減に努力するだろう。運賃の設定に自企業の費用ではなく、他企業の費用が「ものさし」として使われるために「ヤードスティック」（ものさし）という用語が使われている。

以上のことを図で表したのが図6-2である。企業1と企業2の2社があるものとし、それぞれの地域においてまったく同様の需要曲線 D に各企業が直面しているものとする。つまり、この図は2つの地域を重ね合わせて描いてある。縦軸に費用および運賃 p をとり、横軸に交通サービスの量 q をとる。いま、企業1はそれほど経営努力をしていないので高コスト構造を持っており、限界費用は MC_1 である（簡単化のために一定と仮定しており、そのため平均費用 AC_1 と一致している）。一方、企業2はかなりの経営努力をしているために低コスト構造を持っており、限界費用は MC_2 である（簡単化のために一定と仮定しており、そのため平均費用 AC_2 と一致している）。

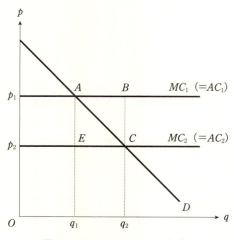

図6-2　ヤードスティック方式

規制当局はヤードスティック方式に基づいて運賃規制をするので，企業1には企業2の費用曲線に基づいて運賃p_2を認可し，企業2には企業1の費用曲線に基づいて運賃p_1を認可する。企業1にとってはp_2の運賃しか利用客に課すことができないので，需要量はq_2となる。このとき，費用はOp_1Bq_2，収入はOp_2Cq_2となるので，p_1BCp_2の赤字（ペナルティ）となる。したがって，赤字解消のために企業1は費用削減に努力せざるをえない。一方，企業2にとってはp_1の運賃を認められているので，需要量はq_1となる。このとき，費用はOp_2Eq_1，収入はOp_1Aq_1となるので，p_1AEp_2の黒字（ボーナス）となる。したがって，よりいっそうの利潤獲得のために企業2は費用削減に努力する。

　このヤードスティック方式の考え方は，すでにわが国においても導入されている。たとえば，乗合バス事業の場合を見てみよう。全国が35の「標準運賃ブロック」に分けられ，それぞれの地域内のバス企業の原価（費用）の実績値を加重平均したものが標準原価とされる。この標準原価に基づいて運賃の上限が決定される。なお，原価は，営業費（人件費，燃料油脂費，車両修繕費，車両償却費，その他運送費及び一般管理費），営業外費用および適正利潤を総括した額とされる。

　次に，鉄道事業の場合を見てみよう。大手民鉄の場合，基準単価・基準コストが算定されて，それが上限運賃決定の基準となる。その基準単価の計算方法は，線路費，電路費，車両費，列車運転費，駅務費を説明変数とし，大手民鉄事業者の実績データに重回帰分析を適用するものである。この詳細なデータは，国土交通省のホームページ上でも見ることができる。

　ヤードスティック方式の問題点は，フランチャイズ方式のときと同様に，企業間での共謀・談合の可能性があるということである。図6-2で見た各企業の経営努力が続くと，最終的には費用曲線はともに低下してこれ以上費用最小化ができない費用水準に至るだろう。そして，そのとき企業1と企業2の費用曲線はその費用最小化が達成された時点で同一のものとなっているはずである。

　つまりそこまでに至ると，いずれの企業にもペナルティあるいはボーナスが発生しないことになる。いわば費用最小化への努力は最終的には何のうま味もない状態へ向かっての努力ということになる。このことに両企業が気づけば，両企業が共謀・談合に走る誘因を持たせることになる。その結果は，経営努力からの協調した回避行動になるだろう。

2　インセンティブ規制　149

❖ プライス・キャップ方式

プライス・キャップ方式のユニークな点は，運賃の設定に際して直接的に原価の算定を行わないという点と，運賃は上限のみを設定するだけであって，それ以下であれば交通企業は自由に運賃を設定してもよいという点である。プライス・キャップ方式は，もっとも単純には次のような式によって表現することができる。

$$P_t = P_{t-1} + P_{t-1}(I_{t-1} - X) \times \frac{1}{100}$$

ここで，P_t は t 期における上限の運賃水準（したがって，P_{t-1} は 1 期前の上限運賃水準である），I_{t-1} は 1 期前の物価変動率（％），X は企業の当期の生産性向上率（％）である。たとえば，物価変動率が +5％で，規制当局が定めた生産性向上率が 3％であれば，物価変動率のうち 3％は経営努力で処理することが求められ，残りの 2％を 1 期前の運賃に上乗せすることが認められることになる。

この式のなかには，原価を示す変数が見あたらない。その代わりに，1 期前の上限運賃水準が変数として入っているという点に特徴がある。「プライス（価格，運賃）にキャップ（上限）をかける」という意味でプライス・キャップの名がつけられている。このような算定式で運賃の上限が決められると，企業は物価上昇による費用増加の一部を経営努力によって吸収することを求められるので，経営努力をしなくてはこの料金水準を守ることはできなくなる。

一方，経営努力をしても総括原価主義のときのように運賃を引き下げられることはなく，経営努力による費用低下で得た利潤はそのまま企業のものとすることができる。そのため，経営努力をすればするほど利潤が増える，というインセンティブを持つことになる。

プライス・キャップの利点は，次のような点にあるといわれている。

第 1 に，運賃規制を行う規制当局は各期に原価を査定する必要がなく，1 期前の運賃水準のみを参考にすればよいから，規制に関するさまざまな行政コストを節約することができる。規制当局にとって，運賃水準設定のための原価の分析にはかなりの労力を要する。とくに，交通企業と規制当局との間には原価の内容について情報の非対称性が存在することが多いために，適切な運賃水準の設定が難しい。そうした厄介な問題をプライス・キャップ方式は排除してくれることになる。

第2に，前述のように企業は経営努力をして利潤を増加させても，運賃を引き下げる必要はないので，より経営努力を行おうとするインセンティブが働く。

　第3に，運賃の上限に触れない限り，規制の束縛のない通常の企業行動の結果と同じく最適な生産要素の組み合わせが得られることになる。したがって，公正報酬率規制のときのようなアバーチ・ジョンソン効果は発生しない。

　第4に，企業は運賃体系の設定が自由になり，また市場の状況に従って柔軟に適切な運賃水準を決定することができる（リバランシング）。総括原価主義のもとでは，運賃水準の決定のために規制当局は膨大な時間をかけてこれを審査する必要があり，規制が激変する交通市場の状況に対応できず，運賃水準の決定が後手に回ることがある。1年前の原価の情報に基づいて運賃が決定されて実施されたとしても，そのときにはすでに交通市場は別の動きを示しているというようなことも珍しくない。プライス・キャップ方式の場合には，運賃水準の上限のみ守れば企業は規制当局を気にすることなく，その場の市場の動向に従って機動的に運賃設定を行うことができる。

　その反面，プライス・キャップ方式には次のような欠点があると指摘される。

　第1に，生産性向上率 X を合理的・客観的に決定する絶対的な基準は存在しないということである。そのため，参考にできるような数値はあるにしても，X を何％に定めるかが最終的には恣意的に決められてしまう可能性がある。たとえば，なぜ X が1％ではなくて2％なのかを説明することはなかなか難しい。

　第2に，規制のラグに関する問題がある。X の改定にあたって，企業は X の数値を引き下げてもらおうと，原価に関する情報の非対称性を利用して生産性向上率が厳しすぎることをアピールするために，わざと生産性を落とす可能性がある。また，運賃の見直し期間を短くすると，企業は超過利潤を得る機会が少なくなるので生産性を向上しようとするインセンティブが減少するし，逆に見直しの期間を長くすると，長期にわたって超過利潤を企業に得させることになる。これらはいずれも規制の時点とその効果が発現する時点にずれ（ラグ）があるために発生する。

　第3に，原価を査定する必要はなくなる一方で，X の設定のために新たな情報のコストや規制のコストがかかることになる。プライス・キャップ方式の利点は原価査定に関するさまざまな情報や規制のコストを低減できることにあったはずであるにもかかわらず，その効果が相殺されてしまう可能性がある。ま

2　インセンティブ規制　151

たサービスの品質や最適投資水準の維持などということを考慮に入れると，計算式が非常に複雑になり，コストが余計にかかるということもある。

第4に，価格（運賃）が上限の水準に貼りつきやすいという傾向が指摘されている。交通サービス以外の分野において，こうした事例が報告されている。

プライス・キャップ方式における最大の難点は，生産性向上率 X をどのように決定するかというところにある。事実，イギリスをはじめとする他国を見ても，交通企業ばかりでなく他産業においても X の値が千差万別であることが多い。いかにして合理的な X を算定するか，ということがプライス・キャップ方式の1つの大きな鍵となっている。

3 初乗り運賃の理論——二部料金制度

❖ 初乗り運賃の意味

交通サービスには，「初乗り運賃」という独特の運賃制度がある。鉄道運賃を見てみよう。JR 本州3社の幹線運賃（現金支払い）の場合，1～3 km は 140 円という運賃が徴収されるものの，その後4～6 km は 190 円，7～10 km は 200 円と，その後の利用距離に応じた運賃の増加の程度は，当初の 140 円の大きさに比べればかなり低い。

タクシー料金を見てみよう。東京 23 区（武蔵野市・三鷹市を含む）の一般的な運賃の場合，初乗りは 1.052 km までいきなり 410 円を徴収されるものの，その後は 237 m 当たり 80 円という運賃の増加率である（実際には時間距離併用運賃などがあり，制度は複雑である）。極端にいえば，1 m 乗車しても 1 km 乗車しても同じ 410 円が一挙に徴収され，その後は 300 m 弱の距離で 80 円程度しか運賃が増加しない。

さらに，高速道路料金を見てみよう。主な高速道路料金では，料金所を通過したときにまず利用距離にかかわらずターミナル・チャージとして 150 円が課される。しかし対距離料率は，1 km 当たり 24.6 円である（地域などによって多少違いがある）。

初乗り運賃がどの程度高いか，先ほど述べた幹線鉄道運賃を例にとって簡単な計算をしてみよう。3 km で 140 円，10 km で 200 円の2点をとると，km 当

152　第6章 運賃政策

たり約 8.57 円となるので，この運賃率を適用すれば最初の 1 km は 9 円で済む
はずである。ところが実際には 1 km 乗車してもそれより 131 円高い 140 円を
支払わなくてはならない。同様の計算を先ほどの例のタクシー運賃で試みると，
1 km 当たり約 390 円の運賃率となるので，最初の 1 km は 390 円となるはずが，
実際にはそれより 20 円高い 410 円を支払わなくてはならない。

　このように交通サービスでは，初乗り運賃として最初に相対的に多額の運賃
が徴収され，その後の利用距離に応じた運賃率は，初乗り運賃に比べればそれ
ほど高くはない。どうしてこのような制度になっているのだろうか。そして，
この制度は経済学的に見てどのように評価できるのだろうか。

❖ 二部料金制度(1)──現実的な説明

　初乗り運賃制度は**二部料金制度**の一形態であると考えられる。二部料金制度
とは，料金が**基本（固定）料金**と**従量（可変）料金**の 2 つから構成される料金制
度のことで，基本料金はサービスの利用量にかかわらず一定額が徴収される料
金であり，従量料金はサービスの利用量に応じて徴収される料金である。二部
料金制度は，電力料金・ガス料金・水道料金・通信料金などの分野において一
般的な料金制度である。最近では一般的になった携帯電話における電話かけ放
題の一律料金は，基本料金が一律料金と一致し，従量料金の料率がゼロとなっ
ている特殊な二部料金として解釈することも可能である。

　ただ，通常の二部料金制度が交通サービスの初乗り運賃制度と異なるところ
は，前者は基本料金の支払いだけではサービスをまったく消費できないのに対
して，交通サービスの初乗り運賃の場合は，ある程度交通サービスを消費でき
るという点である。つまり，交通サービスにおける初乗り運賃では，基本料金
と従量料金の一部が合わせて徴収されていると理解することができる。

　この理由は，電気・ガス・水道を使う利用者は屋内にいて動かない（エアコ
ンやガスコンロ，水道の蛇口を持って家の外には出ない）一方で，鉄道や高速道路
ではその利用者が移動するというところにある。電気・ガス・水道料金の基本
料金は世帯ごとに課すことができる。消費者は，電気・ガス・水道を屋内で使
うから，基本料金だけを従量料金から完全に分離して一軒ごとに徴収すること
が可能となる。ところが鉄道運賃の場合は，鉄道を利用しようとする人から基
本料金を徴収しようとしても，その人がいつどこで鉄道を利用するかがわから

3　初乗り運賃の理論　153

ず，鉄道を利用するときだけしか基本料金を徴収することができない。そのため，利用するたびに基本料金を徴収せざるをえず，また基本料金を徴収するときには利用者は必ず移動しようとしているのだから，基本料金を従量料金とあわせて徴収する必要がある。そのため初乗り運賃に基本料金が含まれていると考えることができる。

　なぜこのような二部料金制度が成立したのかについては，かなり以前から議論がある（Lewis［1941］など）。現実的な解釈としては，次のような考え方が一般的である。

　企業のサービス生産に関する費用は，生産量にかかわらず発生する固定費用と，生産量に応じて発生する可変費用に分けることができ，基本料金と従量料金はこれに対応するものであると考えることができる。つまり，基本料金を徴収することによって企業の固定費用部分を回収し，従量料金を徴収することによって企業の可変費用部分を回収するのである。

　固定費用が小さい企業においては，固定費用を分散させて従量料金部分に含めて回収することもできるだろうが，固定費用が莫大な企業の場合はそのようにすることができず，料金を2つの部分に分けて，それぞれ別個に費用を回収することのほうが合理的であると考えられる。

　確かに二部料金制度を採用しているのは，電力・ガス・水道などの固定費用が大きな装置産業であり，交通サービスもまたそうである場合が多いので，上記の説明には説得力がある。次に，この二部料金制度が経済学的にはどのように説明されるのかについて見てみることにしよう。

❖ 二部料金制度(2)──経済学からの説明

　二部料金制度を採用している電力などの公益事業と同様に，ここでも固定費用の大きな交通企業を想定しよう。固定費用が大きいために，この企業がサービスを供給する交通市場においては規模の経済が発生しており，図6-3のように長期平均費用曲線 AC は逓減している（縦軸に費用および運賃 p，横軸に交通サービスの量 q がとられている）。この AC に対応する限界費用は MC で表されている。この市場でサービスを提供する交通企業に収支均衡を保証するならば，平均費用価格形成が採用され，この場合の交通サービスの量と運賃の組み合わせは点 B（q_a, p_a）によって表される。このときの消費者余剰は三角形 ABp_a で

154　　第6章　運賃政策

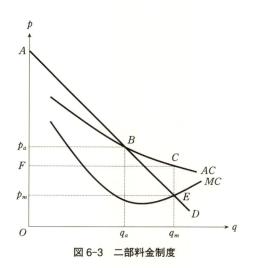

図6-3　二部料金制度

表される。

　もしこの市場で資源配分の最適化をめざして限界費用価格形成を行うならば，交通サービスの量と運賃の組み合わせは点 E（q_m, p_m）となり，この場合の消費者余剰は三角形 AEp_m となる。明らかに限界費用価格形成のほうが平均費用価格形成よりも消費者余剰が大きい。しかし，費用逓減の状態にあるこの交通市場では，限界費用価格形成を行うと，交通企業に $FCEp_m$ の損失が発生するためにこの交通企業はサービスを供給しなくなる。

　この損失の原因は，固定費用の大きさにある。したがって固定費用相当分を，かなり大きくなっている消費者余剰 AEp_m から徴収することが考えられてよい。固定費用の額が消費者余剰のうちのどれだけを占めるかは各曲線の形状に依存する。しかし，消費者余剰よりも固定費用の額が少なければ，こうした運賃設定は実行可能である。つまり，基本料金については固定費用相当額を AEp_m の一部から徴収し，従量料金については p_m とすることによって二部料金制度を実施することができる。この場合，平均費用に基づく交通サービスの量よりも供給される交通サービスの量は多くなっている。

　ここで問題となるのは，二部料金制度において消費者余剰から基本料金が控除されるならば，二部料金制度のときの消費者余剰と平均費用価格形成のときの消費者余剰 ABp_a との大小関係が不明となり，どちらが資源配分上望ましい

のかという点である。この点については、資源配分上、二部料金制度のほうが平均費用価格形成よりも望ましいということが知られている（詳細については、Brown and Sibley［1986=1993］，植草［2000］，あるいは田中ほか［1998］参照）。

❖ 二部料金制度の応用

二部料金は基本料金と従量料金の組み合わせなので、基本料金の額や従量料金の料率を変えることによってさまざまな料金メニューを提示することができる。図 6-4 では 2 つの料金メニュー AB と CD が示されている。ここでは、縦軸に利用者の支払総額 E を、横軸にサービスの量 q をとっている。したがって、縦軸の切片の距離は基本料金の額を、各直線の傾きは従量料金の料率を表している。

料金メニュー AB では、基本料金は安い（OA）が従量料金の料率は高い（直線 AB の傾きが大きい）。一方、料金メニュー CD では、基本料金は高い（OC）が従量料金の料率は低い（直線 CD の傾きが小さい）。利用者にとってはどちらの料金メニューを選択するほうが有利かは、消費者の消費量が q_f（F 点）よりも大きいかどうかで分かれる。q_f より消費量が少ない利用客は料金メニュー AB を選ぶだろうし、q_f より消費量が多い利用客は料金メニュー CD を選ぶだろう。実はこうした複数の料金メニューを提示することは単一の二部料金制度よりも資源配分上好ましいことが知られている（Brown and Sibley［1986=1993］）。

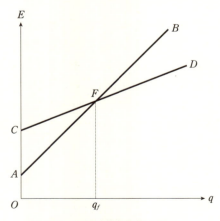

図 6-4　二部料金の複数メニュー

こうした複数料金メニューの提示は，電力料金のアンペア契約などで見られるだけで交通サービスにおいては近年まであまり見られることはなかった。しかし，規制緩和が進んだ結果，タクシー事業においては，さまざまな初乗り運賃の額とその後に徴収される対距離運賃率（従量料金）の組み合わせのメニューが提示されるようになってきている。総じて，初乗り運賃が安いほど対距離運賃率は高い傾向にある。こうした多くの料金メニューの混在は一見複雑でわかりにくいように見えるけれども，制度そのものについては上記のような理論的な評価がなされている。

ただ，タクシー市場の場合には，さまざまな運賃メニューを提示したタクシーを消費者が自由に選ぶことができない（流しのタクシーの場合，手をあげて止まったタクシーを見てはじめて運賃メニューがわかる）という点（不確実性）がその評価を難しくしている。

❖ ブロック料金

二部料金制度は基本料金部分と1種類の料率である従量料金の二部構成となっている。このうち，従量料金についてサービスの利用量に応じて料率を変えるということも行われる。従量料金の料率が2種類になったときは，これと基本料金を合わせて「三部料金」と呼ぶことがあり，さらに従量料金の料率の種類が増えると，これらを総称して「多部料金」と呼ぶこともある。

たとえば鉄道運賃は，利用距離が長くなるにつれて運賃率はしだいに低くなっている。これは**遠距離逓減運賃制**と呼ばれ，こうした制度のうちの1つである。図6-5の縦軸は支払う運賃の総額 E を表しており，横軸は目的地までの距離 d を示している。直線の傾きが運賃率を表しており，鉄道に長距離乗れば乗るほどその運賃率は逓減する（直線の傾きが緩やかになっている）。JR東日本における実際の遠距離逓減運賃の事例を表6-1に示しておく。

これらはサービスの利用量に応じて料率ごとのブロックに分けられているので，ここではこれらをまとめて**ブロック料金**と呼ぶことにしよう（「非線形料金」とも呼ぶ）。ブロック料金制度ではブロックごとに料率が異なる。したがって，これをサービスの利用量に応じて運賃が異なる運賃差別の1つである**数量差別**と理解することもできる。

数量差別は日常生活でしばしば目にすることができる。たとえば，1個100

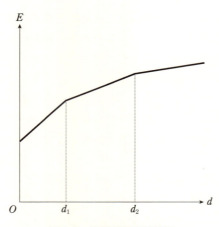

図 6-5　遠距離逓減運賃制

表 6-1　鉄道の遠距離逓減運賃制の事例

距　離　帯	運賃率（1 km 当たり）
300 km 以下の営業キロ	16 円 20 銭
300 km を超え，600 km 以下の営業キロ	12 円 85 銭
600 km を超える営業キロ	7 円 05 銭

（注）　幹線内相互発着の大人片道普通運賃。
（出所）　「JR 東日本旅客営業規則」第 77 条（2017 年 9 月 21 日現在）より作成。

円のリンゴであっても，3 つ買うと 250 円になるのはその典型的な事例である。企業は多くの数量を購入する消費者を優遇し，それによって販売量を増やそうとする戦略をとる。同じことが先の遠距離逓減運賃制にもあてはまる。鉄道企業は，乗客に対して長距離を乗ってくれればくれるほど運賃率を下げることで，その利用を促進させようとする。

　かつて航空サービスの利用において用いられていた「マイレージ・サービス」が最近では一般化し，多くの交通機関でも類似したサービスが普及してきている。自企業のサービスを長距離（あるいは多頻度）利用してくれる利用者に，より多くの特典を与えることによって，自企業へのブランド・ロイヤルティを高めさせ，さらなる利用を促すことがそのねらいである。航空サービスにおけるマイル数に応じた無料航空券の配布は長距離多頻度利用客への運賃の実質的な割引であり，この点から見ればマイレージ・サービスはブロック料金の応用

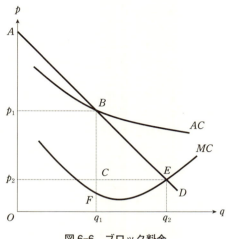

図6-6 ブロック料金

であるということができる。

　こうしたブロック料金は，経済学的にはどのような意味を持っているのかを以下で見てみよう。図6-6において縦軸に費用および運賃 p，横軸に交通サービスの量 q をとる。AC，MC はそれぞれこの交通企業の持つ長期平均費用曲線と長期限界費用曲線であり（したがって，この図では規模の経済が発生している状況である），D はこの交通サービスに関する利用者の需要曲線である。この交通企業が平均費用価格形成に基づき，単一の運賃を設定しているものとしよう。その場合の交通サービス量と運賃との組み合わせは点 B (q_1, p_1) である。この場合，消費者余剰は三角形 ABp_1 となり，生産者余剰（利潤）は収支均衡状態であるためにゼロである。

　いま，ブロック料金制度を採用することにし，利用者が q_1 まで交通サービスを利用すれば運賃率を p_1 に，さらに q_1 から q_2 まで交通サービスを利用する利用者には p_2 の運賃率でサービスを提供するものとしよう。このとき，利用者に発生する消費者余剰は三角形 BEC だけ増加する。また，生産者の収入は CEq_2q_1 だけ増加し，同時に MC の下側の面積にあたる費用 FEq_2q_1 が発生するから，差し引き CEF だけの生産者余剰が発生する。つまり，ブロック料金を採用することによって消費者余剰も生産者余剰も増加することになる。

　ただし，注意しておかなくてはならないことは，交通サービスの量 q の区分

3　初乗り運賃の理論　　159

Column

初乗り運賃の二重どり問題

　違う2つの鉄道企業を乗り継ぐことによる初乗り運賃の二重どりがしばしば問題となる。たとえば東京メトロと都営地下鉄を乗り継ぐときには（若干の割引はある），初乗り運賃がほぼ2倍になるので，東京の地下鉄が1社のみで運営していれば初乗り運賃の支払いは一度で済むのに，という鉄道利用客からの不満がある。

　これをより一般的に考えれば，商品Aと商品Bを組み合わせてある満足を得ようとする場合，商品Aと商品Bのそれぞれがたまたま違う企業から提供されているために両社の固定費用部分を消費者がそれぞれ別個に支払っている，というように解釈することが可能だろう。このとき商品Aと商品Bは相互に補完財の関係にある。

　ところがこうした補完財の例は（鉄道ほど完璧ではないが）少なくない。たとえば，文章を作成するときのワープロソフトと日本語変換ソフト，野菜炒めを作るときのキャベツとタマネギ，頭を洗うときのシャンプーとリンスなどである。これらは同じ企業（農家）が作っている事例もあるし，また他企業が作っている事例もある。そして他企業が作っているものを併用しているのが通常の消費者だろう。

　しかし，こうした事例においては消費者が個々の企業の固定費用を二重に支払っていることへの苦情はあまり聞かない。なぜ鉄道企業だけで二重どりが問題にされ，それ以外の似たような商品では問題にされないのかは不明である。あるいは，上記のような例は実は鉄道運賃の乗り継ぎとはまったく別のものだと解釈するべきなのかもしれないが，別であるとする理由は見つけにくい。

　興味深いのは，初乗り運賃の二重どりを問題にするのは当然ながら2社を乗り継ぐ乗客である一方で，乗り継ぎをしない乗客は初乗り運賃を1回にすることで生じる問題についてはほとんど認識されていないということである。この点について，経営状態が悪くて高運賃を課している企業と，経営状態が良好で比較的運賃が低い企業が1社になって二重どりを止めた場合を考えてみよう（つまり，固定費用部分がプールされて，均等に乗客が固定費用を負担する場合である）。低運賃の鉄道企業しか使わない乗客にとっては，これは明らかに初乗り運賃の値上げを意味する。

　鉄道企業を乗り継ぐため二重どりされることに不満を述べる乗客の声に押されて二重どりを止めたとすると，それは必ずしも乗客全員の状態を改善することにはならない。また，同時に見すごされやすいことは，確かに二重どりはなくなるとしても，理論上は2社を合わせた初乗り運賃水準が低いほうの初乗り運賃水準に合わせられるということはない，ということである。この場合，固定費用のプールを考えると，明らかに現在より低いほうの初乗り運賃は値上がりとなる。

をゼロから q_2 の範囲内でさらに細かくしていくならば，消費者余剰は減少し，生産者余剰は増加するということである。これを突き詰めていくと最終的には完全差別となり，消費者余剰はゼロとなる（詳細については，ミクロ経済学の価格差別の理論を参照されたい）。

　ブロック料金における料率がサービスの利用量に応じて増加していく場合には，それは逓増料金と呼ばれ，利用量に応じて低下していく場合には，それは逓減料金と呼ばれる。先の鉄道サービスにおける遠距離逓減運賃は逓減料金である。一般に，たいていの企業は逓減料金を採用することによって自企業のサービスをより多く購入してもらおうとする戦略を選択する。

　しかし，逓増料金も少数ではあるが存在する。たとえば，電力料金のようなエネルギー料金においては，省エネルギー政策に基づいて，より多くのエネルギー消費に対しては高い料率を課すことによってエネルギー消費を抑えるという方針がとられている。交通サービスも同じくエネルギーを多く消費するサービスであるけれども，前述の高速道路料金のようにせいぜい単一料率がとられる程度であって，逓増料金は設定されていないといえる。

重要語句

総括原価主義，費用積み上げ方式，公正妥当主義，レート・ベース方式，公正報酬率，上限運賃制，正常利潤，超過利潤，アバーチ・ジョンソン効果，限界生産性，限界代替率，インセンティブ規制，フランチャイズ方式，ヤードスティック方式，プライス・キャップ方式，二部料金，基本（固定）料金，従量（可変）料金，遠距離逓減運賃制，ブロック料金，数量差別

復習確認と議論発展のための問題

Q6-1 ★

　あなたが企業を設立したとしよう。ところが，以下のようなルールであなたの企業の利潤がある一定の額になるように，政府によって強制的にあなたの企業の財・サービスの価格が決められるものとする。このときあなたは自分の企業をどのように経営するだろうか。

(1) ある一定の株式配当率に相当する利潤のみを認める。

(2) 雇用している労働者数と1人当たり全国平均賃金を掛け合わせた額に一定の割合を掛けた額を利潤として認める。

3　初乗り運賃の理論　　161

(3) 土地や機械などの価値に一定の割合を掛けた額を利潤として認める。

(4) 当該会計年度にあなたが予想した利潤額以下を利潤として認める。

Q6-2

公正報酬率規制下である路線を運営している鉄道企業のその路線に関する資産の総額は 100 億円，減価償却累積額は 75 億円であり，営業費用は 51 億円である。公正報酬率を 4% として，この路線の運賃を求めよ。なお，その路線の利用客数は 2600 万人であり，鉄道企業はこの路線のみを運営しているものとする。

Q6-3

市場 1 において企業 1 が生産を行い，市場 2 において企業 2 が生産を行っているものとする。市場 1 と市場 2 は大変似通っており，両市場とも同じ（逆）需要曲線である（運賃を p，数量を q とする），

$$p = -\frac{1}{2}q + 20$$

を持っているものとする。企業 1 と企業 2 は各市場で生産を行っており，当初の両企業の限界費用はともに 16 であった。しかしその後企業 1 はわずかの経営努力により限界費用が 10 に低下し，企業 2 はかなりの経営努力によって限界費用が 6 に低下したとする。

(1) 企業 1 に企業 2 の限界費用に相当する価格規制を行った場合，企業 1 の生産量を求めよ。

(2) (1)のときの企業 1 のペナルティの総額を求めよ。

(3) 企業 2 に企業 1 の限界費用に相当する価格規制を行った場合，企業 2 の生産量を求めよ。

(4) (2)のときの企業 2 のボーナスの総額を求めよ。

(5) こうした価格規制の方式は何と呼ばれるか。そしてこの方式の利点は何か。

Q6-4

ある交通市場において，プライス・キャップ方式が導入されており，5 年ごとに運賃改定がなされるものとする。2013 年と 2018 年に運賃改定が行われており，2023 年に新たに運賃が決定される。2013 年の改定時に運賃は 500 円であった。2013 年から 2018 年までの物価上昇率は 11% であり，これに基づいて生産性向上率は 1% として 2018 年に運賃改定が行われた。次に，2019 年から 2023 年までの物価上昇率は 5% であり，これに基づいて生産性向上率は 3% として 2023 年に運賃改定が行われる。

(1) 2023 年の運賃を求めよ。

(2) 2018 年の運賃改定と，2023 年の運賃改定では，どちらが規制当局の姿勢が厳しくなっているといえるか。その理由とともに述べよ。

Q6-5 ★

航空企業のマイレージ・サービスでは，積算マイル数が一定の基準を超えるたびに，より長距離の路線の無料航空券などを受けとることができるようになっている。それぞれの無料航空券を正規で購入した場合の運賃を調べ，その運賃をその無料航空券を受けるために必要なマイル数で割ることによって1マイル当たりの金額を求めよ。マイル数に関する各ブロックに応じて，その金額はどのように変わっているか。同様のことを，複数の航空企業のマイレージ・サービスで調べ，またビジネスクラスなどへの無料アップグレードについても調べて比較してみよ。

Q6-6

いま，ある鉄道市場において，需要曲線，平均費用曲線（一部）AC，限界費用曲線（一部）MC がそれぞれ以下のとおりに近似的に表されるものとする（なお，p は運賃，q はサービスの量である）。

$$p = -q+40 \qquad AC = -\frac{1}{2}q+30 \qquad MC = \frac{1}{10}q+7$$

(1) 平均費用価格形成を実施したときの運賃 p_a と鉄道サービスの量 q_a，そしてそのときの消費者余剰 CS_a を求めよ。

(2) 限界費用価格形成を実施したときの運賃 p_m と鉄道サービスの量 q_m，そしてそのときのこの鉄道企業の赤字額を求めよ。

(3) この市場での鉄道利用客が鉄道サービスを q_a まで利用したときは運賃 p_a を課し，q_a から q_m まで利用したときはその間の利用量に対して運賃 p_m を課すというブロック料金を設定したとき，平均費用価格形成のときよりどれだけ消費者余剰は大きくなるか。そして新たに発生する生産者余剰はどれだけか。

(4) こうした鉄道企業の運賃制度は何と呼ばれるか。

(5) これは価格差別の3形態のうち，どれに該当するか。

Q6-7

初乗り運賃の二重どりをなくすことが一部の乗客にとっては初乗り運賃の値上げになるという本文中のコラムの内容を確認してみよう。経営状態の悪い鉄道企業Aと経営状態の良い鉄道企業Bがあるとする。それぞれの企業の初乗り運賃が p_a と p_b（$p_a > p_b$）であるとし，鉄道企業AとBの利用客数をそれぞれ a と b とする。このとき，

(1) 両企業が合併したときの乗客1人当たりの初乗り運賃額 R を求めよ。

(2) $p_b < R < p_a$ となることを示せ。

第7章

規 制 政 策

　交通（サービスの）規制というと，警察による速度規制や車線の変更，通行止めなど自動車運転での走行の制限というイメージが大きいかもしれない。それらは確かに重要な分析対象であり，本章でもそれらの一部を取り上げる。しかし，本章の規制政策で取り上げる対象はそれよりも広く，公共部門による何らかの市場への介入はすべて規制政策として解釈される。

　交通サービスの歴史は，規制の歴史といっても過言ではない。交通サービスは安全性がとりわけ重視されるからという理由だけではなく，昔から軍事的な目的との関連も強く，また独占的経営による財源確保の手段としても活用されてきた。つまり，程度の差はあれ，交通サービスは常に公共部門と何らかの関係を持ち続けてきたのである。

　前章において，すでに運賃規制の分析は行ったので，ここではそれ以外の交通サービスの規制に関する問題を取り上げることにしよう。

⚠本章で取り上げるトピックス

- 規制緩和が進められた根拠は何か。
- 上下分離方式の元祖は日本なのか。
- 航空輸送産業の寡占化は規制緩和政策の失敗か。
- 日本の規制緩和政策の本当の目的はどこにあるのか。
- 道路四公団や営団地下鉄の民営化は本当に「民営化」か。
- 「汚染者負担原則」は常に正義か。
- 速度規制は不要か。
- 車が安全になっても事故被害額は減らないことがありうるのか。

1 規制の種類と根拠

❖ **規制の種類**

　交通市場に対して国や自治体などの公共部門が何らかの介入を行う場合，それらのすべてが規制であるといってよい。このように規制は広範囲にわたり，それらは大別すると図7-1のように分類できる。

　最初に**経済的規制**（量的規制）について述べよう。交通サービスの場合，価格規制とは運賃（料金）規制と同じ意味である。この場合，輸送の対価としての運賃や料金は市場メカニズムによって自動的に決まるのではなく，規制当局によって設定されたり，交通企業から出された運賃・料金申請が規制当局によって許認可されたりするという形で決定される。この運賃（料金）規制については第6章において詳述した。

　数量規制とは，交通サービスの量が市場における需要と供給の関係から自動的に決定されるのではなく，規制当局が介入してその量が決定されるような規制である。たとえば，過疎地のバスでも運行本数は1日○○本確保しなくてはならないとか，夜間における移動の確保のためにタクシーは夜間においても△△台は走行させておくべきである，などという規制があれば，これは数量規制になる。

　参入・退出規制とは，ある交通市場に企業が参入すること，あるいはある交通市場から企業が退出することについて何らかの制約が加えられる規制である。たとえ超過利潤が発生しているような魅力的な交通市場であっても，その市場への参入が規制当局によって禁止されたり，逆に採算がとれない市場であるために企業が退出しようとしても，それが規制当局によって許されなかったりす

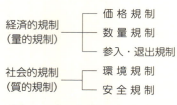

図7-1　交通市場への規制の種類

166　第7章　規制政策

るようなことがこれに該当する。

次に**社会的規制**（質的規制）について述べよう。環境規制とは，交通サービスの提供によって発生するさまざまな環境への負荷を抑制するための規制である。具体的には，CO_2（二酸化炭素），NO_x（窒素酸化物），SO_x（硫黄酸化物），SPM（浮遊粒子状物質）などの地球温暖化，大気汚染への規制や，騒音・振動への規制，景観や生態系の破壊に関する規制などが含まれる。

安全規制とは，交通サービスの安全性を確保するために規制当局が介入する規制である。具体的には，自動車の運転免許が代表的なものである。ほかに車検の義務づけ，速度規制などがある。もちろん公共交通機関においては，一般の自動車よりも厳格な安全規制が行われている。

規制の種類には別の切り口もある。規制の強度によって免許・許可・認可・登録・届出などさまざまな規制の形態がある。これらの個々の規制の名称には厳密な定義はなく，それぞれを区別する境界も明らかではない。一般には，免許・許可・認可というような規制形態は，登録・届出というような規制形態よりも規制の程度が厳しいとされる。

しかし，必ずしもそのようにはいえないこともある。もっとも緩やかな規制形態のように見える「届出」であっても，それは規制当局に受理されてこその「届出」であって，規制当局がその届出を受理しなければそれはかなり強い規制になりうる。また，法的な裏づけを持たない「行政指導」という，あまり明確ではない規制の形態もある。このように規制における形態の分類は非常に難しい。これらについては行政法に関する文献も参照されたい。

❖ 規制の根拠

わが国においては，1990年に施行された物流二法（貨物自動車運送事業法，貨物運送取扱事業法）を皮切りに，交通サービスの分野へ本格的に規制緩和政策が導入された。しかし，交通機関によって程度の差はあるものの，総じて1980年代以前にはかなり厳格な規制が存在していた。もちろん，厳格な規制を行うにはそれなりの根拠があった。そして，規制緩和が進んだ現在においてさえ，その根拠がまったく失われているということはなく，特定の分野や状況においては依然その根拠には正当なものがある。

ミクロ経済学が教えるように，完全競争市場において達成された市場均衡で

は，資源配分を最適にするような運賃と交通サービスの量が決定される。したがって，交通企業（生産者）と交通サービスの利用者（消費者）が市場のルールを守りつつ，自由に競争することによって最適な状態が形成されれば少なくとも資源配分上は何の問題もない。しかし不幸なことに，交通サービスには市場の失敗が多くある。そのうち，とりわけ費用逓減という性質は重要である。過去の歴史において破滅的競争を多く経験してきた交通市場では，この問題を回避するために規制を必要とした。

費用逓減状態での破滅的競争を回避するためには，そして，規模の経済の効果を享受して低コストで交通サービスの供給を達成しようとするためには，ある特定の交通企業に市場での独占的供給権を付与することが望ましい。したがって，独占状態を確保するためにこの市場に新規参入しようとする企業を排除する必要がある。これが参入規制の根拠である。同時に，独占的に交通サービスが供給されるから，一方的な市場からの退出は交通サービスが提供されなくなることを意味するので退出が制限される。これが退出規制の根拠である。

ところが，ある企業への独占的供給権の付与は，その交通市場において独占的な価格設定を許すことになる。そのため利用者は法外な運賃を徴収される可能性がある。これを防止するために，規制当局はこの企業の運賃決定権を奪い，規制当局が運賃を設定したり，企業が運賃を設定するにしてもそれに介入したりする必要がある。これが価格規制の根拠である。このように参入・退出規制と価格規制はペアで実施されることが多い。

社会的規制についても規制の根拠は存在する。環境規制は，明らかに外部不経済の発生を抑止しようとするものである。外部不経済の発生は市場の失敗の1つだから，市場に対して行政が介入する根拠がある。ある一定の環境基準を定め，それを満たさないような交通企業を取り締まらないと，利潤最大化のために交通企業の生産が過大になり，社会へ過大な環境負荷をかけることが起こりうる。

安全規制に関しての根拠もある。交通サービスの場合，事故が発生したときの被害は大きく，人命に関わるようなことが多い。また，その社会的な影響も大きいために，交通企業は最善の安全対策を講じておく必要がある。しかし，もし安全規制がないならば，安全の確保は各企業の裁量に任されるので，交通市場の競争のなかで必ずしも安全確保を十分に行わない企業が出てくる可能性

がある。仮にある企業の提供する交通サービスが安全を疎かにしているということが外見から明確にわかるならば，消費者はそうした企業のサービスを使わないようにすることができる（参入規制がなければ，消費者は同様のサービスを提供するほかの企業を利用すればよい）。

しかし，消費者はその企業が十分な安全対策をしているかどうかを，その交通サービスの外見からうかがい知ることは難しい。つまり，生産者と消費者との間で情報の非対称性が存在する。これは市場を失敗させる要因なので，規制当局が強制的に介入し，安全に関する基準を企業に守らせる必要がある。

2 規制緩和の経済理論

❖ ヒット・エンド・ラン戦略による潜在的参入企業の脅威

先に述べたように，交通サービスに対して規制が行われるいくつかの根拠のうち重要なものは，固定費用が大きく（規模の経済がある），費用逓減が存在するというものであった。この場合は破滅的競争が発生して自然独占に至るので，参入・退出規制を行い，併せて運賃規制を行うことになる。

この考え方は，ほぼ1970年代初めごろ（日本ではそれ以降）まで世界での主流であった。しかしその後の経済学，とりわけ産業組織論の急速な展開によって，仮に費用の劣加法性があり，独占的な市場であったとしても，ある条件さえ満たせば，厳格な参入・退出規制も運賃規制も必要ではない，とする理論が現れるに至った。この理論を**コンテスタブル・マーケット理論**と呼ぶ。

つまり，従来の自然独占の理論に従うならば，費用の劣加法性さえあれば必然的に政府の規制が必要とされたのに対して，状況によってはそのような規制を必要とすることのない市場が存在しうることが示されたのである。このコンテスタブル・マーケット理論の発展と軌を一にして，アメリカの国内航空輸送市場は1970年代より大規模な規制緩和が行われ，これは世界的な規制緩和の潮流のさきがけとなった。

コンテスタブル・マーケット理論のポイントは，潜在的な参入企業の脅威である。潜在的な参入企業が**ヒット・エンド・ラン（ひき逃げ）戦略**をとることができれば，この脅威が存在することになる。ヒット・エンド・ラン戦略とは，

簡単にいえば，利潤を求めて新規企業が市場に即座に参入し，利潤が獲得できなくなれば即座にその市場から退出するような戦略のことである。

このヒット・エンド・ラン戦略を実行するためには，大きく分けて次の2つの条件が満たされなくてはならない。

第1に，企業の市場への参入・退出は自由であり，それに要するコストはゼロである，ということである。つまり，新規参入をもくろむ企業は何の抵抗もなくその市場に参入することができ，また何の抵抗もなくその市場から退出することができる。

第2に，既存の企業はそのサービスの価格をすぐには変更することができない，ということである。つまり，既存の企業は新規参入企業の設定した価格に対抗するために運賃値下げをするとしても，それには時間がかかるということである。

❖ コンテスタブル・マーケットでの競争シナリオ

以上のことを具体的に理解するために，次のような競争のシナリオを想定してみよう。いま国内航空輸送市場において強大な独占企業であるA社が市場を支配しており，その独占力を駆使してかなり高額な航空運賃を設定しているものとする。そこで，本書の読者が集まって，新たに航空企業B社を設立してこの市場に参入することにしよう（この市場には参入・退出規制も運賃規制も存在していないものとする）。

読者は起業するのに何も高額な航空機を買う必要はない。どこか海外の航空企業から航空機を借りてきてもよいし，リース業者からリースしてもよい。乗務員も契約職員とすればよいし，機体整備も他社に委託すればよい。

つまり，この市場に入るときには巨額の投資をする必要はなく，逆に事業から撤退したいときには借りていたものを返したり契約を打ち切ったりすればよいので，それほど費用をかけずに簡単に市場から退出することができる（ヒット・エンド・ラン戦略の第1の条件）。こうして，B社は独占的な運賃を設定しているA社とは異なった格安運賃でこの市場に殴り込みをかけることができる（ヒット・エンド・ラン戦略の「ヒット」）。

当然A社はB社よりも安い運賃を提示して，B社を市場から追い出そうとする。しかしA社は全国を支配する企業で，組織が巨大でかつ複雑になって

170　第7章　規制政策

いる。巨大かつ複雑な組織では情報の伝達にかなりの時間が必要となるのが通常である。官僚的な組織により，現場の情報が上層部に伝わるまでに時間が大幅にかかり，意思決定のための時間もまた長くかかる（ヒット・エンド・ラン戦略の第2の条件）。

　その間にもB社はA社からどんどん顧客を奪い，大きな利益を上げることができる。かなりの時間が経過してから，ようやくB社よりも安い運賃でサービスを提供してもよいというA社上層部からの許可が下りたとする。A社がこれから本格的な運賃競争に入れると思ったその瞬間に，B社は市場を思う存分かき回して利潤を獲得したあげく，その市場から退出してしまうのである（ヒット・エンド・ラン戦略の「ラン」）。

　これがコンテスタブル・マーケットで想定される，実際に競争が起きた場合のシナリオである。ヒット・エンド・ラン戦略は要約すれば次のようになる。すなわち，先に述べた2つの条件のもとで，既存企業が高い運賃で超過利潤を享受しているならば，参入企業はそれよりも低い運賃で市場に参入してその需要をかっさらい（ヒット），そして（エンド），既存の企業が慌てて運賃を下げて競争を挑むころには莫大な利潤を抱えて市場から退出する（ラン）ような戦略である。

　こうした状況に直面すれば，A社はどうするだろうか。独占運賃のような高い運賃を設定していると，いつB社のような航空企業が入ってきて市場をかき回されるかわからない。これを防ぐためには，そもそもこの国内航空輸送市場に新たに企業が参入したとしても魅力が感じられない（利潤が得られない）ようにしておけばよい。つまりA社は，B社がA社の設定した価格よりも低い価格で入ってきても利益が上がらないくらいの低い運賃をあらかじめ設定しておけばよい。

　換言すれば，たとえ独占的に市場を支配していたとしても，既存企業は安価な運賃の設定をしていないと参入企業にその市場を奪われることになる。いうまでもなく，こうした運賃は独占運賃よりもかなり低く，消費者余剰は大きくなる。より詳細な分析により，市場がコンテスタブルであれば，既存の企業は収支均衡下での効率的な資源配分が達成されるような運賃（ラムゼイ運賃）を設定することが知られている。

　ここで，実際に運賃競争が起こらなくても構わないことに注意しよう。もち

2　規制緩和の経済理論　171

ろん，顕在的な競争があってもよいけれども，潜在的な競争があればそれで十分である．潜在的参入企業の脅威がある限り，この市場に実際に企業の参入がなくても運賃はかなり低い水準に抑えられる．そうであれば，費用逓減状態にありそうに見える国内航空輸送市場であっても，参入・退出規制はもちろん，運賃規制も必要ないということになる．

❖ 維持可能性

　以上で述べたシナリオでは，どのようなメカニズムが働いているのだろうか．費用曲線を使って分析することにより，より詳しい知見を得ることができる．以下では既存企業がある市場を独占しており，そこにある企業（既存企業と同じ費用構造を持っているものとする）が新規参入しようともくろんでいる状況を想定する．もちろん，コンテスタブル・マーケット理論は市場で複数企業が併存することを排除するものではないけれども，いわゆる「整数問題」というような厄介な状況が生じるので，上記のように簡単化しておく（詳細については，産業組織論の文献，たとえば小田切［2001］参照）．

　まず，比較のために上記のシナリオのような状況が生じない例を示そう．図7-2 の縦軸には費用および運賃 p，横軸には交通サービスの量 q がとられている．AC は平均費用曲線，D は需要曲線である．既存の独占企業が独占的な運

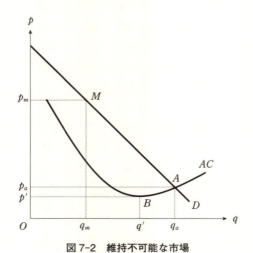

図7-2　維持不可能な市場

賃形成をしたとして，その独占運賃が p_m であったとしよう（つまり，生産量 q_m において限界費用と限界収入〔図7-2では限界収入曲線は描かれていない〕が等しくなっている状況である）。

こうした価格では，新規参入企業はそれよりも少しでも低い価格でこの市場に参入して需要のすべてを奪うことができる。したがって，既存の独占企業は新規参入企業を阻止するために採算割れぎりぎりである平均費用価格形成の点 A を選択して価格を p_a に設定する。これでこの企業は安泰だろうか。

実は安泰ではない。新規参入企業は既存の企業と同じ費用構造を持っているので，p_a 未満，p' 以上の運賃の範囲内で市場に参入し，市場需要を食い荒らすことが可能である。仮に新規参入企業が最低運賃である p' を設定して，q' だけ生産したとすると，その企業は市場の需要量のうち q' を獲得するので，既存企業は $q_a - q'$ だけしか需要を獲得できずに採算割れとなり，市場から退出する。

しかし，これで終わりではない。既存企業を追い出した新規参入企業が，今度は新たな既存企業の立場に立たされる。すると，これまでとまったく同じ過程を経て新たな企業の参入が起こり，再び退出を余儀なくされる。このような落ち着きのない市場の状態が果てしなく続き，市場は不安定な状況になる。こうした状態にある市場を「**維持不可能**（unsustainable）である」という（章末注参照）。

市場が維持不可能であれば，長期にわたって安定的な均衡は達成されない。この場合，安定的な市場を実現するためには規制当局の介入が正当化されることになる。

それでは**維持可能**である市場とはどのようなものだろうか。図7-3の各座標と記号は図7-2と基本的に同じである。図7-3(a)においては需要曲線が平均費用曲線の最低点で交点を持つ（需要曲線が D_a の場合）か，あるいはその左側に交点を持っている（需要曲線が D_b の場合）。A 点も B 点もいずれも平均費用価格形成の点であり，既存の企業が参入阻止をもくろむために設定する点（それぞれ運賃は p_a と p_b）である。

このとき上記と同じ過程を経ることによって企業が新規参入する余地があるだろうか。図7-2の状況とは違って新規参入企業はこの市場に魅力を感じないだろう。ためしに，読者は新規参入企業になったつもりで図7-2のような参入

2 規制緩和の経済理論 　173

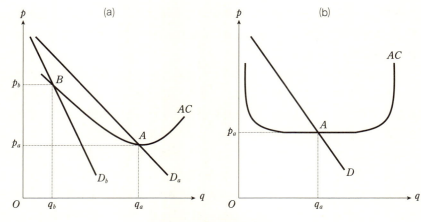

図7-3　維持可能な市場

を考えてみるとよい。図7-2のようにはうまく行かないことがわかる。つまり企業の新規参入はなく、既存企業はこの市場を維持できる。

とくに需要曲線がD_aのとき、運賃が限界費用にも一致していることに注意しよう（図7-3では限界費用曲線は描かれていない）。需要曲線が平均費用曲線の最低点を通っているときには、平均費用は限界費用にも一致しているので、収支均衡かつ社会的余剰は最大となっており、最善である。これは完全競争市場における長期市場均衡点と一致している。

また、需要曲線がD_bのように平均費用の最低点よりも左側に位置しているときも、既存企業は参入を阻止するために運賃を平均費用に等しく設定する。図7-3(a)では単一生産物の市場しか表していないので単に$p=AC$（平均費用価格形成）となっているけれども、複数生産物の場合、これは前述のようにラムゼイ運賃となる。

図7-3(b)は平均費用曲線が最低点において平底型になっている例である。この場合もA点における運賃設定p_aが新規参入企業の参入意欲を挫き、やはり維持可能な状態である。一見特殊な平均費用曲線のように見えるけれども、いくつかの実証分析においてこのような平均費用曲線の形状が指摘されている。

いずれにしても市場が維持可能である場合には、既存企業は平均費用価格（ラムゼイ運賃）を設定することによって潜在的あるいは顕在的な参入の脅威から逃れることができる。ラムゼイ運賃が収支均衡下における次善の運賃である

ことからも，コンテスタブル・マーケットにおいては，参入・退出規制と運賃規制がなくても良好な市場成果を達成できることがわかる。

❖ コンテスタブル・マーケット理論の成立条件

コンテスタブル・マーケット理論の政策的な示唆は次のようになる。すなわち，市場がコンテスタブルである限り，たとえ自然独占が成立するような市場であったとしても，それを理由に規制するよりもむしろ参入・退出規制や価格規制を緩和あるいは撤廃することのほうが（不完全な諸規制を導入するよりも）資源配分上望ましくなるということである。

さて，これまでコンテスタブル・マーケットについてその内容を解説してきたけれども，まだ市場がコンテスタブルであるための条件は示していない。以下ではそれを示そう。

市場がコンテスタブルであるための条件は，完全競争市場であるための条件のように明確に統一されてはおらず，さまざまな文献において多様に記述されている。ここでは市場がコンテスタブルであるための条件を以下のように整理する。

(1) 市場で供給されるサービスは同質であり，消費者は企業間のサービスを区別せず，また他企業のサービスに乗り換えるときの費用（スイッチング・コスト）はゼロである。

(2) サービス供給に関する技術やノウハウはどの企業でも同じであり，同じ費用条件のもとで競争することができる。

(3) 企業間の競争は価格のみで行われる。

(4) 参入と退出が自由であり，参入・退出に要する費用はゼロである。

(5) 既存の企業は設定している価格を即座に変更することはできない（タイム・ラグが存在する）。

これらの条件を見たときに，読者はある特徴に気づくかもしれない。それは，これらの条件が完全競争市場の条件に酷似しているということである。実際，コンテスタブル・マーケット理論は完全競争市場を広義にとらえたものであるという指摘もあるし，コンテスタブル・マーケット理論に批判的な経済学者のなかには，コンテスタブル・マーケット理論は完全競争市場の理論の焼き直しにすぎないという人もいる。

しかし上記の条件を見ると，完全競争市場の条件とは微妙に異なっていることがわかる。条件(1)から(3)までは完全競争市場のための条件となっているか，あるいは暗黙のうちに完全競争市場において前提とされている条件である。しかし，条件(4)が完全競争市場であるための条件であると同時に，条件(5)とともに前述のヒット・エンド・ラン戦略に関する条件になっていることにも注意しよう。つまり，コンテスタブル・マーケット理論は条件(4)と(5)を重視する。

　条件(4)において重要であるのは，埋没費用が存在しないという条件である。埋没費用とは，いったん投資が行われれば，その市場から撤退するときにその費用を回収することができないような費用を指す（第4章〔82ページ〕参照）。航空輸送市場において航空機を購入する費用は確かに莫大な固定費用であるものの，それは埋没費用であるとはいえない。なぜならば，航空機については中古機市場が発達しており，転売して費用を回収することが可能だからである。また，航空機のリース事業も発達しているので，購入するよりもはるかに安価に機材を調達でき，市場から撤退するときは（突然の場合はある程度の違約金は必要かもしれないが）リース契約を解除すればよい。したがって，埋没費用が存在しないので，航空輸送市場では条件(4)が満たされやすいことになる。

　一方，鉄道サービスにおけるトンネルは，いったん高額の投資（固定費用）をしてトンネルを建設すると，その路線から撤退してもその費用を回収することができない埋没費用である。したがって，撤退は莫大な損失を意味するので，その市場では企業は引くに引けない，いわば「退路を断たれた」状態となる。こうした状況で新規参入企業と競争を行うと必然的に破滅的な競争に至ることになる。これは条件(4)が満たされないことによる。

　とくに規制に関する制度設計をするにあたって，埋没費用の有無はコンテスタブル・マーケットであるか否かの重要な判断材料となる。こうした点から航空輸送市場は規制緩和が可能であり，鉄道市場は規制緩和が難しいとされてきた。

❖ コンテスタブル・マーケットの交通市場への適用

　コンテスタブル・マーケット理論は Baumol et al.〔1982〕をもって一応の完成を見たといってよいだろう。好むと好まざるとにかかわらず，この理論は規制緩和政策に大きな影響を与え，交通市場において規制緩和政策が推進されて

きた。

　そのなかでも際立つのは，アメリカの国内航空輸送市場における規制緩和だろう。その後，航空輸送市場における規制緩和はヨーロッパにも波及し，欧米においてはローコスト・キャリア（LCC）と呼ばれる航空企業が低価格を武器に市場で事業を展開した。その後LCCは，アジアにおいても一般的なものとなった。わが国においては，2000年の航空法改正によって規制緩和が大幅に進められ，現在，LCCを含め複数の航空企業が参入している。

　このように，国内航空輸送市場がコンテスタブル・マーケット理論の典型としてしばしば事例にあげられるのは，前述のように埋没費用の少なさにある。航空機の購入やリースについてはすでに言及した。しかし，そのほかにも鉄道企業などとは違って，空港というインフラを持つ必要がないし，空港施設利用料や着陸料はいうまでもなく埋没費用ではない。価格による競争を行いやすく，整備に関する費用をほかの航空企業に委託できるなど，費用条件が既存企業とそれほど大きく異ならないように見えることもあって，産業組織論のテキストにおいても航空輸送市場はコンテスタブル・マーケット理論を解説するときの好例としてよく引用される。

　しかし，コンテスタブル・マーケット理論の交通市場への適用は航空輸送市場だけにとどまらない。前述のように，一見コンテスタブル・マーケットと縁がないように見える鉄道市場においても，コンテスタブル・マーケット理論を応用して規制緩和が進められている。

　鉄道サービスにおいては，確かにトンネルや橋脚のように埋没費用が多いけれども，それらはいずれもインフラ（下部構造）に関するものであって，上部構造にあたる車両や乗務員などについては埋没費用とはいいにくい面がある。たとえば，車両は航空機同様に転売が可能であるし，乗務員も期限つきの雇用が可能である。そのため，鉄道市場においては下部構造と上部構造の経営を分けるという，**上下分離**という方法で規制緩和が行われている。

　この典型的な事例が，イギリスなどに見られる鉄道市場の規制緩和である。イギリスの鉄道のインフラ部分はネットワーク・レール社が独占的に所有しており，その線路上の運行権を複数の鉄道企業（TOC）が競争入札によって獲得している（フランチャイズ方式〔第6章，146ページ〕の活用）。TOCには，従来からの鉄道企業だけにとどまらず，バス企業・レコード企業・海運企業など，

2　規制緩和の経済理論　177

イギリス国内外を問わず多くの系列からの企業が存在し，それらが競争入札に参加している。

わが国においては，すでに 1958 年に設立された神戸高速鉄道がインフラ部分だけを持つ企業として運営を開始しており，上下分離の元祖的な存在である。そうした点からは，わが国はかなり古い上下分離の歴史を持つといえるけれども，もとより当時の上下分離は現在のような規制緩和を意識した事業形態ではなかった。もちろん現在でも，インフラ部分だけを所有する鉄道企業（第三種鉄道事業者）は複数存在する。ところが，わが国の鉄道事業においては運行権の競争入札は行われておらず，わが国における上下分離方式はコンテスタブル・マーケット理論の適用というよりも，鉄道企業の経営に関わる負担軽減のための施策という色彩が濃い。

ただ，今後わが国の上下分離が進化し，鉄道に限らず他社所有のインフラを使って競争企業がサービスを提供するようになると，交通インフラは**エッセンシャル・ファシリティ**としての注目をよりいっそう浴びるようになるだろう。エッセンシャル・ファシリティとは，新規電力事業者が使用料を払って使っている既存電力企業の送電線のように，各事業者が個々に保有することが難しいような，サービス供給に必要不可欠な施設を指す。そうなった場合，新規電力事業者が支払うインフラ使用料に関する議論を見ればわかるとおり，鉄道サービスにおいては線路使用料に関する議論が今後いっそう重視される可能性がある。こうした論点もコンテスタブル・マーケットの理論をその遠因としているといえるかもしれない。

❖ 交通市場におけるコンテスタブル・マーケット理論の限界

わが国の交通市場において本格的な規制緩和が行われてから，まだそれほど十分な時間が経っていないために，その最終的な評価を現段階で下すのはいささか時期尚早だろう。しかし，世界的にはしだいにその評価が行われつつある。

もっとも規制緩和の歴史が古いアメリカの国内航空輸送市場においては，規制緩和後，多数の参入企業が出現し，市場で大激戦を演じたこともあった。しかしその後，寡占市場化が進み，運賃は上昇したといわれている。ただ寡占市場が出現したからといって，それでコンテスタブル・マーケット理論が誤りであったと判断するのは性急にすぎる。コンテスタブル・マーケット理論は潜在

178　第7章 規制政策

Column

「民間活力の導入」とは何か

規制緩和の潮流と軌を一にして，これまで公共部門が担ってきた不効率で低品質のサービスを，民間活力の導入によって活性化し，サービスの質と採算性を高めようとする動きが続いている。

「民間活力の導入」は，規制緩和が本格化する以前から議論されていた。いわゆる「第三セクター方式」はその代表的なものである。これは公共部門でもない民間部門でもない第3の組織体がサービスを運営することで，公共部門の良い点と民間部門の良い点を合わせて発揮することが期待されて設立された。交通部門では，経営が困難になっている地方の鉄道や，新幹線開通によりJRから切り離された在来線が「第三セクター鉄道」として設立されている。しかし実際には，公共と民間の経営に関する責任分担が明確ではなく，公共部門の悪い点と民間部門の悪い点が発揮されてしまう場合が多く，第三セクター方式については当初期待されたほどの効果が上がっているとはいいにくい面がある。

その一方で普及してきているのが，PFIそしてPPPという方式である。PFIとPPPはともにイギリスを原点としており，両者には法的・制度的に明確な区分があるわけではない（以下でもPFIとPPPは同じものとして考える）。これは第三セクター方式の反省に立って，公共部門と民間部門の責任分担を明確にし，そのうえで民間活力を発揮しようとする制度である。

この実施方式は多様である。一例をあげると，民間部門が自らの資金でインフラを整備してからそれを運営し，投下した資金を回収し終えた時点で公共部門にインフラを譲渡するという方式（BOT方式）などがある。PFIとPPPについては，1999年に「民間資金等の活用による公共施設等の設備等の促進に関する法律」（通称PFI法）が成立し，2011年に法改正がなされている。

2011年の法改正によって，いわゆるコンセッション方式が導入された。これは公共部門が所有する施設の運営権を民間に売却するものである。たとえば交通部門では関西・伊丹空港や仙台空港のコンセッション方式への移管が有名で，現在もコンセッション方式の導入を検討している空港が複数ある。

PFIとPPPについては，山内編［2014］も参照されたい。

的な競争の存在を想定しているので，顕在的な競争が見られなくなったとしても，規制緩和以前より運賃が低水準で落ち着いていれば，依然，潜在的な競争が機能していると見なすことができる。

かつて公正な競争を阻害するものとして，コンピュータ予約システム（CRS）

の問題が指摘されたことがある。これは既存の大企業が保有する航空券の予約システム（これには莫大な投資費用が必要である）に新規参入企業が運航便を登録する際，意図的に画面に出る優先順位を低く設定され，そのシステムを保有する既存企業に利用客が奪われるという問題である。

　この問題だけではなく，既存企業に何らかの依存をしなくてはならない場合（たとえば整備の委託など），その企業の戦略によって参入を阻止されたり，あるいはよけいな負荷をかけられたりするおそれがある。また，マイレージ・バンクに代表されるフリークエント・フライヤー・プログラム（FFP）の存在は，消費者のスイッチング・コストを高めることになる。

　コンテスタブル・マーケットの条件が完全競争市場の条件と類似していることはすでに指摘した。完全競争そのものが体現されている市場が現実には存在しないのと同様に，コンテスタブル・マーケットが理論どおりにそのまま現実に存在しているかどうかも疑わしい。そのほかにもいわゆる頑健性の問題をはじめ，理論的・実証的にさまざまな点からコンテスタブル・マーケット理論への批判があるけれども，ここではこれ以上触れない（依田［2001］は，これらをコンパクトにまとめている）。

　とりわけ，交通機関ごとに市場はさまざまな特徴を持つから，コンテスタブル・マーケットに近似している市場もあるかもしれないし，そうでない市場もあるだろう。理論的な問題点を別にしても，コンテスタブル・マーケット理論が100％あてはまるような市場は存在しないという限界を意識しつつ，いかにその理論を活用して規制緩和政策を評価し，政策を立案していくかが重要であるといえる。

❖ 規制緩和によって期待される効果

　20世紀の最後の10年間，わが国の交通市場はまさに規制緩和の時代であった。以前から進行していた世界的な規制緩和の潮流は交通市場ばかりでなく，わが国のさまざまな市場において過剰な規制の緩和と撤廃を促してきた。こうした規制緩和政策をとることで，どのようなことが期待されるだろうか。以下ではそれらを整理しよう。

　第1に，運賃水準の低下が期待される。独占的な運賃設定であればもちろんのこと，総括原価主義に基づいた経営努力の欠如した運賃では高い運賃が維持

され，資源配分上の無駄が大きく発生する可能性がある。運賃水準の低下によって利用者の消費者余剰が高まることになる。

第2に，料金体系や運賃制度の多様化が期待される。運賃競争に勝ち残るために，交通企業は多様な運賃メニューを提示することで自社のサービスを魅力的にし，利用者を引きつけようとする。近年では割引制度が複雑になりすぎてわかりにくいという問題点が生じつつあるものの，消費者にとっては運賃とサービス選択の自由度が高まる。

第3に，サービスの質の向上が期待される。競争の導入は，運賃だけではなくサービスの質にも影響を与える。ただこの点について注意しなくてはならないのは，交通サービスにおいては安全性というサービスの質がとくに要求されるということである。規制緩和に批判的な人びとは，競争が激化することにより安全確保のためのコストが削減され，安全性が疎かになると主張することがある。一方，規制緩和の推進を主張する人びとは，競争が導入された結果，安全性を疎かにして事故を発生させることは，即座に市場からの退出（倒産）を意味するから，企業は規制緩和によってかえって安全性の確保に努めると主張する。

規制緩和前後における安全性の評価についてはこれまでも多くの計量分析が行われており，その評価は相半ばしているように見える。規制緩和によって事故件数が増えたという指摘もあれば，規制が強化されていたときのほうがむしろ事故が多かったという分析結果も出ており，現在のところ判断は難しい。

第4に，企業の内部効率の向上が期待される。競争の導入によって，これまで規制当局によって保護されてきた企業体質を一新することが求められるようになる。余剰労働力の削減，安易な賃金引き上げの抑制，不必要な投資の抑制などを行わなければ競争に勝ち残ることは難しいだろう。それらの結果として，職員の労働意欲の高まり，接客態度の改善などが生まれ，運賃の低下やサービスの品質の向上がもたらされることが期待される。

第5に，行政コストの削減が期待される。規制が厳重に行われていたときは，規制を実施するためのコストを必要とした。たとえば，総括原価主義による運賃許認可の場合は費用に関する膨大なデータが必要であったし，参入の許認可の場合はそれが市場の秩序を乱さないかどうかを慎重に審査する必要があった。しかし，規制緩和によって監督官庁はそもそも規制を行う必要がなくなるのだ

2　規制緩和の経済理論　　181

Column

真の民営化とは何か

　　1986 年の日本国有鉄道をはじめとして，87 年の日本航空，2004 年の帝都高速度交通営団（営団地下鉄），2005 年の道路四公団と，わが国の交通に関する特殊法人の民営化は規制緩和と軌を一にして進行してきた。民営化は規制緩和の一環として考えられることが多く，民営化によって民間の活力が導入され，不効率な経営が払拭されることで運賃が低下し，良質のサービスが民営化企業によって提供されることが期待されている。

　　しかし，交通サービスの民営化を考える場合，少なからず誤解が存在するように見える。民営化とは，民営化された企業（基本的に株式会社）の資本（株式）がすべて市場において公開され，株式が民間部門によって保有されることを意味するのが本来の考え方だろう。この意味においては，JR 北海道と JR 四国（株主は独立行政法人の鉄道建設・運輸施設整備支援機構），東京メトロ（株主は国と東京都），高速道路会社（株主は国〔主に国土交通大臣〕）は民営化されてはいない。これらのいわゆる「民営化」は正確には「株式会社化」というべきであって「民営化」という用語は誤解を招きやすい表現である。

　　しばしば「○○は民営化されたにもかかわらず，その体質は民営化前といっこうに変わらない」という意見がある。しかし，依然所有者が国や自治体である企業の場合はその経営形態が変わっただけにすぎないので，その体質が変わらないのはむしろ当然のことといえる。確かに経営形態の変化によって企業行動の制約が緩くなることもあるかもしれない。しかし，まずは民営化の意味を履き違えないように注意するべきである。もちろん，ほかの公益事業のように民営企業であっても，事業法による規制のために制約の多いものもある。いずれにしても民営化という用語の解釈は通常認識されているような単純なものではない。なお，日本航空や JR 東日本，JR 東海，JR 西日本，JR 九州は上記の意味において真に民営化を果たしている。

から，それらに関するコストは不要になる。

　　第 6 に，マクロ経済への効果が期待される。運賃水準の低下，交通サービスの利便性の向上は，派生需要の性格が強い交通サービスを通じてマクロ経済へ大きな影響を与える。たとえば，運賃水準の低下に伴う物流コストの削減は一国の景気の浮揚に重要な役割を果たすだろうし，国際競争力の強化にも役立つことになる。規制緩和のミクロ経済学的な効果を無視して，こうしたことを主目的に規制緩和を行うことは本末転倒ではあるものの，規制緩和の副産物としては大きな価値があるものといえる。日本のこれまでの規制緩和政策には，景

気が低迷していた当時のマクロ経済への刺激策の一環と見なされることが往々にしてあった。それにはこの第6の期待があったといえるだろう。

3 環境規制

❖ 環境規制の種類

　人びとの生活水準の上昇に伴って，生活の質の重要な構成要素である環境に対する要求もしだいに高まりつつある。そのため，交通サービスにおいても環境負荷をできるだけ減らそうとする試みがなされている。地球温暖化に影響を与える二酸化炭素の排出量について，わが国の全部門に占める運輸部門の割合は17％（2015年度）であり，環境問題の解決は喫緊の課題となっている。

　環境規制は大きく分けると図7-4のように分類できるだろう。

　法的規制とは，法律などによって定められた汚染物質の排出基準（環境基準）を強制的に守らせるという規制の方法である。法的な強制力（違反した場合には通常何らかの制裁措置がとられる）を伴うという意味で法的規制と呼ばれる。汚染物質を除去する装置の設置などを義務づける場合もこれに含まれる。この規制方法の特徴は，汚染物質を排出する主体も，また汚染物質による被害を受ける主体も各自のインセンティブに関係なく何らかの基準が外部から設定され，それに強制的に従わなくてはならないということである。

　経済的規制とは，当事者の合理的な行動を促すように，つまり各経済主体のインセンティブを活用することによって環境負荷を軽減させようとする規制方法である。したがって，この場合には強制力は存在しない。たとえば汚染物質を排出する企業は，**環境税**を支払いさえすればどれだけ汚染物質を排出しても許される（ただし，そのようなことをすれば経営が立ち行かなくなることは自明で

　　　　┌─ 法的規制（経済外的規制）……環境基準設定，汚染物質除去装置の設置義務づけ
環境規制 ┼─ 経済的規制……環境税，排出量取引
　　　　└─ 当事者間の合意による自己規制……当事者間における交渉，話し合い

図7-4　環境規制の種類

ある）。**排出量取引**は，環境保護団体が排出量を購入しそれを死蔵するという選択肢もあるので，汚染者のみならず，被汚染者の合理的な行動も含めた経済的規制の1つである。

当事者間の合意による自己規制は，汚染物質を排出する（あるいは騒音や振動を発生させる）経済主体と，そうした環境の悪化により被害を受ける経済主体の双方が交渉を行い，その合意に基づいて環境負荷の程度を決定する方法である。たとえば，空港当局と騒音公害を受ける地域住民との調整によって深夜の航空機の離着陸を制限するというような事例がこれにあたる。法的規制や環境税の場合は，当事者以外の政府・自治体が存在するし，排出量取引の場合も取引所という第三者が存在するのに対して，この方法では利害調整が当事者のみで行われるという点に特徴がある。

いうまでもなく，これらの規制は互いに排他的なものではなく，それらをいかにうまく組み合わせて最善の効果を上げるかということが重要である。

❖ 法的規制の限界と経済的規制としてのピグー税の限界

法的規制において求められる環境基準は，市場の失敗における外部効果の理論のように，ある交通サービスについての需要曲線と社会的限界費用曲線との交点（つまり資源配分上最適な点）で決められているわけではない。何らかの経済外的な要因から決定されているために，環境基準が上記の交点と一致することはむしろ稀である。

第1章の図1-8（22ページ）を再び見てみよう。仮に上記の交点であるE点よりも右側で環境基準が設定されれば（甘い環境基準），その交通サービスの市場における社会的限界費用が社会的限界便益（需要曲線）を上回っているために，社会的純便益が最大になっておらず資源配分は最適ではない。逆に，上記の交点よりも左側で環境基準が設定されれば（厳しい環境基準），社会的費用を抑えるために交通量が過度に減って交通の利便性が損なわれ，この場合もまた社会的純便益が最大にならず資源配分は最適にならない。いずれにしても，これらは法的規制が資源配分の最適化（社会的純便益の最大化）という観点から行われているわけではないという点に原因があり，そこに一定の限界がある。

経済的規制の代表としてしばしば言及される自動車などへの環境税は，ピグー税による外部不経済の内部化方策を交通政策に応用したものである。しか

Column

公共交通機関は常に環境に優しいか

公共交通機関が必ずしもいつも環境に優しいとはいえないことを第3章で述べた。そのほかにも交通と環境についてはいくつかの誤解が存在する。

化石燃料を使用する環境負荷の高い自動車よりも，クリーンな電気を使う電車を利用しようという掛け声がある。しかし，この掛け声も安易に信じるわけにはいかない。環境を考える場合，ライフサイクル・コストを考えることが重要である。電気はクリーンなエネルギーであるといっても，それが火力発電によって発電されていれば，多くのCO_2やSO_xが排出されているはずである。また，電車そのものを製造するとき，そして廃車処分にするとき，多くの汚染物質が出る可能性がある（もちろん自動車もそうである）。注意しなくてはならないのは，そうしたコストをすべて計算に入れたうえで環境問題を考えているかどうか，ということである。

環境問題を考えるときには，目先のことや周囲の風潮に流されずに冷静に判断することが必要である（竹内［2013a］も参照されたい）。

し，このピグー税による交通市場の最適化もまた問題をはらんでいる。ピグー税の税額を正確に算定するためには需要曲線，社会的限界費用曲線，私的限界費用曲線の3つの位置関係が正確に計測されなくてはならない。しかし，実際にはこれは難しい。そうなると理論的には資源配分を最適な点に修正してくれるはずのピグー税が算定できないことになる。ここにピグー税の実際面での限界がある。

実際の環境税の賦課に関しては，ピグー税に代わって，いわゆる**ボーモル・オーツ税**が利用されることが通常である。ボーモル・オーツ税とは，あらかじめ設定しておいた環境基準を実現するために設定される税金であり，それによって達成される環境基準を試行錯誤的に設定しつつ，より好ましい社会状態に誘導しようとするものである。ボーモル・オーツ税は，ある環境基準を実現するための方策として望ましいことが明らかにされており，現実的な環境税の方法であるといえる。あらかじめ環境基準を設定するという意味では法的規制の方法論と似ているところがあるといえ，その意味では，ボーモル・オーツ税は法的規制と経済的規制との折衷的な性格を帯びているものであるともいえる。

3　環境規制　185

❖ **当事者同士の交渉による解決**

　もっとも素朴ではあっても含蓄の深い環境問題の解決方法として，当事者同士の交渉を通じて環境負荷の限度（具体的には交通量の制限など）を決め，それを遵守するという方法がある。

　いま説明を容易にするために，以下のような状況を想定しよう。ある地域に空港が建設され，それを利用して航空機が離着陸をしており，その騒音によって周辺住民が被害を受けているものとする。このときの当事者は空港当局と周辺住民である。空港当局はその空港利用者（航空機の乗客）の利害を代弁しているものとし，したがって空港当局の利害は空港利用者の利害と一致しているものとする。ここで，空港当局と周辺住民がこの空港を利用する航空機の便数をめぐって交渉する状況を考えてみよう。

　両者の利害関係を示すのは，空港当局（空港利用者）の空港利用による限界便益曲線 MB と周辺住民の騒音による限界費用曲線 MC である。この両者は図7-5に描かれている。縦軸はそれぞれの限界便益 MB および限界費用 MC を表し，横軸はこの空港を利用する航空機の便数 q を表している。

　1日1便しか飛んでいない空港で便数が2便になるときの空港利用者（航空機の乗客）の利便性の増加は，1日20便飛んでいる航空機が21便に増えるときのそれよりも大きいだろう（**限界効用逓減の法則**）。したがって，MB は右下がりとなる。一方，周辺住民は1日のうちに1便が2便に増える程度ならば騒

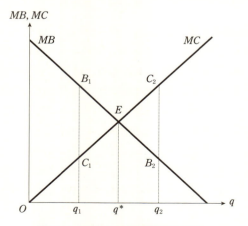

図7-5　交渉による環境問題の解決

音は我慢できるほどのものかもしれないが，それが 10 便，20 便と増えていくときには追加 1 便による騒音被害は我慢できなくなるくらい大きくなるだろう。したがって，MC は右上がりになると考えられる。

　いま，空港周辺の環境を利用する権利が周辺住民にあるものとしよう（こうした表現に違和感を持つ読者もいるだろうが，このことについては後に述べる）。現在の航空機の便数が q_1 であるとする。利便性をさらに高めるために増便したい空港当局は 1 便増加できるように周辺住民と交渉する。環境を利用する権利は周辺住民にあるので，空港当局は周辺住民に増便をお願いする立場にある。

　q_1 より 1 便増加することによって周辺住民が被る被害額の増加分は C_1q_1 である。一方，q_1 より 1 便増加することで空港当局（空港利用者）が享受することのできる便益の増加分は B_1q_1 である。$B_1q_1 > C_1q_1$ だから，空港当局は周辺住民の被害額 C_1q_1 を補償してもなお，B_1C_1（$= B_1q_1 - C_1q_1$）だけの追加的な便益を享受できる。逆に周辺住民は，被害額が補償されるならば以前の状態と変わらないので，この 1 便の増便には同意できる。このようにして 1 便の増便交渉は成立する。

　この状況は便数が q^* になるまで継続する（q^* 以上になると，沿線住民の追加的な被害額が航空当局の追加的な便益を上回るので，空港当局は沿線住民が同意するだけの被害額の補償ができず，増便は認められなくなる）。そして，最終的に交渉の結果は便数が q^* になるところで落ち着く。

　次に，空港周辺の環境を利用する権利が空港当局（空港利用者）にあるものとしよう（これもまた読者には違和感があるかもしれないが，このことについては後に述べる）。現在の航空機の便数が q_2 であるとする。騒音をさらに減らすために，減便させたい周辺住民が 1 便減少してもらうように空港当局と交渉する。環境を利用する権利は空港当局にあるので，周辺住民は空港当局に減便をお願いする立場にある。

　q_2 より 1 便減少することによって空港当局（空港利用者）が被る便益額の減少分（空港利用者の利便性の低下分）は B_2q_2 である。一方，q_2 より 1 便減少することで沿線住民が享受することのできる被害額（費用）の減少分は C_2q_2 である。$C_2q_2 > B_2q_2$ だから，周辺住民は空港の便益の減少分 B_2q_2 を補償してもなお C_2B_2（$= C_2q_2 - B_2q_2$）だけの追加的な被害額の減少を享受できる。逆に空港当局は便益額の減少分が補償されるならば以前の状態と変わらないので，この 1 便

の減便には同意できる。このようにして1便の減便交渉は成立する。

この状況は便数がq^*になるまで継続する（q^*以下になると，空港当局の便益の減少額が沿線住民の追加的な被害の減少額を上回るので，沿線住民は空港当局が同意するだけの便益減少額の補償ができず，減便は認められなくなる）。そして，最終的に交渉の結果は便数がq^*になるところで落ち着く。

以上のことは興味深い事実を示している。すなわち，空港周辺の環境を利用する権利がどちら側にあるとしても，交渉による結果，同じ便数が達成されるということである。しかも，MBとMCは完全競争市場での需要曲線と供給曲線に対応するものなので，社会的余剰の大きさを考えると，この交渉の結果であるE点（q^*という便数）は完全競争市場均衡と同じ点に対応する。つまり，この便数は資源配分を最適にしている。ここで示された「権利の所在がどのようなものであれ，交渉による結果は社会的に最適な資源配分を達成する」という定理は**コースの定理**と呼ばれる。

このコースの定理において注目するべき点は，「権利の所在がどのようなものであれ」という箇所である。コースの定理の説明において，環境を利用する権利が地域住民と空港当局のそれぞれにある場合を分析した。環境を利用する権利が空港当局にある場合，地域住民が空港当局に対して補償することにより便数を減らそうと交渉に臨むのは常識的な理解に反する。なぜならば，これは**汚染者負担原則**（PPP：polluter pays principle）に背くからである。環境を汚染したものがその費用を負担するという原則は，被害を受ける経済主体が環境を利用する権利を持っていることを暗黙の前提としている。しかし，これはいつでも正しいことだとは一概にはいえない。

たとえば，次のような状況を想定してみよう。ハワイのような南海の楽園の美しい海岸線にプライベート・ビーチがあるものとする。そこには世界中の多くの大富豪が所有する別荘が建ち並んでおり，一大リゾート地となっている。そのプライベート・ビーチを通って海に流れ込む1本の小川があるとしよう。その川の上流には1軒の小さな工場があり，細々と家族経営で工場を営んでいる貧しい一家が住んでいるものとする。その工場は使用済みの汚染された排水をこの川に流している。

このとき汚染者負担原則に従うと，多くの大富豪たちがその貧しい一家に補償を求めることになる。その補償金額が1億円とすると，それはそのリゾート

Column
汚染者負担原則の落とし穴

　汚染者負担原則（PPP）を過信しすぎて，何でもこれを適用しようとするとおかしな状況が出てくることは交通に関連する分野でもしばしば起こる。たとえば，戦前あるいは戦後間もなくから郊外の広い土地を利用して，バスの営業所やトラックターミナルが立地していることがある。しかし，その後都市の郊外化が進むにつれて，以前は誰も住んでいなかったそれらの地域に分譲住宅やマンションが建ち，そこの住民たちがバスやトラックの騒音がやかましい，排気ガスが臭いなどと，バス事業者やトラック事業者に苦情を持ち込むことがある。このときも汚染者負担原則に従うならば，バス事業者やトラック事業者は後からやってきた住民に補償をしなくてはならないことになる。しかし，なぜ営業所やターミナルがあることを承知で後からやってきた住民のために補償をしなくてはならないのか，とこうした状況に釈然としない読者がいるかもしれない。多くの場合において汚染者負担原則は妥当性を持つことは否定できない。しかし，汚染者負担原則が必ずしもすべての場合に問題なくあてはまるとは限らない。こうした環境問題の難しさをこの例は示している。

の大富豪たちにとっては大した金額ではないかもしれないけれども，その家族にとっては生死に関わるほどの重大な金額だろう（しかも，そのようなことをすれば両者の所得格差はますます拡大する）。こうしたときは，むしろ，大富豪たちが集まって何がしかの金額を渡すことでその一家に操業の抑制や転職を促すほうが自然であるかもしれない。

　コースの定理は，どちらに環境を利用する権利があっても，交渉することによって社会的に最適な点に至るということを客観的・論理的に証明している。どちらに環境を利用する権利があるか（プライベート・ビーチの大富豪たちか，小さな工場の貧しい家族か）は価値判断に関わる問題だから，経済学はその科学性を保つために解答を留保する。その点では読者は不満を持つかもしれない。しかし感情的な対立が起こりやすく，汚染者負担原則のみが万能であるというような風潮に陥りがちな環境政策において，コースの定理は経済学を通じて冷静かつ重要な警鐘を鳴らしている。

❖ コースの定理の限界
　ただし，コースの定理も現実の世界において万全なものであるとはいえない。

交渉による結果が社会的に最適であるとしても，その交渉が現実に可能である
かどうかを検討する必要がある。たとえば次のような場合には，交渉は不可能
となる。

　第1に，交渉に参加する当事者の数が非常に多い場合，**取引費用**が莫大とな
り，交渉は不可能になる。たとえば，交通量が非常に多い道路を利用するドラ
イバーとその沿道に居住する多数の住人の場合の交渉では，ドライバー全員と
住民全員の出席が必要になる。しかしその人数は莫大であるし，そもそも当事
者を確定するだけで莫大なコストがかかることになる。

　第2に，当事者同士が互いに交渉相手の限界便益曲線，限界費用曲線を知っ
ているとは限らず，情報の非対称性がある場合がある。この場合，自分に有利
な交渉結果を得るために真の費用より過大な被害があるようなふりをしたり，
逆に真の便益よりも過大な便益があるように見せかけたりすることが起こりえ
る。この場合の交渉の結果は，社会的に最適とはならない（章末の問題Q7-4）。

4 　速度規制・安全規制

❖ 速 度 規 制

　本章の最初に述べたように，交通に関する規制というと，多くの人は自動車
の速度規制や安全規制のことを連想するだろう。それほど自動車の速度規制や
安全規制は身近な規制である。読者のなかには速度違反で罰金を支払った人も
いるかもしれない。「どうしてこんなに状態のよい道路で速度規制が厳しいの
だろう。自分はいつも気をつけて運転しているし，この道ではこの程度の速度
ならば問題ないはずなのに」と不満を感じる読者もいるかもしれない。では，
なぜ速度規制や安全規制が存在するのだろうか。単に「危ないから」ではなく，
その本質を探ることが経済学による分析の目的である。

　まず速度規制について考えよう。当事者はドライバーと歩行者だけとし，ド
ライバーが事故を起こして歩行者に被害を与えるというような状況を考える。
この状況において，次のような仮定を置く。

　第1に，ドライバーは**危険中立的**であるとする。危険中立的な人とは，簡単
にいえば，次のようなタイプの人のことである。リスクがある一定の確率で起

こる状況を考えたとき，その確率で平均的に起こるドライバーの効用の大きさ（**期待値**）と，そのようなリスクがないときに起こるドライバーの効用の大きさが同じ人のことである。

たとえば，確率50%で10万円の被害を負担する状況のときには，平均すれば5万円の被害が発生すると考えられる。このときの5万円と，事故があろうがなかろうが5万円を徴収されるときのドライバーの（マイナスの）効用水準が同じであるような人が危険中立的な人である。ほかのタイプの個人としては**危険回避的**なタイプと**危険愛好的**なタイプがある。

第2に，ドライバーはある道路を運転するとき，完全な情報を持っているものとする。つまり，どのくらいの確率で事故が起こるか，事故が起こるとすればどのくらいの被害額になるか，ということをよく知っているということである。たとえば，同じ道路を何十年も運転している熟練ドライバーは，その道路のどこが危険か，雨が降ったらどこがスリップしやすいか，どの場所で子どもの飛び出しが多く，そのときの事故の被害はどのくらいになりそうか，などということについて，十分な情報を持っているだろう。

以上の仮定のもとで図7-6を見てみよう。縦軸には総便益 TB および総費用 TC がとられており，横軸には速度 s がとられている。横軸は速度なので，原

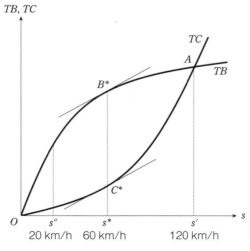

図7-6　速 度 規 制

4　速度規制・安全規制　191

Column

飲酒運転の厳罰化は常によい結果をもたらすか

飲酒運転による悲惨な事故から，飲酒運転に対する世間の目が非常に厳しくなっている。事故が起こるたびに飲酒運転に対する刑罰をよりいっそう厳しくしようという議論がしばしば起こる。しかしその一方で，飲酒運転によってひき逃げ事故を起こした犯人が逮捕されると，「飲酒運転がばれるのが怖くて逃げた」という供述を聞くことがある。つまり，従来よりも刑罰が厳しくなったために，いったん捕まると加害者には巨額の費用が発生する（職を失うなどの「社会的制裁」もまた恐ろしく高額な費用となる）ことになるので，うまく逃げ切れれば，などと思って逃げてしまうことになるのかもしれない。

刑罰を厳しくしないでおけば，少なくともひき逃げだけはせずに，被害者を救急車に乗せてから自首するかもしれない。そうだとすると，罰則を厳しくすることがかえってひき逃げ事件を多くして，事故の犠牲者を増やしている可能性がある。飲酒運転を含めた全体のひき逃げ事故の検挙率はかなり高い。通常ならば，ひき逃げすることは割に合わないと思うだろう。しかし刑罰の厳しさがその判断を狂わせている可能性がある。

行動経済学では，「なぜ，人はあたる確率の極端に低い宝くじを買ってしまうのか」という人間行動などを分析する**プロスペクト理論**と呼ばれる理論がある。それによると，さまざまな実験によって，人間は当選確率が極端に低いと，本当の確率よりも当選確率が高いように認識してしまう傾向がある，という結果が示された。確かに，宝くじは冷静に（期待値で）考えれば1等などめったにあたるはずがない。しかし，その賞金額の大きさから，確率を冷静に認識できなくなり，「もしかしたら」「あわよくば」と買ってしまうという奇妙な人間行動がこの理論から説明される。

この理論をひき逃げ犯人に適用すると，罰則が厳しくなればなるほど逃げ切れる確率を過大に評価しているのかもしれない。これは，いわば「マイナスの宝くじ」である。もしそうだとすれば，飲酒運転を厳罰化すればするほど，事故を起こしたときの対応が被害者救助ではなく，ひき逃げにつながる可能性が高くなる。飲酒運転は厳罰化さえすればなくなる，という短絡的な考え方をしてしまうと，被害者救助で助かる命が，ひき逃げされることでかえって多く失われることにつながる可能性もある。

点から右に離れれば離れるほど速度は高くなり，目的地に早く到着することができる。縦軸を費用として考えるとき，この費用は事故の「期待費用」を表し

ている。期待費用とは事故が起こる確率とその事故が起こったときの被害額を乗じたものであり，平均的に発生する費用のことを意味する。先ほどの例のように，確率50%で10万円の被害の場合，期待費用は5万円（＝10万円×0.5）となる。

TB はこのドライバーの総便益曲線である。高速であればあるほど目的地に早く到着するので，速度が高くなるにしたがって，便益は高まる。このため，TB は右上がりとなる。ただし，時速10 km が時速15 km になるときに追加的に得られる便益は，時速110 km が時速115 km になるときに追加的に得られる便益よりも大きいだろうから，TB は下から見て凹型となっている（限界効用逓減の法則）。

TC は事故の期待費用を表す総費用曲線である。高速になればなるほど事故が起きたときの被害額は急激に増加するし，事故が発生する確率も急激に増加するので，右上がりの曲線となり，下から見て凸型となっている。

ドライバーは，自己の純便益を最大にするように行動する。つまり，TB と TC の垂直の距離（＝$TB-TC$）が最大になるような速度を選択する。図7-6ではこの速度が s^*（たとえば時速60 km）である。このとき TB の接点 B^* における接線の傾きと TC の接点 C^* における接線の傾きは等しくなっている。すなわち，限界便益と限界費用が等しくなるような s^* の速度が選択される。

図の A 点は事故の期待費用と総便益が一致する点であり，このときの速度は s'（たとえば時速120 km）となる。これよりも右側では総費用が総便益を上回っている。たとえばこれは，歩道のない曲がりくねった細い道が凍結していて，その上を時速150 km で走行するような状態であり，必ず事故が起こるだろうし被害額もかなり大きいだろう。このようなときは確実に費用が便益を上回るので，速度規制がなくてもドライバーはこの速度域ではまず運転を行わない。

❖ 速度規制は必要か

以上のことからわかるように，速度規制がないとしても，ドライバーはたとえば s' よりも右の速度域に代表されるような無理な速度を出すことはない。なぜならば，前述の仮定のもとではドライバーはそのような速度は自分にとって割に合わないことを知っているからである。ドライバーは自己の合理的な判

4　速度規制・安全規制　193

Column
安全な自動車は実現できるのか

　自動車は，急速な技術革新と厳格な規制によって従来とは比べものにならないほど安全に対する配慮がなされ，劇的な改善がなされている。エアバッグ，ABS，丈夫な車体構造，シートベルトや二輪車のヘルメット着用義務などはその代表的なものであるし，近年では運転支援システム（しばしば「自動運転」と誤解される）も充実してきている。ところが，その結果として交通事故の被害額が劇的に減少したかどうかについては詳細な検討が必要である。

　本文にあるように，ドライバーは事故の起きる確率とそれが起こったときの被害額から計算される期待費用と，自動車走行によって得られる便益を比較して意思決定を行うというのが経済学における1つの考え方である。当然ドライバーは，安全装置・安全規制が事故の発生確率を減少させ，かつ交通事故が起こったときの被害額を減少させる（死亡事故が重傷事故に，重傷事故が軽傷事故に軽減される）ことを知っている。そうだとすれば，合理的に考えるドライバーはこれまでとは違って不注意になったり，これまでは控えていた高速による走行を始めたりするかもしれない。つまり，事故の期待費用がこれまでより減少したため，多少の不注意や乱暴な運転をしても，以前に比べればたいしたことはないと考えがちになる可能性がある。これは一種の**モラル・ハザード（道徳的危険）**である。

　安全対策によって1件当たりの交通事故の被害額が減少したとしても，不注意や乱暴運転によって事故件数が増えれば総額として社会が負担する交通事故の費用は変わらないかもしれない。それどころか，場合によっては事故による社会的総費用はむしろ増加するかもしれない。経済学者は，「本当に交通事故による被害額を減らしたいのならば，自動車のハンドルにドライバーに向かって抜き身の短剣を備えつけるようにすればよい」と冗談半分に語る。これは一面の真理を突いており，安全な自動車を造るよりも，危険な自動車のほうが人びとは慎重にかつ安全に運転をするだろうという人間の心理に基づいた発想である。確かに常に自分の胸に短剣が突きつけられていれば，速度超過も不注意運転もしなくなるに違いない。

　自動車が安全になって事故に関する社会的な費用が下がるという考え方は，ドライバーは安全になった自動車を使用する前後において自己の安全運転に関する意識・行動が変わらない，ということを暗黙の前提としている。しかし，これが常に成り立っているのかどうか，十分に検討する必要がある。なお，このことに関心を持つ読者は，Wilde［2001=2007］を参照されたい。

断に基づいて（つまり，事故の発生というリスクを十分考慮に入れて）速度選択をする。したがって，速度規制はいらないということになる。それではなぜ現実の世界では速度規制が存在するのだろうか。

　その理由は，現実の世界ではこのモデルの前提とした2つの仮定が満たされないことによる。

　第1の仮定が満たされないのは，世の中には危険愛好的なタイプの人も存在するということである。たとえば，スリルを求めて道路上で危険運転をしながら走り回るドライバーがいる。こうしたドライバーは明らかに危険愛好的である。

　第2の仮定が満たされないのは，すべてのドライバーが走行する道路について情報を完全に持っているとは限らないということである。前述のように，同じ道路を何十年も運転している熟練ドライバーもいれば，知らない土地に来て初めてその道路を運転するというような不慣れなドライバーもいる。不慣れなドライバーはその道路がどれだけ危険であり，事故が起これ ばどうなるかということに関する情報をほとんど持ち合わせていない。

　以上のような理由から速度規制が実施されていると考えることができる。とはいえ，上記のモデルは規制速度の設定において1つの重要な示唆を与えている。規制速度を設定するときに，十分な精査をせずに，とおりいっぺんの調査で安易な速度設定をすると，それはドライバーの合理的な速度選択を阻害するということである。たとえば，図7-6の s''（たとえば時速20 km）を最高速度とする速度規制がこれにあたる。速度規制の実施においては十全な調査と検討が望まれる。

❖ 安 全 規 制

　安全規制についても基本的には速度規制の場合と同様のことがいえる。危険中立的で情報が完全なドライバーならば，整備不良の車両を使用したり，シートベルトをしなかったりする場合の事故の期待費用を考慮に入れ，仮に安全規制がなくても自発的に十分な車両の整備と安全装置の活用を行うだろう。ただし，これもまた危険愛好的（整備不良があっても気にしないタイプ）な人がいたり，シートベルトをしないときにどれほど危険なことになるかという情報を十分に持たない人がいたりするために，規制当局は安全規制を実施せざるをえな

いのである（安全規制についての詳細は，たとえば Takeuchi［1990］参照）。

＊注

英語の "unsustainable" を本書では「維持不可能」と訳している。"sustainable" を「持続可能」と訳すと別の意味で使われることが多いので，本書ではあえて「持続」ではなく「維持」と訳した。

重要語句

経済的規制，社会的規制，コンテスタブル・マーケット理論，ヒット・エンド・ラン（ひき逃げ）戦略，維持（不）可能，上下分離，エッセンシャル・ファシリティ，環境税，排出量取引，ボーモル・オーツ税，限界効用逓減の法則，コースの定理，汚染者負担原則，取引費用，危険中立的，期待値，危険回避的，危険愛好的，プロスペクト理論，モラル・ハザード（道徳的危険）

復習確認と議論発展のための問題

Q7-1

ある航空輸送市場において，市場全体の需要曲線が，$p = -q + 60$ であるとする。そして，既存の独占企業も新規参入企業も同一の平均費用曲線 AC を持っており，それが近似的に，

$$AC = -\frac{1}{5}q + 10 \quad (0 \leq q \leq 25) \qquad AC = q - 20 \quad (25 \leq q)$$

で表されるとする。

(1) 既存の独占的な企業が新規参入を阻止するために採算のとれる最低の運賃を設定したとする。その運賃 p と，そのときの市場全体の生産量 q を求めよ。

(2) 新規参入企業がこの市場に参入する場合，参入して利潤を得ることができるか。得ることができるとするならば参入企業が設定する運賃の上限と下限を求めよ。

(3) もし，市場全体の需要曲線が $p = -3q + 66$ であるとするならば，新規参入企業は参入して利潤を得ることができるか。利潤を得ることができるとするならば，参入企業が設定する運賃の上限と下限を求めよ。そして利潤を得ることができないとすれば，このような状況は何と呼ばれるか。

Q7-2

次の文章を論評せよ。

「いわゆるコピー・サービスにおいて，資本の大部分を占めるのはコピー機であり，またコピーを行う専属の職員であり，またコピー機やコピー用紙を置くオフィス（土

地）の広さである。コピー機はコピー枚数にかかわらず一定の費用がかかるので，固定費用であり，専属職員や土地もまた固定費用である。固定費用が莫大な企業では，規模の経済が発生し，破滅的競争が起こり，市場が失敗する。したがって，コピー・サービスに関する市場においては何らかの政府の規制が必要になる。」

Q7-3

空港利用者の利害を代表する空港当局の限界便益曲線が $MB = -q + 50$ であるとし，空港周辺地域住民の限界費用曲線（住民が被る騒音被害の限界費用を表す曲線）が $MC = q$ であるとする（q は1日当たりの航空機がその空港を利用する便数とする）。

(1) 現在の空港の利用便数が10便/日であるとして，空港当局がさらに1便増便を要求するためにはどれだけの金額を支払う用意があり，また地域住民はどれだけの補償金額を得れば，その増便に同意することができるか。

(2) 現在の空港の利用便数が30便/日であるとして，地域住民がさらに1便減便を要求するためにはどれだけの金額を支払う用意があり，また空港当局はどれだけの補償金額を得れば，その減便に同意することができるか。

(3) 最終的には，この空港の便数はどれだけになるか。そして，これは社会的に最適な便数か。

Q7-4

本文にあるように，ある空港当局と航空機の騒音被害を受けている地域住民が交渉することを考えてみよう。q を1日当たりの航空機の便数，MB を空港当局（利用者）の限界便益，MC を地域住民の騒音被害に関する限界費用として MB と MC が次のように表されるものとする。

$$MB = -q + 20 \qquad MC = q$$

いま，情報の非対称性があり，空港当局は地域住民の騒音被害に関する限界費用曲線を知ることができず，地域住民は限界費用曲線を次のように偽ったとする。

$$MC = \frac{3}{2}q$$

(1) 地域住民が真の限界費用曲線で交渉する場合の，交渉結果となる便数とそのときの社会的余剰を求めよ。

(2) 地域住民が偽った限界費用曲線で交渉する場合の，交渉結果となる便数とそのときの社会的余剰の減少分を求めよ。

Q7-5

あるドライバーが車を運転するときに，目的地に早く到着することによる総便益曲線 TB と交通事故に遭遇する期待費用を考えた総費用曲線 TC が以下のようであるとする。なお，s は速度（km/h）である。

$$TB = \begin{cases} s & (0 \leq s \leq 45) \\ \dfrac{1}{3}s + 30 & (45 \leq s \leq 60) \\ \dfrac{1}{5}s + 38 & (60 \leq s) \end{cases} \qquad TC = \begin{cases} \dfrac{1}{5}s & (0 \leq s \leq 45) \\ \dfrac{1}{3}s - 6 & (45 \leq s \leq 60) \\ 2s - 106 & (60 \leq s) \end{cases}$$

(1) 総便益曲線が上記のような形状（曲線の場合には下から見て凹型になっていることと同じ）になっている理由を説明せよ。

(2) 総費用曲線が上記のような形状（曲線の場合には下から見て凸型になっていることと同じ）になっている理由を説明せよ。

(3) 合理的なドライバーが選択する速度の範囲とその時の純便益を求めよ。

(4) 速度規制が 30 km/h であるとき，ドライバーの純便益は合理的な速度に比べてどれだけ増加あるいは減少もしくは不変であるか。

(5) 速度規制が 70 km/h であるとき，ドライバーの純便益は合理的な速度に比べてどれだけ増加あるいは減少もしくは不変であるか。

(6) 速度規制が必要である根拠を述べよ。

Q7-6

194 ページのコラムにあるように，交通事故の費用をできるだけ少なくするために，自動車のハンドルにドライバーに向かって抜き身の短剣を備えつけることが法律で義務づけられたものとしよう。このとき，社会全体の観点からは，この政策はどのように評価できるか。

Q7-7★

国・自治体や民間企業のスローガンから政治家の選挙演説に至るまで，「安全・安心な交通社会の実現」「安全・安心なまちづくり」「安全・安心な暮らしを守る」などといったように，「安全」と「安心」をひとまとめにして論じられることが多い。安全と安心はひとまとめにしてしまってよいのだろうか。安全と安心は何が違うのだろうか。安全を確保するための規制と安心を確保するための規制は同じものなのだろうか。

第8章

交 通 投 資

　交通投資をもっとも広義にとらえると，バス事業を開始するための車両の購入や，トラック事業を開始するために大型運転免許を取得する費用，タクシー事業を開始するためのタクシー用駐車場の費用なども交通投資に含まれる。

　しかし，本書で用いる交通投資という言葉は，上記のように広い意味では使われない。交通投資という言葉は，いわゆる交通のインフラ（下部構造）に関する投資の意味に限定される。たとえば，道路，鉄道（設備），港湾，空港などへの投資を指す。言い換えれば，交通社会資本整備といってもよいだろう。これらの投資に要する金額は莫大であり，社会に与える影響が大きい。そのため，交通投資がそれに見合うだけの価値のあるものであるかどうかを判断する分析用具を持つ必要がある。この分析用具を提供することが本章での主たる目的である。

⚠本章で取り上げるトピックス

- 今日の1万円は明日の1万円と同じ価値を持つのか。
- 「風が吹けば桶屋がもうかる」のが交通投資の経済効果なのか。
- 「新幹線開通による経済効果は○○億円」というのは本当なのか。
- 投資の経済効果は誰のものか。
- どうやって人の命に値段をつけるのか。
- 交通プロジェクト実施前後の便益比較は正しいのか。
- 大規模投資で赤字に苦しむ鉄道と鉄道開通で大もうけする地主がいるのはなぜか。

1 交通プロジェクト評価の必要性

❖ 交通プロジェクトの社会的影響

　高速道路や一般道路の建設，空港の設置，鉄道の複々線化，港湾整備など，交通投資に関するプロジェクトには大型のものが多い。たとえば，中部国際空港の総事業費は7680億円，都営地下鉄大江戸線では9886億円，首都高速道路の新宿線（目黒区から板橋区までの11 km，高速道路部分）では7892億円を要している。また，中央（リニア）新幹線は9兆300億円の事業費が見込まれている。

　交通プロジェクトが大規模であるために，その交通プロジェクトが実施された場合に発生する，いわゆる経済効果も国民経済に大きな影響を与える。ある交通プロジェクトが行われる場合に，しばしば新聞などで「地域への経済効果は○○億円」「道路混雑による渋滞損失○○億円を解消」「環境負荷の軽減効果は○○億円」などという報道がなされる。これらはその代表的な事例である。また，逆に多額の投資をしたにもかかわらず，需要予測の失敗などによって利用客数が伸びずに大きな損失が出るような事例もある。

　このように，交通プロジェクトは社会的な影響が大きく，その投資計画は慎重に分析されなくてはならない。そのときどきの都合によって，場あたり的に交通投資を行うと国民経済上大きな損失をもたらす可能性がある。したがって，一貫した交通プロジェクトの投資評価の手法が必要とされる。

❖ 費用便益分析の必要性

　交通プロジェクトの実施にあたっては，投下される資源からできるだけ多くの効果を上げることができるようなプロジェクトが優先されるべきであることはいうまでもない。それは，ミクロ経済学の消費者行動の理論において，消費者が与えられた予算制約のなかでできるだけ自己の効用を最大にしようとすることと同じである。つまり，一定の資源制約のもとで社会全体の満足を最大にするような交通プロジェクトを選択する必要がある。

　このようなプロジェクトの評価手法として提案されているのが**費用便益分析**である。この言葉からわかるように，費用便益分析とは，ある交通プロジェク

トに関連する項目を費用と便益に分けて計測し，それらを比較考量する手法である。費用便益分析は，経済学のなかでももっとも現実社会に近いものの1つであるといわれている。実際，国土交通省においては，1998年より新規事業採択の場合の公共事業評価の1つとして，費用便益分析を実施することが義務づけられている。たとえば，表8-1は国土交通省によって実施された中央（リニア）新幹線の費用便益分析の分析事例である。

費用項目や便益項目にはどのようなものがあるのかについて，高速道路の建設を一例として考えてみることにしよう。便益項目としては，目的地へ到達するための時間の減少，燃料費の減少，交通事故の減少，産業の振興，雇用機会の増大，所得の増加，人口の増加などが候補として考えられる。一方，費用項目としては，土地の買収，建設資材の購入，投入される労働の対価としての人件費，騒音・振動の増加，生態系破壊などが候補として考えられる。そして，プロジェクト評価のために必要な評価項目において発生する効果を測定し，便益が費用を上回っているかどうか，上回っているとすればどの程度上回っているかを計測する。

たとえば，A地点からB地点まで高速道路を建設する場合に複数のルートが考えられており，そのなかから1つのルートを選択するものとしよう。それぞれのルートにおいて費用と便益が算定される。もし費用が便益を上回るようなルートがある場合にはそのルートは非採択となる。そして，便益が費用を上回るルートのなかで，もっとも便益が費用を上回るような（あるいは便益をもっとも効率的に発生させるような）ルートが採択される。

もちろん費用便益分析は，交通プロジェクト評価のみに利用されるものではなく，あらゆる社会資本整備プロジェクト（ダムや防波堤などの治山治水事業，灌漑施設，公園の設置，防災施設の整備など）に適用されるものである。そして，それぞれのプロジェクトの性格によって評価される便益項目や費用項目も異

表8-1　中央（リニア）新幹線に関する費用便益分析の結果

ルート	便益 （兆円）	費用 （兆円）	純現在価値 （兆円）	費用便益比	内部収益率 （％）
伊 那 谷	7.49	6.05	1.24	1.44	5.0
南アルプス	8.35	5.52	1.51	2.83	6.0

（出所）　国土交通省［2011］「交通政策審議会陸上交通分科会鉄道部会中央新幹線小委員会答申」より作成。

1　交通プロジェクト評価の必要性　　201

なってくる。費用便益分析はこれらのプロジェクト評価全般に適用され，限られた予算のなかで最大の効果をもたらすプロジェクトを選抜するために利用される重要な分析手法である。

❖ 費用便益分析の理論的根拠

　費用便益分析は経済学のなかで現実の世界にもっとも接近しているものの1つである以上，経済学と同様に，費用便益分析はよりよい社会を形成するために利用されるものである。そのためには，まず「よりよい社会とは何か」を判断する必要がある。

　われわれは第1章で，もっとも望ましい社会とは何であるかということについて考察した。そこでは，少なくとも資源配分の効率性という観点からは，パレート最適になるような社会が望ましいということが明らかにされた。つまり，よりよい社会を形成するためには，誰も現在の状態より悪くなることなしに，少なくとも誰か1人がよりよい状態に移行することができれば，その社会はよりよい社会であると判断された（パレート改善基準）。

　しかし現実問題として，「誰も現在の状態より悪くなることなしに」ということはありうることだろうか。むしろ現実には，ある政策を行うと必ず誰かが幸福になり，そして誰かが不幸になるというのが普通である。誰も不幸にすることがないような政策はもはや現実には存在せず，ある政策の実施にあたっては人びとの間で利害の対立があることが通常である。

　たとえば，ある地域に道路を建設するプロジェクトがあったとしよう。その道路によって既存の道路の混雑が大幅に減少し，多くの人びとが快適に移動できるだけでなく，渋滞によって発生していた排気ガスが少なくなり，環境にも望ましいという便益があるとしよう。これは確かに多くの人びとを幸福にする。しかし，多くの場合，その道路が建設される沿線の住民は建設に反対する。それは騒音・振動などの沿道環境の悪化が理由かもしれないし，景観の破壊や沿線の交通量増大による交通事故増加の不安が理由かもしれない。いずれにせよ，少なくともある人にとっては状態が悪くなっている。

　こうした場合，もはやパレート最適という社会の望ましさの判断基準は無力となる。それでは誰かが不幸にならざるをえないとき，どのようにして社会の望ましさは決定されるべきだろうか。

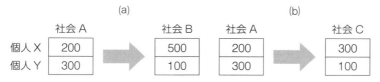

図 8-1　補償原理（カルドア・ヒックス基準）

　この問題に対する公共経済学からの回答は**補償原理**である。ここでは，補償原理のなかでもっとも基本的な**カルドア・ヒックス基準**を取り上げることにしよう。カルドア・ヒックス基準とは，「社会Aから社会Bへ移るとき，利得を得る人が損失を被る人に対して仮想的に補償しても，なお利得を得る人に利得が残り，補償によって損失を被る人がもとの社会A（と同じ幸福の水準）にとどまることができるならば，社会Bは社会Aよりもよい」とする判断である。この説明について，数値例を取り上げた図8-1を見てみよう。図の見方は，第1章の図1-1（3ページ）と同じである。

　図8-1(a)はカルドア・ヒックス基準を満たす場合である。個人Xは社会Bに移行することによって300（＝500−200）の利得を得る。しかし，個人Yは社会Bに移行することによって200（＝300−100）の損失を被る。このとき個人Xは個人Yに200相当の補償をすれば，個人Yは以前と同じ状態にとどまることができるので，社会Bへの移行に同意する。個人Xは200の補償を個人Yに与えても依然100だけの利得が残る。したがってこの場合，社会Bは社会Aよりも望ましい。

　一方，図8-1(b)はカルドア・ヒックス基準を満たさない場合である。個人Xは社会Cに移行することによって100（＝300−200）の利得を得る。しかし，個人Yは社会Cに移行することによって200（＝300−100）の損失を被る。このとき個人Xは個人Yに200相当の補償をすれば，個人Yは以前と同じ状態にとどまることができるので社会Bへの移行に同意する。ところが，個人Xは200の補償を個人Yに与えてしまうと自己の利得がマイナスになり，むしろ社会Aにいるほうがよいことになってしまう。

　いま，あるプロジェクトによって社会Aから社会Bへ，あるいは社会Aから社会Cへ変わるものとしよう。まず図8-1(a)を例にとると，個人Xの利得300を便益と考え，個人Yの200の損失を費用と考えることができる。このと

き，便益が費用を上回っているから社会Bは社会Aよりも望ましいので，このプロジェクトは実施するべきであるということがわかる。逆に図8-1(b)の場合は，個人Xの利得100を便益と考え，個人Yの200の損失を費用と考えると，費用が便益を上回っているから社会Cに至るプロジェクトは実行しないほうがよいということになる。

このように考えると，費用便益分析はこの補償原理を理論的な背景としていることがわかる。言い換えれば，費用便益分析は補償原理によって裏づけられた社会の望ましさの順位に基づいてプロジェクトの評価をしている，ということになる。公共経済学を少し詳しく学んだ読者は，補償原理が理論的に厳密な意味で矛盾を内包していることを知っているだろう。しかし現実の問題解決を第一の目標とする費用便益分析は，補償原理に内包される例外的な矛盾よりもその実用性を優先したものであるといえる。

2 費用便益分析の基本的方法

❖ 財務分析との違い

費用便益分析は社会にとって望ましいプロジェクトを選択する手法だから，いうまでもなく社会的な観点に立って分析が行われなくてはならない。費用便益分析とは，「ある政策やプロジェクトがもたらす便益と費用（非便益）を社会的な観点から金額で測定・比較するアプローチである」と定義することができる。したがって，プロジェクトを金額で測定・比較をするとしても，それは私的なものではなく，社会的な便益と社会的な費用に基づいて行われなくてはならない。

すなわち，プロジェクトの評価主体には私的なものと社会的なものの2つがあり，それぞれの評価の仕方が異なる。評価主体が企業であれば，企業は自己の私的な計算のなかで最適なプロジェクトを選択すればよく，そのための分析は財務分析と呼ばれる。

たとえば，ある企業が工場を建設するプロジェクトを考えているとして，その工場を建設する候補地が複数あるとしよう。企業は（つまり財務分析では）各候補地で工場を建設したときにどれだけの費用がかかり，そしてどれだけの

204 　第8章 交通投資

収入（その工場での生産量と販売価格の積）が得られるかをそれぞれ工場ごとに計算して，どの建設候補地の工場が利潤を最大にできる工場であるかを検討すればよい。工場建設がどれだけ環境に関する費用を発生させようが，工場建設によってその地域の雇用がどれだけ増えようが，それらは自己の計算外のことである。純粋に私的な項目を計算すればよい。

ところが費用便益分析の場合は，社会全体の観点から判断しなくてはならないから，社会に与える影響を考えなくてはならない。ある空港を建設するとすれば，財務分析では無視されるような環境に関する社会的費用も考慮に入れなくてはならない。

このことから，プロジェクト選択の手続きは必然的に民間企業が用いる財務分析よりも費用便益分析のほうが難しいことが想像できるだろう。しかし，両者の手法はとても似通っているので，以下では最初に財務分析の手法を概説し，その後に社会的観点を導入して費用便益分析を考えることにしよう。

❖ 割引率の概念

財務分析の場合，企業は自己の支出と収入のみを考えればよいから，その社会的影響を考える必要はない。ある工場建設プロジェクトにおいて，投入（インプット）される資源は，その工場を建設するときと生産するときに実際にかかる支出額であり，そのプロジェクトから産出（アウトプット）されるのは，そこで生産された商品を売り上げることによる収入額である。

工場の建設は初期に多くの金額を必要とするだろう。その後も機械の維持費用，工場の建物の更新費用，土地を借りていれば借地料など，各年においてもさまざまな支出がある。また，生産が開始されれば毎年その商品の売上げによる収入が発生する。プロジェクトが n 年間続く（当該工場における生産を n 年間続ける）ときの，あるプロジェクトの収入と支出の流れは表 8-2 のようにまとめることができる。

表 8-2　財務分析における収入と支出の流れ

プロジェクト期間（life）	0	1	2	⋯	t	⋯	n
収　入（revenue）	R_0	R_1	R_2	⋯	R_t	⋯	R_n
支　出（expenditure）	E_0	E_1	E_2	⋯	E_t	⋯	E_n

2　費用便益分析の基本的方法　　205

ここで R_t はプロジェクトが始動してから t 年後のその工場の収入額であり，E_t はプロジェクトが始動してから t 年後のその工場の支出額である。つまり，工場建設候補地ごとにこのような表を作成し，もっとも利益の上がる工場建設プロジェクトを採択すればよい。

しかし，工場ごとに作成されたこれらの表を眺めるだけでは，どの工場建設プロジェクトがもっとも望ましいかを判断することはかなり難しい。なぜならば，それぞれのプロジェクト案において各年の数字はいろいろに変化しているからである。おびただしく並んだ各表の多くの数字を見て，一度に全体を判断するのは不可能に近い。

それならば，各年の収入をすべて単純合計して R とし，また各年の支出をすべて単純合計して E として，R と E を比べればよいではないか，ということに思い至るだろう。しかし，これは正しい方法ではない。なぜならば，各年の収入額と支出額はそれぞれ同じ価値を持っていないからである。より端的にいえば，今年の 10 万円は来年の 10 万円と同じではない。

これは次のように考えればわかりやすい。もし読者が現在 10 万円持っているとして，1 年後にそれは 10 万円のままだろうか。タンス預金するというようなことを別とすれば，おそらく読者は 10 万円を銀行に預金するだろう。そうすると，1 年後のその 10 万円は，利子率にもよるが，たとえば 10 万 100 円というように利子がついてくるはずである。したがって，今年の 10 万円は 1 年後の 10 万円と同じではない。逆にいえば，来年の 10 万円は利子がついた結果として 10 万円になっているのだから，来年の 10 万円は，1 年前の今年では（利子率によるが）たとえば 9 万 9900 円のような価値になるはずである。

このように今年の 10 万円から 1 年後の 10 万 100 円を計算することを「将来価値を求める」といい，逆に 1 年後の 10 万円から 1 年前（現在）の 9 万 9900 円を計算することを「**現在価値を求める**」という。そして，利子率のような役割を果たすものを**割引率**という。したがって，「現在価値を求める」ことは「現在価値に割り引く」とも呼ばれる。逆にいえば，将来価値の場合は「将来価値に割り増す」ということになり，割引率はいわば割増率とでも呼べるだろう（ただしこのような言葉は使われない）。

企業が工場を建設するときには，たとえば銀行から資金を借り入れなくてはならない。これを銀行の立場から見れば，ほかにも手持ちの資金（資本）を運

206　　第 8 章　交通投資

用する機会があったにもかかわらず，その運用の機会を犠牲にしてその企業に工場建設資金を貸し付けたのであるから，貸付金利（市場利子率）は資本の機会費用といえる。

　もちろん，資本市場がゆがんでいる可能性があるので，これは正確な資本の機会費用ではないかもしれないけれども，帳簿上の数値が優先される財務分析では，あまりその正確さを気にしなくてもよい（本章〔210ページ〕）。したがって財務分析では，割引率として銀行の金利や，債権の利回りなどがそのまま使用されることが多い。

　たとえば，利子率をiとすると，今期の金額K_0の第t期での将来価値は，

$$K_t = K_0(1+i)^t$$

となる（複利計算）。逆に第t期の金額を現在価値に割り引くと，

$$PV(t) = \frac{1}{(1+d)^t}K_t$$

となる。ここで$PV(t)$はt年におけるK_tの現時点0における現在価値，dは割引率である（この計算式がわからなくても，今後の本書の理解に不都合はない）。したがって，各年のR_tとE_tをそれぞれ現在価値に割り引いて合計すると，

$$R = \frac{R_0}{(1+d)^0} + \frac{R_1}{(1+d)^1} + \frac{R_2}{(1+d)^2} + \cdots + \frac{R_t}{(1+d)^t} + \cdots + \frac{R_n}{(1+d)^n}$$

$$E = \frac{E_0}{(1+d)^0} + \frac{E_1}{(1+d)^1} + \frac{E_2}{(1+d)^2} + \cdots + \frac{E_t}{(1+d)^t} + \cdots + \frac{E_n}{(1+d)^n}$$

となる。先に各年の収入と支出を単純合計してはならないと述べた。しかし，単純合計してよい場合はただ1つだけある。それは割引率dがゼロの場合である。そのときは各年の金額の価値はすべて等しい。上記の式において$d=0$とすればそれは明らかになる。割引率が高ければ高いほど，将来の価値を現在価値に割り引いたときの価値は小さくなる。

※ プロジェクト評価の方法

　さて，以上のようにしてRとEの値が確定したとしよう。次はプロジェクト採択の判定段階になる。プロジェクト採択に関しては次のような方法が用いられる。

（1）　$R-E$ … $R-E>0$？　　$R-E$を最大にするプロジェクトを選ぶ。

Column

時間選好率と割引率

割引率として何を採用するべきか，ということに正確に答えるのはかなり難しい。現実的には先に述べた資本の機会費用を考えて割引率を決定する。しかし，理論的には**時間選好率**の考え方を使って割引率を求めることができる。ミクロ経済学の概念を使えば，消費者は今期と来期のそれぞれにおいて自己の所得を消費に充てるとき，自己の効用が一定になるような今期と来期の消費の組み合わせを持つ。つまり縦軸に来期の消費，横軸に今期の消費をとると，そこに**無差別曲線**を引くことができる。この無差別曲線の限界代替率が時間選好率であり，これを割引率として採用する。

これではわかりにくいという読者は，次のようなテストをしてみるとよい。現在手元に10万円の現金を持っているものとして，読者はそれを1年後の現金のいくらと交換してもよいと思うだろうか。現在10万円を持っているときの効用と1年後に10万100円持っているときの効用が同じ（無差別である）とき，大雑把にいうと，割引率は0.1％となる。

筆者は，ときどき授業中にこの問題を学生に出すことがあり，そのときの回答はまちまちである。11万円という回答はまだいいとして，15万円や18万円などという回答も多く寄せられる。このとき割引率は10％，50％，80％となる。財務分析での割引率は金利などの市場利子率を用いるので，学生が答えたような金利をつける金融商品はまずない。学生にとって時間選好率が過大になりがちなのは，まだこうした概念に慣れていないせいかもしれない。事実，資金運用時の現実の利子率や利回りの説明をした後に同じ質問をすると，学生の回答する時間選好率が低くなる傾向にある。ちなみに，わが国の費用便益分析で用いられている社会的割引率は現在4％である。

(2) R/E ⋯ $R/E>1$ ？ R/E を最大にするプロジェクトを選ぶ。

(3) $d_0 : R=E$ $R=E$ となるような割引率 d_0 を算出し，d_0 がもっとも高いプロジェクトを選ぶ。

(1)は単純に収入から支出を差し引き，それがゼロより大きければそのプロジェクトは実行する価値があり，そのうち $R-E$ が最大になるプロジェクトがもっとも望ましいとする方法である。しかしこの方法の欠点は，$R-E$ の絶対額で比較するので，プロジェクトの規模が大きければ大きいほどそうしたプロジェクトが採択されやすくなるという点にある。

(2)は，(1)の欠点を回避するために収入を支出で割り，それが1より大きけれ

ばそのプロジェクトは実行する価値があり，そのうち R/E が最大になるプロジェクトがもっとも望ましいとする方法である。

(3)はこれまでとは少し異なる。割引率を未知数として収入と支出を等しく置くことで方程式を作り，それを解いて算出された割引率がもっとも高いプロジェクトをもっとも望ましいとする方法である。こうして求められた値は**内部収益率**と呼ばれる。内部収益率とは，いわば効率的に利益を生み出すことを示す指標である。銀行に現金を預けるときに読者は（リスクは同じとすれば）利子率のもっとも高い銀行を選ぶだろう。内部収益率はこのときと同じ考え方である。

なお，上記の3つの方法は必ずしも常に同じ結果をもたらすとは限らない。収入と支出の発生の状況によっては，割引率の違いで採択されるプロジェクトが異なることがありうる。また，(1)や(2)で採択されたプロジェクトの内部収益率が必ずしもほかのプロジェクトの内部収益率よりも高いという保証もない。この点については，山内・竹内［2002］第6章第2節において数値例を使って詳しく述べられている。

❖ 財務分析から費用便益分析へ

これまで述べてきた財務分析の方法論と，われわれの目的である費用便益分析との方法論に基本的な違いはない。ただ，前者が私的なものであるのに対して，後者が社会的なものであるという違いが基本的にあるだけである。しかし，この違いが費用便益分析を非常に難しいものにしている。

費用便益分析の場合は，プロジェクトへの資源の投入（インプット）は支出ではなく社会的費用であり，そのプロジェクトからの産出（アウトプット）は収入ではなく社会的便益である。支出も収入も基本的に帳簿上では金銭的に把握されるけれども，社会的費用と社会的便益は必ずしも金銭的な費用だけではないという点に注意すべきである。ともあれ，財務分析のときの表記方法に

表8-3　**費用便益分析における便益と費用の流れ**

プロジェクト期間 (life)	0	1	2	…	t	…	n
便　益 (benefit)	B_0	B_1	B_2	…	B_t	…	B_n
費　用 (cost)	C_0	C_1	C_2	…	C_t	…	C_n

2　費用便益分析の基本的方法　　209

従うと，各プロジェクトの便益と費用の各年での流れは表8-3のようにまとめることができる。

　ここで，割引率を使って各期の値を現在価値に換算する必要がある。しかし財務分析のときとは違って，割引率に市場利子率を安易に使うことはできない。なぜならば，市場利子率は資本の機会費用を正確に反映しているとは限らないからである（むしろそのほうが多い）。金融市場・資本市場へは政府の介入がなされている。日銀の市場介入を見ても，金利が完全に市場の力で決まっているとは思えない。また金融市場・資本市場が完全競争市場であるともいえない。

　そのため，市場利子率は真の資源の価値を反映しているとはいいにくく，ゆがんだものになっている可能性がある。したがって，真の資本の機会費用を反映するような割引率を別に決定する必要がある。このことから，通常の割引率という言葉は使われずに，費用便益分析の場合は**社会的割引率**という言葉が用いられる。本章のコラム（208ページ）で述べたように，わが国では社会的割引率として現在4％を使用しており，これは国によってもばらつきがある。

　同様に，費用便益分析が社会的な観点で行われなくてはならないという理由のために難しい点は，各年の便益と費用を算出するときの基準となる価格の問題である。財務分析の場合は帳簿上の価格で構わないので，実際の市場価格をそのまま使用することで何の問題もない。しかし，前述の割引率の場合と同様に，市場価格が資源の真の価値を反映しているとは限らない。政府の介入を受けている市場の価格や，完全競争市場ではない市場の価格はゆがんでいる可能性がある。そのため資源の真の価値を反映するような計算上の価格に設定し直す必要がある。これを**影の価格（シャドウ・プライス）**という。

　このほかに，市場が存在しないために価格そのものが存在しないものについては，価格を想定して計算をする必要がある。たとえば，騒音・振動など環境に関する費用は実際に市場で取引されているものではないので，参考になる価格そのものが存在しない（CO_2を除く）。このときも影の価格を導出する必要がある。こうした例としては時間費用や人命・傷害に関する費用などがある。

　以上の手続きを終えたうえで，各年のB_tとC_tを現在価値に割り引いて合計すると，

$$B = \frac{B_0}{(1+d_s)^0} + \frac{B_1}{(1+d_s)^1} + \frac{B_2}{(1+d_s)^2} + \cdots + \frac{B_t}{(1+d_s)^t} + \cdots + \frac{B_n}{(1+d_s)^n}$$

$$C = \frac{C_0}{(1+d_s)^0} + \frac{C_1}{(1+d_s)^1} + \frac{C_2}{(1+d_s)^2} + \cdots + \frac{C_t}{(1+d_s)^t} + \cdots + \frac{C_n}{(1+d_s)^n}$$

となる。ここで d_s は社会的割引率である。以上のようにして B と C の値が確定し，望ましいプロジェクトが決定される。プロジェクト決定のために財務分析と同様に，次の3つの方法が用いられる。

(1) $B - C \cdots B - C > 0$? **純現在価値法**

(2) $B / C \cdots B / C > 1$? **費用便益比率法**

(3) $d_0 : B = C$ 　　　　内部収益率法

それぞれの方法の特徴は，財務分析のときとほぼ同様であるので，ここでは繰り返さない。この3つの方法が常に同じプロジェクトの採択結果をもたらすとは限らないこともまた同様である。そのため費用便益分析の場合は，必ずこの3つの結果を併記することが求められる。

❸ 直接効果と間接効果

❖ 経済効果計測の範囲

先に高速道路プロジェクトを例にとって，プロジェクトが実施された場合に考えられるいくつかの評価項目を羅列した。とくに便益項目に注目すると，それらは大きく分けて**直接効果**と**間接効果**に分けることができる。直接効果とは，道路の利用者に直接発生する効果であり，間接効果とは道路利用者に発生した効果から二次的に波及する効果である。先の高速道路プロジェクトの効果にこれを当てはめると，直接効果には時間節約便益，燃料費節約便益，交通事故減少便益などがあげられ，間接効果には産業の振興，雇用機会の増大，所得の増加，人口の増加などがあげられる。

プロジェクトから発生した効果は社会に広く波及していくので，間接効果の把握はかなり難しい。「風が吹けば桶屋がもうかる」というたとえがある。これはある事実の発生が思わぬところに影響を与えるという意味で，このたとえは，むしろそんなことを言い出すことは滑稽であるという意味合いで用いられることが多い。しかし，交通プロジェクトの場合は，あながちそうとはいえない面がある。

3　直接効果と間接効果　　211

次のような例はどうだろうか。ある道路が開通すれば輸送費用が低下して商品価格が下がり，安価に商品が手に入るために沿線での人口が増加する。人口が増加すれば，生活のためにスーパーが立地する。スーパーで働くパート労働者が増えれば，地域の家計所得が増加する。所得が増加すれば，子どものお小遣いが増える。お小遣いが増えれば，テレビゲームの需要が高まる。テレビゲームをやりすぎれば，子どもの目が悪くなって眼鏡が売れる。そうだとすれば，道路の開通は眼鏡の増産をもたらす。

このように間接効果は限りなく広範囲に及ぶ。しかし，これらをすべて金銭価値に換算して便益項目に含めることは至難の業である。そもそも，すべてを便益に含めること自体が理論的に正しいかどうかさえ現段階ではわからない。もし，何もかも全部を便益として計上することが正しくないとするならば，どこまでの効果を便益として計測し，どこまでの効果を便益として計測するべきではないのだろうか。以下では，このことについて検討することにしよう。

❖ 便益移転のメカニズム(1)——完全競争市場の場合

話をわかりやすくするために，次のような例を考えてみよう。これまで存在していた不便な道路に代替する，新たなバイパス道路を建設するプロジェクトを想定する。この地域には小麦粉製造販売業者（以下「小麦粉業者」と略記する）とパン製造販売業者（以下「パン業者」と略記する）が立地しているものとする。小麦粉業者は自前のトラックを持っており，小麦粉の原料を遠隔地から輸送してきて製粉し，パン業者に販売する。パン業者は小麦粉を原料としてパンを製造し，それを地域の住民に販売する。また，地域における小麦粉市場とパン市場は完全競争市場であると仮定する。

図 8-2 (a)の小麦粉市場において，縦軸に小麦粉の価格ならびに小麦粉の生産に関する限界費用 p_F が，横軸に小麦粉の生産量 q_F がとられている。また図 8-2 (b)のパン市場においては縦軸にパンの価格ならびにパンの生産に関する限界費用 p_B が，横軸にパンの生産量 q_B がとられている。

バイパスのないときの小麦粉の生産に関する限界費用が MC_F^0 であるとしよう（簡単化のために限界費用は一定とするので，便益は消費者余剰のみで計算することができる）。バイパスが完成することによって小麦粉業者は原料の小麦の輸送費を低下させることができる（直接効果）。その結果，小麦粉の生産に関す

212　　第8章　交通投資

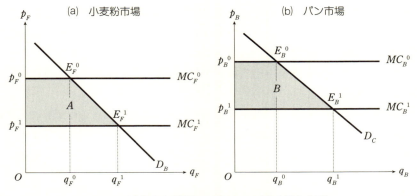

図 8-2 消費者余剰移転のプロセス（完全競争市場）

る限界費用が MC_F^0 から MC_F^1 に低下したとする．小麦粉業者は原料の小麦に対しては消費者なので，MC_F^0 から MC_F^1 に低下したことによって，面積 A だけの消費者余剰を得ることができる．

　面積 A の消費者余剰を得ることができたことで小麦粉の価格を切り下げる余裕ができるので，その小麦粉業者は価格切り下げを仕掛けて，ほかの小麦粉業者との競争に勝とうとする．しかし，この市場は完全競争市場なので，沿道のほかの小麦粉業者も同様に考えて，価格の切り下げ競争が起こり，最終的には超過利潤（消費者余剰）がなくなるまで小麦粉価格は下落して，当初の完全競争市場均衡価格 p_F^0 から完全競争市場均衡価格 p_F^1 へ落ち着く．市場均衡点は E_F^0 から E_F^1 に移動する．

　つまり，小麦粉の生産費用の低下によって発生した小麦粉業者の超過利潤（消費者余剰）は，完全競争による価格切り下げによって失われ，その便益は小麦粉の仕入価格が下がるという形でパン業者にそのまま移転する．したがって，小麦粉業者の手元には便益が残らない．

　原料の小麦粉の価格が下がったことで，パン業者のパンの生産費用は低下する．パンの生産に関する限界費用が，図 8-2(b) のパン市場において MC_B^0 から MC_B^1 に低下する．パン業者は原料の小麦に対しては消費者なので，MC_B^0 から MC_B^1 に低下したことによって面積 B だけの消費者余剰を得ることができる．

　面積 B の消費者余剰を得ることができたことで，パンの価格を切り下げる余裕ができるので，そのパン業者は価格切り下げを仕掛けてほかのパン業者と

3　直接効果と間接効果

の競争に勝とうとする。しかし，この市場は完全競争市場なので，沿道のほかのパン業者も同様に考えて，価格の切り下げ競争が起こり，最終的には超過利潤（消費者余剰）がなくなるまでパンの価格は下落して，当初の完全競争市場均衡価格 p_B^0 から完全競争市場均衡価格 p_B^1 へ落ち着く。市場均衡点は E_B^0 から E_B^1 に移動する。

つまり，パンの生産費用の低下によって発生したパン業者の超過利潤（消費者余剰）は，完全競争による価格切り下げによって失われ，その便益はパンの価格が下がるという形でパンを購入する消費者にそのまま移転する。したがって，パン業者の手元には便益が残らない。

以上のことからわかるように，直接効果の便益はいったん小麦粉業者に100％移転する。次の段階では，その便益は小麦粉の価格競争によっていったんパン業者に100％移転する。さらに次の段階では，その便益はパンの価格競争によってパンの消費者に100％移転する。ここで便益の大きさを表す面積 A と面積 B が等しくなっていることに注意しよう。つまり，完全競争市場において直接効果は100％完全な形で下流の間接効果に形を変えて移転し続ける。

この上流から下流までの流れを図にしたものが図8-3である。ここで便益 A の矢印と便益 B の矢印の大きさが同じであることにも注意しよう。

図8-3からわかるように，直接効果として利用者に発生した便益はそのまま間接効果として各市場に波及していく。そして，それらの市場が完全競争市場である限り，便益は単にその形を変えるだけで100％移転していくことがわかる。したがって，間接効果を1つ1つ取り上げて便益として算入すると，便益

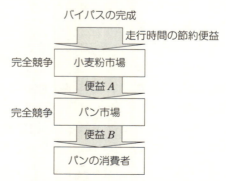

図8-3　便益移転のプロセス（完全競争市場）

が二重三重に計算されてしまうことになる。

また，間接効果はあらゆる方向に向かって波及していくので，特定の段階だけを取り上げてすべてを計測することも難しい。それよりも直接効果だけを取り出して，その段階で計測しておけば便益の把握はもっとも正確かつ簡単であることがわかる。その後の便益は形を変えながら多方面に移転そして拡散していくだけである。つまり，いったん直接効果を便益として計測してしまえば，間接効果は便益として計測してはならないことになる。

❖ 便益移転のメカニズム(2)──不完全競争市場の場合

それでは便益が波及する市場が不完全競争市場である場合，どのようなことが起こるだろうか。以下では小麦粉市場もパン市場も不完全競争市場であると仮定する。

小麦粉業者が小麦粉市場においてある程度の市場支配力を持っているものとしよう。バイパスの完成によって輸送費用は低下し，小麦粉の生産費用も低下するので，完全競争市場であれば超過利潤が発生しない水準（完全競争市場均衡価格 p_F^1）まで小麦粉の価格は下落するはずである。しかし，小麦粉業者にはある程度の市場支配力があるので，小麦粉価格は完全競争市場均衡価格ほどには下落しない。

これを図 8-4 で見てみよう。図 8-4 は図 8-2 と同様のものである。図 8-4 (a) の小麦粉市場で，小麦粉業者の持つ市場支配力によって，小麦粉価格は当初の完全競争市場均衡価格 p_F^0 から完全競争市場均衡価格の p_F^1 まで下がらず，p_F^2 で下げ止まったとしよう。このとき，小麦粉業者には面積 H だけの超過利潤が留保される。そして，パン業者に移転する便益は面積 G となる（図 8-2 と比較すれば明らかなように，これは面積 A あるいは面積 B よりも小さい）。さらに，市場が不完全であることによって面積 M という実現されない余剰が発生する。

小麦粉価格が（完全競争市場均衡価格ほどではないけれども）ある程度下落したことによって，パンの生産費用もある程度低下する。パンの生産費用が低下するので，完全競争市場であれば超過利潤が発生しない水準（完全競争市場均衡価格 p_B^1）まで価格は下落するはずである。しかし，パン業者にもある程度の市場支配力があるので，パンの価格は完全競争市場均衡価格ほどには下落しない。

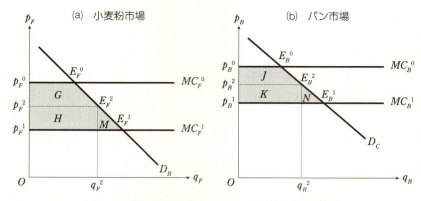

図8-4 消費者余剰移転のプロセス(不完全競争市場)

　図8-4(b)のパン市場で，パン業者の持つ市場支配力によって，パンの価格は当初の完全競争市場均衡価格 p_B^0 から完全競争市場均衡価格 p_B^1 まで下がらず，p_B^2 で下げ止まったとしよう。このとき，パン業者には面積 K だけの超過利潤が留保される。そしてパンの消費者に移転する便益は面積 J となる(図8-2と比較すれば明らかなように，これは面積 A あるいは面積 B よりも小さく，図8-4(a)の面積 G よりもさらに小さい)。さらに，市場が不完全であることによって面積 N という実現されない余剰が発生する。

　以上のことかわかるように，小麦粉市場が不完全なために直接効果の便益の一部は小麦粉業者の超過利潤として漏出し，残りの一部がパン業者に移転する。次の段階で，パン市場が不完全なためにその便益のさらに一部はパン業者の超過利潤として漏出し，さらに残りの一部がパンの消費者に移転する。各段階での市場がいずれも不完全競争市場であれば，直接効果は上流から下流に行くにしたがって，少なくなりながら間接効果として移転し続ける。

　この上流から下流までの流れを図示したものが図8-5である。間接効果として波及する便益はそのまま移転せず，下流に行けば行くほど移転する便益の額は減少する(矢印がしだいに小さくなっていることに注意しよう)。便益の流れに関して上流から下流までのある途中の間接効果の段階で便益を計測するとした場合，それまでに移転のプロセスから漏出した利潤の1つ1つを計測して合算しなくてはならず(間接効果で便益を計測する場合，$G+H$ か，あるいは $H+J+K$ であるべきである)，これに比べればやはり直接効果の段階で便益を把握するこ

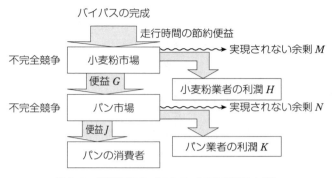

図 8-5 便益移転のプロセス（不完全競争市場）

とが容易であることがわかる．事実，わが国の道路プロジェクトに関する費用便益分析における便益の評価項目は，時間節約便益，走行費用節約便益，交通事故減少便益という直接効果の3種類のみとなっており，間接効果は含まれていない．

❖ **経済効果の計算に関する注意**

マスコミの報道でしばしばなされる「経済効果は○○億円」というような表現は，それが直接効果であるか間接効果であるかによって，その値に対する理解が異なってくることは以上の分析から明らかである．経済効果という漠然とした言葉で語られるとき，どのような便益項目を取り上げているのか，複数の項目を合算してしまっていないか，などという点に注意する必要がある．たとえば，地域開発効果 A 億円と所得増加の効果 B 億円を合計して経済効果が $A+B$ 億円といった場合，これは便益の二重計算に陥っている可能性がある．こういった点に十分注意して経済効果の持つ意味を考えなくてはならない．

また，経済効果の計測方法については，産業連関分析やその応用に基づいた方法，マクロ生産関数を使って計算する方法など，いろいろなものがある．たとえば産業連関分析とは，ある部門での投入がどれだけほかの部門への産出を誘発するかなどを分析するものであり，この考え方に基づいて，あるプロジェクト投資による誘発効果額を計算することができる．

産業連関分析による経済効果の求め方は，費用便益分析による経済効果の求め方とまったく考え方を異にするものであるので，その点に注意する必要が

Column

休日 1000 円高速道路料金の経済効果

　かつて高速道路の料金の無料化が議論され，その延長線上として，休日の高速道路料金を 1000 円均一にするという政策が実際に実施されたことがある（2009 年 3 月 28 日～2011 年 6 月 19 日）。マスコミの報道のなかには，高速道路料金が格安になった結果，多くの観光客が地方を訪れ，地域に大きな経済効果をもたらした，というようなものもあった。

　しかし，これをそのまま鵜呑みにして高速道路無料化は大きな経済効果をもたらすと信じることは危険である。表 8-4 は休日 1000 円料金導入による各地域の高速道路の利用量の変化を示したものである。これは経済効果を直接示したものではないけれども，交通量が経済効果とかなり密接な関係を持っていることは確かである。これを見ると，首都圏より遠く離れた地域の交通量は増えて（おそらく地元に落ちるお金は増加して）いる一方で，近県の交通量は減って（おそらく地元に落ちるお金は減少して）いる。

　高速道路料金がどこまで行っても同じならば，観光客ができるだけ遠くに行って観光しようとするのは至極当然の行動であるといえる。この政策によって，高速道路料金が 1000 円でなければ近県を観光したはずの利用客が，1000 円になったことでより遠くに観光に行ったと考えることができる。そうだとすれば，経済効果は新たに発生したのではなく，単に地域を移動しただけ，より具体的にいえば，観光客が落とすお金の場所が違っただけ，と判断することができる。

　このように一面的な報道だけで単純に政策を評価することの危険性をこの事例は教えている。なお，これに関連するものとして，章末の問題 Q8-5 を参考にされたい。

表 8-4　休日上限 1000 円高速道路料金による首都圏と各地方間の利用の変化

北陸地方	新潟県	山形県	秋田県	岩手県
＋ 3,300	＋ 3,400	＋ 1,100	＋ 1,100	＋ 1,100
長野県	山梨県	群馬県	栃木県	宮城県
＋ 6,700	－ 1,010	－ 50	－ 10	＋ 3,700
中部地方以西	静岡県	首都圏	茨城県	福島県
＋ 14,000	－ 660	＋ 11,700	－ 530	＋ 5,200

（注）　1.　首都圏の料金所（東京，八王子，練馬，浦和，三郷）を発着する IC ペア普通車以下交通量の変化（台 / 日）。
　　　　2.　2008 年ゴールデンウィーク（5/3〔土〕）に対する 2009 年ゴールデンウィーク（5/2〔土〕）の交通量変化。
（出所）　国土交通省道路局［2011］「高速道路のあり方検討有識者委員会」第 8 回資料より作成。

ある。しかし，一般的な報道で「経済効果は○○億円」という場合，これが費用便益分析によって求められたものなのか，産業連関分析あるいはそのほかの方法によって求められたものなのかをはっきりと示すことはほとんどない。こうした点についても数字の理解には慎重な態度が必要である（なお，交通に関する産業連関分析については，太田ほか［2006］参照）。

4 費用便益分析の利用とその限界

❖ プロジェクト評価時点の設定

費用便益分析は，資源を効率的に使うことによって社会をある状態からよりよい状態に移行させようとするプロジェクトを評価するものなので，それぞれの比較するべき社会状態を確定しておかなくてはならない。どの社会状態と，どの社会状態を比較するべきかという問いかけに対してまず考えられるのは，ある交通プロジェクトが行われる前と行われた後とを比較する（英語表記では"before-and-after principle"と表され，一般に**ビフォー・アフター原理**と呼ばれている）方法である。これは一見したところ当然のように考えられるかもしれない。しかし，このような比較をすることには問題がある。

経済学でよく仮定される「他の事情を一定として」ということが妥当すれば，この方法による比較には問題がない。しかし，現実社会のプロジェクトを評価する費用便益分析においては，「他の事情を一定として」という仮定は当てはまりそうもない。ある交通プロジェクトが実施された後の社会状態には，交通プロジェクト以外のさまざまな要因も影響を与えているだろうから，それとプロジェクト実施前の状態とを単純比較することは正確ではない。

費用便益分析においては，プロジェクトを行ったときの状態と，行わなかったら生じただろう状態とを比較する（英語表記では"with-and-without principle"と表され，一般に**ウィズ・ウィズアウト原理**と呼ばれている）ことをしなくてはならない。このことを図にしたものが図8-6である。●はプロジェクトを立案した時点を表し，①はプロジェクトの達成を断念したときに生じた一定期間後の時点であり，②はプロジェクトを達成したときに生じた同じ一定期間後の時点である。つまり，費用便益分析においては，●と②を比較するのではなく，①

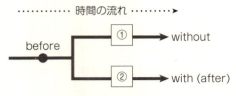

図 8-6 プロジェクトの評価時点

と②を比較しなくてはならない。

両者の比較対象の違いによって、どのような違いが生じるのかを見てみよう。このことは図 8-7 において表される。縦軸には交通サービスの費用および価格 p をとり、横軸には交通サービスの量 q をとる。MC_0 はプロジェクトが行われないとき（あるいはプロジェクト実施前）の限界費用曲線であり、MC_1 はプロジェクトが行われたときの限界費用曲線である。

たとえば、ある道路プロジェクトを実施して輸送に関する限界費用が低下した場合は、MC_0 は MC_1 に低下する。簡単化のために限界費用は一定と仮定している。D_0 はプロジェクトが実施される前の交通サービスに対する需要曲線であり、D_1 はプロジェクトが実施されようがされまいが一定期間後に実現する交通サービスに対する需要曲線である。これについては、たとえば経済成長や人口の自然増などによって需要曲線が右にシフトしている状況を考えればよ

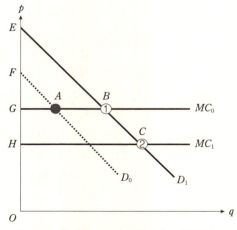

図 8-7 プロジェクトの評価時点の余剰分析

い（経済の悪化や人口減の場合は左にシフトすることになる）。●①②は図8-6と対応している。プロジェクトの実施によって社会の状態がどれだけ改善されたかは社会的余剰（図8-7の場合は消費者余剰）の大きさによって判断される。

　プロジェクトの実施前後で費用便益分析を行うと，プロジェクトの実施前（●）のときの消費者余剰は FAG であり，プロジェクト実施後（②）の消費者余剰は ECH となるので，プロジェクトの前後の比較で考える限り，このプロジェクトによって社会は $EBAF + GBCH$ だけの余剰を獲得することになる。しかし，これは正しい計測方法ではない。なぜならば，需要曲線の D_0 から D_1 へのシフトはこの交通プロジェクトに関係なく経済成長や人口の自然増によって起こっているにもかかわらず，この方法ではそれらの効果が交通プロジェクトによって増加する余剰のなかに含まれてしまうからである。

　本来は①と②で比較を行うべきである。①の状態はプロジェクトが行われなかったならば生じただろう（プロジェクト以外の諸要因を織り込んでいる）状態である。プロジェクトが行われなかったならば生じただろうとき（①）の消費者余剰は EBG であり，プロジェクトを行った（②）のときの消費者余剰は ECH となるので，このプロジェクトによって社会は $GBCH$ だけの余剰を獲得することになる。つまり，プロジェクトの前後で費用便益分析を行ってしまうと，この場合，$EBAF$ だけプロジェクトを過大評価することになる。

❖ 評価項目の計測方法の例(1)——環境費用の計測

　費用便益分析は社会的な観点から費用と便益を計測するので，前述のように市場で価格がつけられていないような便益や費用も何らかの方法で計測し，金銭換算しなくてはならない。ここでは，その事例として環境費用と人命および傷害に関する費用の金銭換算の方法について紹介することにしよう。

　環境費用は，市場で価格がつかない事例として代表的なものである。最近では CO_2 の排出量取引によって価格が近似的につけられるものも現れてきたけれども，まだ限定的である。環境費用を金銭換算するときに行われる代表的な方法として**仮想的市場法**（CVM：contingent valuation method）と呼ばれるものがある。これは，アンケートを利用することによって直接的に環境に関する価値を聞き出す方法であり，表明選好法の一種である。

　もっとも単純な問いかけは，「今回のこの交通プロジェクトによって環境が

○○となります。あなたはこれを防ぐためにどれだけのお金を支払う用意がありますか」というものである（実際にはかなり精巧な問いかけの文章が作成される）。アンケートの回答者は，それぞれの考え方でさまざまな金額を回答するので，それらを統計的に処理して，環境費用原単位（たとえば，炭素1トン当たりいくら）などを算定する。

　この方法はかなり普及している方法ではあるものの，いくつかの問題点を持っている。

　第1に，回答者に与える情報によって回答する金額が異なってくる可能性がある。たとえば，環境破壊の恐ろしさを過大に訴えた後でアンケートを行えば，回答金額はかなり大きくなる可能性があるし，その逆もある。結果として，仮想的市場法は意図的に回答を誘導してしまう危険性をはらんでいる。

　第2に，回答する母集団の性質によって回答金額がゆがむ可能性がある。回答者の居住地域・年齢・関心度などによってその数値が左右されることがある。

　第3に，実際に支払いが行われるわけではないので，プロジェクトの実施の有無に対して回答者の戦略的な意図が働くことがある。たとえば，そのプロジェクトの実施を好ましく思わない人は，実施を阻止するために自分自身の考える真の値とは異なった偽りの金額を回答することがある。

　このほかにも，プロジェクト周辺の土地・住宅価格の変動を計測して，それにより便益や費用を把握しようとするヘドニック法，魅力的なプロジェクト（たとえば，公園）を利用するために，そこまで到達することに必要な交通費用でその価値を図ろうとするトラベル・コスト法などがある。これらについてはJohansson［1987 = 1994］やKolstad［1996 = 2001］，栗山ほか［2013］などの文献を参照されたい。また仮想的市場法については，実践的な説明のある肥田野［1999］が参考になる。

❖ 評価項目の計測方法の例(2)——人命・傷害に関する費用の計測

　人命あるいは傷害の程度による費用を金銭換算することも，交通プロジェクトでは重要である。たとえば，道路や踏切の改良によって交通事故が減少すれば，それは便益として計上する必要があり，そのためには人命や傷害の程度の価値を正確に評価しなくてはならない。

　従来から，人命の価値の換算には所得接近法がとられている。ホフマン方式

やライプニッツ方式として知られているこの方法は，経済学の機会費用の概念に基づいていると解釈できる。つまり，もしその人が生きていれば生涯にわたって稼得できただろう金額をもって，その人の死亡に対する価値を測る方法である。この方法は，確かにある一定の合理性は持っているものの，その人自身の死亡に関する苦痛のみならず，周囲の家族などの苦痛や悲嘆などといった費用が計算されないという欠点がある。

　最近の新しい方法として，表明選好法による計算方法が提案されてきている。医療経済学の進展に伴って，その手法は確立されつつある。ここでは一例として，スタンダード・ギャンブルの方法を取り上げよう。

　この方法は，アンケートによって回答を聞き出す方法である。典型的な質問内容は次のようなものである。「あなたが事故に遭ったとします。その事故のため，〇年間は寝たきりの状態で何もできません。その後も△という後遺症が生じます。ただ，画期的な新治療法があり，その方法を利用すると翌日から健康体で活動でき，後遺症も残りません。しかし，この新治療法は未熟なために失敗することもあり，その場合はすぐに死亡します。あなたはこの新治療法による成功確率が何％以上ならば，この新治療法を受けますか」

　この質問への回答を経済学的に解釈すると，これは2つの選択肢が無差別になるような確率を求めるということになる。傷害の程度を変えることによって人びとの選択する確率は変化するだろう。CVM などによってある一定の健康状態の価値が金銭評価できれば，この方法を使って死亡から軽傷に至るまであらゆる状態における価値を金銭換算することができる。

　このほかにもタイム・トレードオフという方法などが評価方法として知られている。これらについては，漆編 [1998] に短いが的確な説明がある。

❖ 費用便益分析の限界

　繰り返しになるけれども，費用便益分析は投下される資源から最大の効果を上げることができるようなプロジェクトを選択するための手法である。換言すれば，これは資源配分の効率性を目的とした手法である。しかし，われわれがすでに知っているように，望ましい社会とは効率と公正のバランスがとれた社会である（第1章〔4ページ〕）。ところが，費用便益分析においては，効率は考慮されても公正は考慮されない。

プロジェクト評価に社会的視点を初めて導入したという点で，費用便益分析理論の発展の契機となったアメリカの 1936 年の洪水防御法には，次のような記述が見られる。「誰に生じた便益であれ，その便益を合計し，合計額と見積もりの費用の合計額とを比較すること」（傍点筆者）。これまで本書で述べてきた費用便益分析の手法の内容からわかるように，費用便益分析では，便益が発生した場合にその金額の大きさは問題にされても，その便益が誰に発生するかは問われていない。極端にいえば，社会的に恵まれた人にさらに大きな便益が発生し，社会的に恵まれない人に多額の費用が発生する場合であっても，純現在価値がゼロより，あるいは費用便益比率が 1 より大であれば，そのプロジェクトが採択されることになる。

　こうした費用便益分析の持つ問題点を克服するために，公正の視点を取り入れた「修正された」費用便益分析が提案されることがある。たとえば，ある地域の開発を目的として考えられたプロジェクトの場合には，たとえ資源配分上はそれほど効率的でなくても，そのプロジェクトによってその地域の開発が達成されればそれでよいということになる。こうしたプロジェクトを評価するために，対象とされる地域の便益に 1 以上の重みをつけることによって，その地域の便益をより大きく評価することなどが行われる。

　これは公正の観点を考慮に入れた方法として一定の評価は与えられるべきである。しかし，価値判断を伴う公正の判断基準を組み込むことは，費用便益分析の科学的な性格に恣意性を取り込むことになる。

　たとえば，ある地域の人びとについて他地域よりも便益を 1.2 倍として計算するとした場合，なぜ 1.1 倍や 1.25 倍ではなくて 1.2 倍なのかということを合理的に説明する根拠は存在しない。そこに恣意性が入り込む余地がある。あるプロジェクトを実施するときに，政治的な思惑や圧力によってその加重値が過大に見積もられ，誤ったプロジェクト投資がなされるという可能性は否定できない。「修正された」費用便益分析は，現実的な対応を行おうとするならば，その科学的合理性をある程度放棄せざるをえないのである。

　しかし，費用便益分析だけでプロジェクトの選択を行うということもまた，望ましくはないだろう。誰に便益や費用が発生するのかということは重大な関心事であるため，現実のプロジェクト評価においては便益帰着連関表などが提案されている（便益帰着連関表については，道路投資の評価に関する指針検討委員

会編［1998］参照）。

　このほかにも，費用便益分析では対応することのできない考慮すべき多くの要素がプロジェクトの選択には必要とされる。事実，多くの国々では，費用便益分析の実施は必須とされてはいるものの，それ以外のさまざまなデータを収集して総合的にプロジェクトの優先順位が決められている。

　費用便益分析は，あらゆるプロジェクトからの効果を金銭価値に換算し，単一の数値に置き換えることによってプロジェクトの優先順位を決めることができるという大変便利な方法である。しかし単一の数値にまとめるために，金銭換算しにくい要素を不正確なまま無理やり金銭換算してしまう危険性がないとはいえない。もし確証のない数値を使うことによって費用便益分析を行うならば，その信頼性は低下する。

　そうした不正確さを排除するために，あえて金銭評価が難しいものは金銭換算せず，加工しない数値のままで提示するという方法もある。たとえば，騒音費用の金銭換算が難しいならば，騒音の数値をそのまま分析に盛り込むということも行われる。この場合，分析の結果を1つの数値にまとめることができずに複数の数値が並列することになってしまうけれども，そのほうがかえって判断が正確になる場合もあるだろう。これらは費用便益分析と区別して費用（対）効果分析と呼ばれることがある。どちらを採用するべきかについてはとくに決まった基準はなく，それぞれのプロジェクトの性格に応じて判断されるべきものである。

　費用便益分析の手法は世界的に確立されたものとなっており，それはわが国においても例外ではない。たとえば，道路・鉄道・空港・港湾に関しては費用便益分析に関するマニュアルが整備されており，一部は市販されている。また，国土交通省のホームページには具体的なプロジェクトに関する費用便益分析の結果が掲載されている。関心のある読者はマニュアルを読んでみるのも，ホームページを確認してみるのもいいだろう。山内・竹内［2002］第6章第3節では，道路と鉄道の事例を具体的に論じている。

5 交通投資による地域開発

❖ キャピタリゼーション仮説

費用便益分析においては，直接効果を計測すれば間接効果は評価に含めてはならないことを述べた。しかし，そのことは別にしても，ある交通プロジェクトの実施がその地域に多くの影響を与えることは間違いない。環境悪化のようなマイナスの面もありうる一方で，ある交通プロジェクトの実施がその地域のアメニティを高め，その地域の魅力を増すことが多くある。しかし，地域の発展とは裏腹に，そのプロジェクトを行う投資主体にそれらが還元されないという問題がしばしば発生する。

たとえば，ある地域にある鉄道企業が新線を建設するプロジェクトを実施したとしよう。鉄道が開通するとその地域の利便性が高まり，多くの人びとが沿線に住みたいと思うようになるために地価が上昇する。その地域の土地所有者は，たまたま自分の所有していた土地の近くに鉄道が開通したということだけで自己の保有する土地の価格が上昇し，多くの利益を得ることがある。これは典型的な金銭的外部経済の一例である。

この沿線の土地所有者は，多くの利益を上げながらも，彼（彼女）らは鉄道企業にその利益を還元する必要はない。一方，鉄道企業はそのプロジェクトに莫大な費用を投下しているにもかかわらず，鉄道の利用客からの運賃収入しか収受することができず，長い間多額の負債を抱えて困難な経営を強いられる。空港や道路も同様である。ある地域にプロジェクト実施のうわさが立つだけで周辺の地価は上昇する。しかし，その上昇分はプロジェクトの実施主体に直接還元されることはない。

こうした交通プロジェクトの実施とその沿線の地域開発の問題を考えるにあたって，興味深いのが**キャピタリゼーション（資本化）仮説**である。この考え方によると，次のような命題が立てられる。「交通投資（より厳密には地方公共財の供給）を限界的に増加させることによる地代総額の上昇は，その投資による社会的限界便益と等しい」。かなり乱暴な表現であることを承知で述べると，この命題は交通プロジェクトへの投資（たとえば，鉄道路線の複々線化など）による便益は地価の上昇に帰着するということである。

226　第8章　交通投資

これは，逆にいえば，地価の上昇額によって交通プロジェクト投資から発生する便益額をある程度計測できるということを意味する。これが先に触れたヘドニック法の理論的根拠である。

　もちろん，キャピタリゼーション仮説が成立するためにはいくつかの条件をクリアすることが必要である。その条件とは，

(1)　地域間の移動が自由で費用がかからない

(2)　当該地域が他地域と比較して小さい

(3)　同じタイプの消費者が十分な数いる

(4)　企業の参入が自由で長期の均衡が成立している

(5)　価格にゆがみがない（ファースト・ベストである）

である。

　つまり，土地市場が完全競争市場であることなどが必要である。先に紹介した小麦粉業者とパン業者の例で，バイパス開通による便益がパンの消費者に帰着するということを述べた。しかし，パンの消費者が最終的に便益を享受するわけではない。

　地域間の移動が自由で費用がかからなければ，そのバイパス沿線のアメニティの大きさに対応して，多くの人びとがバイパス沿線での居住を希望するようになる。その結果，その周辺地域の土地価格は上昇し，家賃は上昇するだろう。安価なパンを購入して多くの消費者余剰を得た消費者は，（土地市場が完全であれば）その消費者余剰相当分を地価の上昇（家賃の値上げ）という形で吸い上げられ，最終的には土地所有者が便益を享受することになる。これがキャピタリゼーション（資本化）仮説の示すところにほかならない。

　前述のように，便益が完全な形で移転するには各市場が完全競争市場であることが前提である。上記の条件の(3)から(5)までは完全競争の条件であるかまたは完全競争の結果として得られるものであることに注意しよう。したがって，こうした条件が満たされない場合では，便益は完全な形で土地に帰着しない。つまり，小麦粉業者とパン業者の分析で示されたように，不完全競争市場の場合には，便益は完全な形では地価に帰着しないことになる。

❖ デベロッパー定理

　交通プロジェクトの実施による沿線の土地所有者の「棚ぼた」的利益は，前

述のように金銭的外部経済である。金銭的外部経済は資源配分をゆがめないので，これに関する大規模交通プロジェクトの問題の本質は，利益の発生主体が極端に偏るという公正上の問題となる。地主の「棚ぼた」的利益に比べて利得の少ない鉄道企業がとることのできる戦略は，自らが建設する鉄道沿線の土地を所有し，鉄道建設と同時に沿線の地域開発も併せて行うことによって，これらの金銭的外部経済を内部化するという戦略である。

　場合によっては，積極的に沿線からの開発利益を得ることを目的として鉄道の投資を行うことすらある。たとえば，戦前の阪急電鉄の宝塚劇場の建設，東急電鉄の田園都市開発などがこれにあたる。また，プロ野球の球団を保有する鉄道企業は，必ずといってよいほど野球場をその沿線に持っている。これらは沿線開発による金銭的外部経済の内部化にほかならない。

　以上のように考えると，阪急の宝塚，東急の田園都市のように，鉄道企業などの交通企業が沿線地域の土地を所有していれば，開発利益を（地価の上昇を通じて）自企業に還元でき，もはや赤字に苦しむことはないかもしれない。しかし，プロジェクトの実施主体がそうした沿線開発をデベロッパーとして行うこと自体が社会的に望ましいのだろうか，という疑問が残る。

　この疑問に関しては，都市経済学において一定の回答がなされている。それによると，競争状態下のある交通企業（デベロッパー）が沿線の土地を所有し，供給する交通社会資本から混雑料金を徴収できれば，以下のことが知られている。

(1)　その交通社会資本の規模は最適である
(2)　混雑料金は最適になる
(3)　デベロッパーの自由な参入で，最適な都市の数が決定される

　これをデベロッパー定理と呼ぶ。つまり，デベロッパー定理に従えば，その交通プロジェクトの規模は自動的に最適になる。

　もちろん現実には，交通企業が沿線のすべての土地を所有できるわけではないし，混雑料金を徴収することもできないので，デベロッパー定理は現実にあるとしても近似的にしか成立しえないだろう。しかし，キャピタリゼーション仮説を含めたこれらの理論は，交通投資と地域開発の問題に大きな政策的示唆を与える。たとえば，ある交通プロジェクトの実施による地価の上昇分を固定資産税として徴収し，それを長期の負債で苦しむプロジェクトの事業主体に何

228　第8章　交通投資

らかの形で還元するという政策には一定の理論的裏づけが与えられることになる。

　無論，当時の阪急の経営者である小林一三，東急の経営者である五島慶太のいずれもがこうした定理を理解していたわけではない。しかし，阪急の宝塚開発や，東急の田園都市開発にあたって，これらの経営者が以上のようなことを感覚的に知っていたとすれば，それはそれで驚嘆に値するのではなかろうか。

　なお，以上の説明は交通サービスに特化しているけれども，これらは交通サービスに類似したほかの財・サービス（地方公共財）についても一般的に成立する考え方である。キャピタリゼーション仮説やデベロッパー定理について，本書では十分には言及していない。厳密な議論に関心のある読者は，金本・藤原［2016］などを参照されたい（本章のこの部分は，金本・藤原［2016］に多くを負っている）。

重要語句

費用便益分析，補償原理，カルドア・ヒックス基準，現在価値，割引率，時間選好率，無差別曲線，内部収益率，社会的割引率，影の価格（シャドウ・プライス），純現在価値法，費用便益比率法，直接効果，間接効果，ビフォー・アフター原理，ウィズ・ウィズアウト原理，仮想的市場法（CVM），ヘドニック法，トラベル・コスト法，キャピタリゼーション（資本化）仮説，デベロッパー定理

復習確認と議論発展のための問題

Q8-1

　ある交通プロジェクトに関する1期から4期までの費用と便益の発生状況，ならびに各社会的割引率における現在価値が次のような表になったとする。

		1期	2期	3期	4期
各期の便益と費用の発生状況	便益（B）	60.0	70.0	40.0	30.0
	費用（C）	50.0	60.0	20.0	20.0
社会的割引率 x%	便益（B）	60.0	70.0	40.0	30.0
	費用（C）	50.0	60.0	20.0	20.0
社会的割引率 5%	便益（B）	57.1	63.5	34.6	24.7
	費用（C）	47.6	54.4	17.3	16.5
社会的割引率 10%	便益（B）	y	57.9	30.1	20.5
	費用（C）	z	49.6	15.0	13.7

5　交通投資による地域開発　　229

(1) x に入る数値を求めよ。

(2) y, z を求めよ。

(3) 社会的割引率が5%のときの費用便益比率を求めよ。

(4) 社会的割引率が10%のときの純現在価値を求めよ。

Q8-2

ある交通プロジェクトの0期，1期，2期の便益がそれぞれ79，200，305で，0期，1期，2期の費用がそれぞれ79，100，410のとき，このプロジェクトの内部収益率を求めよ。

Q8-3

新しいバイパス道路完成前後において，ある地域でともに完全競争状態にある小麦粉市場とパン市場があるものとする。いま，小麦粉市場におけるパン業者の小麦粉に対する需要曲線と，パン市場におけるパンの消費者のパンに対する需要曲線をそれぞれ，

$$p_F = -\frac{1}{2}q_F + 10 \qquad p_B = -\frac{4}{3}q_B + 14$$

とする。ここで，p_F と p_B はそれぞれ小麦粉とパンの価格，q_F と q_B はそれぞれ小麦粉とパンの数量である。この地域に新しいバイパス道路が完成し，小麦粉の生産に関する限界費用（生産量に関して一定と仮定する）が8から6へ，パンの生産に関する限界費用（生産量に関して一定と仮定する）が12から8へと低下したものとする。

(1) バイパスの完成によって新たに得ることのできた小麦粉業者の消費者余剰を求めよ。

(2) バイパスの完成によって新たに得ることのできたパン業者の消費者余剰を求めよ。

(3) バイパスの完成によって新たに得ることのできたパンの消費者の消費者余剰を求めよ。

(4) 以上の事実から，交通投資の経済効果についてどのようなことがわかるか。

（※なお，バイパスの完成前後において他の事情は一定とする。）

Q8-4

次の文章を論評せよ。

「A地方に高速道路が開通することによって，旅行時間の短縮，地域開発効果，産業の振興，人口の増加，所得の増加などなど，A地方にもたらされるその経済効果は計り知れないほど大きく，その額は少なく見積もっても全体で○○億円程度になる。このような経済効果の高い高速道路は是非とも建設を実現しなくてはならない。」

Q8-5

次の文章を論評せよ。

「B地方に新幹線が開通すると，B地方に発生する経済効果は△△億円と試算されている。この額は莫大であり，国民経済全体からいっても是非建設を促進するべきで

ある。」

Q8-6 ★

わが国の道路事業の評価手法（国土交通省道路局のホームページ〔http://www.mlit. go.jp/road/　2018/1/6 閲覧〕参照）を見ると，費用便益分析のマニュアルのほかにも道路プロジェクトを評価するいくつかの項目が列挙されている。これらは費用便益分析による結果にどのような影響を与えると思うか。あるいは，これらの項目のなかで必要ではない項目や，あるいは逆に欠けているような項目があるだろうか。

第9章

外部補助と内部補助

　大規模なインフラ投資を必要とする交通サービスや，需要の過少な地域で供給される交通サービスなどの場合，損失が発生しがちである。構造不況業種と呼ばれるような交通サービスでは，慢性的な赤字に悩む企業も存在する。そのため，交通サービスの安定的かつ持続可能な提供のために補助を行うべきである，といわれることが多い。しかしその反面，安易な補助の投入にはその効果や正当性が疑われることがあり，経営努力のインセンティブを失わせることもある。

　本章では，交通への補助はどのような根拠に基づいて行われるのか，補助の形態にはどのようなものがあるのか，どのような補助の方法がよりよい交通サービスを供給するために必要なのか，などについて述べる。

⚠本章で取り上げるトピックス────────────

- ●自治体境界線上の新駅設置はなぜ円滑に進まないのか。
- ●都市の民間鉄道事業者はなぜ大規模投資をしないのか。
- ●これまで赤字路線のバスはどうして維持できてきたのか。
- ●高速道路がいつまでも無料にならないのはなぜか。
- ●高速道路の料金プール制度は悪なのか。
- ●通学割引がなぜ国家の教育政策とはなっていないのか。
- ●バス・カードと現金とどっちがほしいのか。
- ●交通サービスへの補助でどの世代が得をしているのか。

1 補助の根拠(1)──市場の失敗に関連して

❖ 補助の根拠としての市場の失敗

　市場の失敗が存在せず，完全競争市場が機能している状況では，市場にとどまる各企業は長期的に正常利潤を獲得することができるので基本的に補助は必要とされない。しかし，市場の失敗は交通市場に多様なゆがみをもたらす。それらに対処するために補助が利用されることが多い。以下では市場の失敗として通常分類される，費用逓減，外部効果，公共財，不確実性に対応した補助の根拠について述べることにしよう。

❖ 費 用 逓 減

　費用逓減とは，長期平均費用の逓減（規模の経済）が市場において発生している状態を指し，莫大な固定費用を必要とする生産構造を持つ財・サービス市場において発生しやすく，これは交通市場に該当しやすい，ということをすでに第1章（18ページ）において述べた。そして，限界費用価格形成は，社会的余剰を最大にする最適な運賃政策であるにもかかわらず，費用逓減状態では必然的に赤字が発生して，交通企業は交通サービスの供給を行わなくなることについても，これまでたびたび言及した。

　費用逓減下における交通サービスが赤字になるのは，社会的最適を実現するために規制当局が企業に強いた限界費用価格形成の結果だから，その赤字は交通企業の責任ではなく，社会に責任がある。そのため，赤字に対して社会（具体的には国や自治体）が一定の補塡を行うのは当然の帰結であるというのが補助の根拠である。もちろん，補助をどのような形で企業に与えるべきかについてはまた別に考えなくてはならない。

❖ 外 部 効 果

　外部効果（ここでは技術的外部効果に限られる）とは，本来社会が負担するべき費用と交通企業が私的に負担するべき費用とが乖離することによって生じる市場の失敗の1つである（第1章〔21ページ〕）。通常は環境問題のような技術的外部不経済が交通問題として取り上げられることが多い。この場合は社会的

234　　第9章　外部補助と内部補助

限界費用が私的限界費用を上回っているので，理論的にはピグー税によって企業に費用の乖離分を負担させることで外部不経済を内部化することになる。

しかし，逆に技術的外部経済がある場合には，社会が負担するべき費用よりもより多くを企業が負担していることになるので，この場合はマイナスの税金，すなわち補助金を企業に与えることによって技術的外部経済を内部化する必要がある。技術的外部経済の具体的な事例をあげることは難しいけれども，表1-2（第1章〔24ページ〕）において指摘したように，もしある交通サービスの提供がその地域の評判を高め，それが地域のステータスを向上させるようなことがあれば，その地域の住民はその交通サービスの供給者に補助の形で何らかの支払いをすることが正当化される。

❖ 公 共 財

公共財の供給に関する補助の根拠を説明する前に，まず次のような事例を考えてみよう。いま2つの自治体A市とB市があり，両市の境界線上に新しく鉄道路線が建設されることになったとする。両市の境界線上に新駅を造ることは，両方の自治体にとってかなり利便性が高まるので望ましいことではあるけれども，新駅の建設について先に声を上げたほうが駅の設置に関する費用を負担しなくてはならないものとする（つまりA〔B〕市にとってみれば，自分は黙っていてB〔A〕市に先に声を上げさせるのが得策である）。

A市とB市が新駅の建設の有無で受ける利得は表9-1のように表されるものとする。お互いが同時に言い出せば，おそらく費用を均等に負担するから利便性が高まったとしても，せいぜいそれぞれ5程度の利得しか得られない。しかし，A（B）市が言い出して，B（A）市が黙っているならば，一方的に相手が全額負担してくれるのでB（A）市の利得は10とかなり多く，他方のA（B）市は負担額のほうが大きくなり，かえって利得は−5（損失）になる。互いに言い出さなければもともと新駅は存在しないわけだから利得はともにゼロとなる。

このとき，各自治体はどのように行動することが最適だろうか。この場合は，互いに新駅を造ると言い出さないことが最適な戦略となる。したがって，新駅を造れば総額10だけの利得が発生するにもかかわらず，新駅は建設されない。これはゲームの理論でいう**囚人のジレンマ**の単純な例である。

1　補助の根拠(1)　　235

表 9-1　公共財供給の囚人のジレンマ

新駅を造ると (A市の利得，B市の利得)		B市の戦略	
		言い出す	言い出さない
A市の戦略	言い出す	(5, 5)	(−5, 10)
	言い出さない	(10, −5)	(0, 0)

　公共財の性質は集合消費性と排除不可能性にあった。この事例の場合，たとえA（B）市の住民のほかにB（A）市の住民がその駅を追加的に利用しても新駅の利用ができなくなるわけではないし，駅の建設に関する費用も増加しない（集合消費性）。また，駅の利用者を見ただけではA市の住民かB市の住民かは判別できない（排除不可能性）。つまり，公共財の供給ではこのような囚人のジレンマのような状況を起こすことがあり，この場合は社会的に望ましい交通サービスの供給であっても，放置しておけばサービスは提供されない。このようなとき，補助を与えることによって新駅を建設する必要がある。

　利用可能性に関するフリー・ライダーの問題（第2章〔43ページ〕）も，基本的には囚人のジレンマ的な状況といえる。潜在的な利用者はその交通サービスから便益を受けているにもかかわらず，互いに便益を享受していることを言い出さない（あるいは過少申告しかしない）。そのため，サービスが過少供給になることがある。このとき，この交通サービスを維持するために補助が必要とされる。

❖ 不 確 実 性

　交通サービスのインフラ整備は，鉄道，高速道路，空港，港湾など大規模であることが多いために，建設には多額の費用を必要とし，建設されれば何十年も継続してサービスが提供されることになる。したがって，交通サービスの供給者は長期にわたる交通需要予測を行い，その投資が採算に合うかどうかを判断しなくてはならない。しかし，長期にわたる交通需要予測は非常に難しい。将来の交通需要が不確実な場合には，採算を重視する交通企業は，莫大な投資の費用が回収できなくなることを恐れて，社会的に必要であっても，そのような交通施設の建設を行わない可能性がある。

　実際に民間の大都市鉄道事業者は，大規模投資となる複々線化よりも，ホー

ムの延長や車両増結という小規模な投資を行うことで混雑緩和の対策としがちである。なぜならば，交通需要予測が外れて実際の需要が予想を下回ったとしても，その損害が小さくて済むからである。このため，（独）鉄道建設・運輸施設整備支援機構などの組織を活用したさまざまな実質的な補助が行われている。このような場合，補助することによって国が大規模投資のリスク負担を部分的に肩代わりしているということになる。

2 補助の根拠(2)──市場の失敗以外の要因

❖ シビル・ミニマム

交通サービスにおけるシビル・ミニマムとは，最低限の市民生活を保障するために，ある一定水準の交通サービスは供給されるべきであるという考え方である。これは憲法で保障される「健康で文化的な最低限度の生活を営む権利を有する」ようにするための，最低限度の交通サービスと言い換えてもいいだろう。

このシビル・ミニマムの考え方は，交通企業から見れば外部から与えられた主観的な価値基準であって，国によっても時代によっても変化するものである。そのため，不変的かつ客観的な基準は存在しないといってよい。しばしば政策目標として掲げられる，「日本国内のどこに住む人であれ，最寄りの高速道路インターチェンジに○時間以内に到達できなくてはならない」とか，「10 ～ 20人程度しか住まない山村であっても，アクセスを守るためにトンネルが建設されなくてはならない」というような判断は，具体的なシビル・ミニマムの要件であると解釈することができる。

シビル・ミニマムは，交通市場における便益や費用の概念を超越したものだから，便益が極端に小さい，あるいは費用が極端に大きいという場合でも，その交通サービスが必要であれば，補助を行うことによってシビル・ミニマムを達成することが求められる。第 1 章（4 ページ）において述べた離島に橋を架けるという事例は，それがシビル・ミニマムであるときには効率よりも公正が優先される。このようにシビル・ミニマムは強い価値判断を伴うものであるので，補助を正当化する根拠としては慎重に検討する必要がある（章末注参照）。

2 補助の根拠(2)　237

❖ 所得再分配

　所得再分配のための政策手段として補助が活用される場合がある。たとえば，低所得者に対しては通常よりも低額の運賃を徴収し，それによる欠損部分は補助によって充当するというような場合がこれにあたる。つまり，低所得者は高所得者に比べて日常生活において恵まれていないことが多いだろうという配慮から，運賃が割り引かれる。所得再分配を目的とした補助金の原資としては，高所得者から徴収された税金や，低所得者よりも相対的に割高な運賃を支払った利用客からの運賃収入が充てられる。

　こうした所得再分配は，個人間だけではなく，地域間でも行われる。たとえば，分割・民営化前の国鉄は，全国一律運賃制をとっていた。また，分割・民営化前の高速道路は，原則として全国一律の料金プール制であった（これらは内部補助と呼ばれ，本章第3節で詳述する）。東名・名神高速道路の渋滞など，低品質な交通サービスを強いられながら支払う料金と，渋滞とは無縁な地方の立派な高速道路を悠々と利用して支払う料金にそれほど大きな差がつけられていないという事実から，これは大都市の住民から地方の住民への事実上の補助になっている，とよくいわれることがある。この場合は，好むと好まざるとにかかわらず，地域間での所得再分配が行われているといえるだろう。

　このように，所得再分配を図るための手段として補助制度が活用され，それが補助の根拠になっていることがしばしばある。ここで問題なのは，こうした所得再分配の手段として交通サービスへの補助を使うことが妥当であるのか，ということである。本来，政策手段としての所得再分配は，累進課税制度や，生活保護の支給などによって行われるべきものであり，それを交通サービスの供給を介して行うことは市場の資源配分の機能をゆがめることになるという批判がよく行われる。また，現在の累進課税制度のような所得再分配政策を行いながら，さらに交通サービスの分野でもう一度所得再分配を行えば，それは二重の再分配になっている，という批判もなされる。

❖ イコール・フッティング

　イコール・フッティングとは，交通機関間における競争基盤が異なっているという認識に基づいて，その有利不利をなくすために，何らかの調整措置をとることを意味する言葉である。たとえば，鉄道は，線路や駅，そしてそれらに

必要な土地などをすべて自前で調達しなければならないのに対して，自動車は
道路を保有する必要がなく（一般道路の場合は，国や自治体が保有するのが通常
である），ドライバーは自ら支払いをしていない。また，航空企業も空港を保
有していないし，海運企業の場合も基本的に港湾を所有しない。このようにイ
ンフラ費用の負担の有無という競争基盤の格差があるのに，そのまま交通機関
同士を競争させるのは不当であるから競争基盤を調整する必要がある，という
考え方がイコール・フッティングの考え方の基礎にある。

　元来，この考え方は鉄道を擁護する議論のなかでしばしば展開されてきた。
つまり，鉄道は道路と異なってインフラに対する負担をしているのだから，イ
コール・フッティングの考え方から鉄道に補助を与えることによって競争基盤
を平等にする必要がある，という議論である。

　しかし，この考え方には疑問がある。鉄道擁護論の背景には，モータリゼー
ションの進展による自動車交通の普及がある。イコール・フッティングの考え
方に従えば，正当な負担をしていない自動車に補助の原資を負担させ，それを
鉄道に回すことが好ましいということになる。しかし，自動車利用者が道路
（とくに一般道路）に対して支払いをしていないという判断は短絡的である。

　自動車利用者は揮発油税や自動車重量税などの形で多額の負担をしており，
それらが最終的に一般道路の整備に使われている（自動車関係諸税は一般財源に
投入されているけれども，自動車利用者が負担している点では変わらない）。つまり，
自動車利用者も鉄道と同様にインフラの費用負担をしていることになる。そう
であれば，イコール・フッティングによる補助の根拠は失われる。イコール・
フッティングの考え方に基づいて補助を行う場合には，交通機関間の競争にお
いて競争基盤にどのような格差があるのかを十分精査しなければ，それを正当
化することはできない。

※ マクロ経済政策の一環として

　よりよい交通サービスの提供という目的よりも，むしろ社会全体や国家全体
のある特定の目的のために交通政策が利用され，その手段の１つとして補助が
行われる場合がある。たとえば，インフレが激しいときなどには，国民生活を
安定させるために公共料金といわれる運賃を据え置いたり，景気が低迷してい
るときには，景気浮揚の一環として貨物運賃の値下げを求めたり，失業対策の

Column

誰が通学定期割引の負担をするべきか

交通サービスに補助を与えるための根拠には，これまで述べたように多くのものがあり，実際にはこれらの根拠が混在している場合が多い。たとえば，通学定期割引を取り上げてみよう。電車やバスに乗ると，子どもとは思えないような立派な体格の小学生が通学のために座席に座っているような場合がある。その小学生は通学定期割引を使うことでかなりの運賃割引を享受している。大人と変わらないような体格なのに大幅な割引運賃を享受していることに釈然としない読者もいるかもしれないけれども，低額の運賃によってこうした小学生が事実上の補助を受ける根拠としては次のようなものがある。

第1に，教育の外部効果が考えられる。教育は外部効果を持っているので，本章で述べた理由から補助が正当化される。第2に，シビル・ミニマムの考え方も適用できるだろう。健康で文化的な最低限の生活を送るためには教育は必要である。第3に，所得再分配も考えられる。電車やバスに乗るような小学生は私立小学校に通っていることが多いだろうから，その教育費負担は公立の学校よりも多額であるはずである。こうした負担の格差を縮小するために運賃を通じて所得再分配が行われる（一方，私立小学校に通わせるほど裕福な家庭に対して補助は必要かという批判もある）。これらのいずれもが通学定期割引による補助の根拠として機能しうる。同様に身体障害者割引や知的障害者割引（いずれも鉄道運賃では5割引）も複数の根拠を持ちうる。第1に，シビル・ミニマムがあるし，第2に，所得再分配がある。

ここで問題となるのは，こうした通学割引・障害者割引の補助の原資が，同じ企業の交通サービスの利用者によって支払われているということである（内部補助）。教育の外部効果は社会全体・国家全体に及ぶものであるのにもかかわらず，たまたま同じ交通企業を利用したほかの利用客がそれを負担している。また，小学生のシビル・ミニマムの確保や所得再分配の点でも，これを特定の企業の利用者に負担させる根拠はない。これらはむしろ国家的な政策の一環なのだから，特定の利用者からの収入で充当するべきものではない。同様に障害者割引も国家レベルで実施される政策であり，特定の企業にその原資を求めるべきではない。このように国が行うべき政策を企業が肩代わりしているような状況が散見されるが，これらは早期に是正されるべきものだろう。

ための公共投資の一環として道路建設を行う場合などがこれにあたる。

インフレ時の運賃据え置きや貨物運賃の値下げは必然的に交通企業に赤字をもたらすことになるし，市場の合理的判断とは乖離した別の判断からのインフラ整備は，本来の良好な交通サービスの提供とは別の費用を発生させることに

なる。こうした赤字や費用への充当のために補助が行われる。

　ミクロ経済学を学んできた読者は，たとえこうしたマクロ経済政策が功を奏することがあるとしても，このような市場への介入が資源配分をゆがめることになるということは容易に理解できるだろう。マクロ経済政策のために，交通サービスに限らずある特定の市場の機能を阻害することが許されるかどうかは，マクロ経済政策により得られる経済厚生の大きさと，市場の機能を阻害することで発生する資源配分のゆがみによる厚生損失の大きさに依存する。しかし，現実には世界各地でマクロ経済政策のために交通政策が利用される例は多い。

3　内部補助の定義と評価

❖ 補助の原資

　補助は，その供給主体の違いによって外部補助と内部（相互）補助の2つに分類することができる。外部補助とは，交通サービスの供給主体の外部から補助が与えられる場合である。たとえば，いくつかの種別があるわが国の空港のうち，地方管理空港は地方公共団体が設置および管理することになっている。この地方管理空港の施設整備に関する費用負担は地方が2分の1，国が2分の1となっており，地方公共団体が設置および管理するという点からいえば，国から半分の外部補助があるといえる。また鉄道駅のバリアフリーを確保するために，鉄道駅総合改善事業費補助という制度がある。これも外部補助の一例である。

　外部補助の場合，その資金の原資をどこに求めるかということが重要な問題となる。国から補助が交付される場合（国庫補助），その補助金の原資は税金であることが多いだろう。それを直接税で徴収するか，間接税で徴収するかで資源配分のゆがみが異なってくる。これについてはかなり古くから議論があり，20世紀前半にH.ホテリングによって，間接税よりも直接税による収入を充当するほうが資源配分上望ましいことが証明されている。

　なお，外部補助を行う主体は，地方公共団体を含む政府であることが多いため，外部補助は「政府補助」もしくは「公共補助」とも呼ばれる。

　一方，内部補助については，第4章（89ページ）ですでに簡単に言及してお

3　内部補助の定義と評価　241

いた。改めて繰り返すと，内部補助とは，複数の交通サービスを供給する経済主体の内部において，ある部門の収入を原資として，それをほかの部門に補助する場合のことをいう。分割・民営化前の日本国有鉄道の全国一律運賃制や同じく分割・民営化前の日本道路公団による料金プール制では，大都市鉄道路線や東名・名神高速道路などのドル箱路線による収入で赤字路線の欠損を補填していた。これは内部補助の一例である。

　内部補助は交通サービスに限ったことではなく，一般の企業が提供するサービスも含めて普通に見られる現象である。たとえば，郵便料金は北海道でも沖縄でも同じ価格であるし，店頭で購入する新聞や雑誌もどこで購入しようと基本的に同じ価格である。しかし，離島や山間部に配達される郵便物や新聞・雑誌は明らかに多額のコストを要しているから，おそらく都市部における収入でそれらの費用を賄っているものと推測される。

　内部補助は，交通サービスの分野で巧みに利用されてきた。鉄道の全国一律運賃制や，高速道路の料金プール制は，どこに行くにも同じ運賃（料金）率が適用されたので，国民の間に公平感を確保することに貢献したといえる。そのほかに，第4章（90ページ）でも触れたように，規制緩和前のバス事業も内部補助を活用していた。バス企業に黒字路線における独占的なサービス供給を許し，そこで多くの収入を上げることを認める代わりに，赤字路線を抱き合わせることによって内部補助を行わせ，赤字バス路線を維持させていたことがあった（現在は路線からの参入・退出が容易になったので，この方式は崩れつつある）。

　全国の高速道路網は，高速道路料金収入で建設費用全体を賄う**償還主義**が行われており，償還が終わればその高速道路は無料開放することが原則ということになっている（法的・制度的に明文化されたものではない）。すでに償還し終わっているように思える東名・名神高速道路がいまだに無料になっていないのは，内部補助を活用することにより，黒字路線の収入で現在も全国に高速道路網を整備しているからである。内部補助が行われなければ，これほどまで全国に高速道路は普及しなかっただろう。現在においても，全国一律運賃制ということはないにしても，JRの場合は完全に路線別の運賃とはなっていないし，高速道路料金も1つ1つの路線に個別に料金が設定されているわけではない。内部補助は，いまだに交通サービスの供給において重要な役割を果たしている。

Column

高速道路の償還主義と料金プール制

わが国で初めて高速道路ができたのは，1963年の名神高速道路（栗東インターチェンジと尼崎インターチェンジ間の71.7km）である。高度経済成長の中途にあった日本経済は高速道路建設に資金的な余裕がなく，世界銀行から一部融資を受けての高速道路建設であった（1990年に完済）。融資に際して，世界銀行のワトキンス調査団報告書（1956年）のなかで，「日本の道路は信じがたい程に悪い。工業国にして，これ程完全にその道路網を無視してきた国は，日本の他にない」と記述されたのは有名な話である。

1956年の道路整備特別措置法によって，日本道路公団を通じて道路建設に必要な資金を通行料金で賄うことが可能になり，建設資金を全額回収できた時点で道路を無料開放する方針が決定された（なお，「道路無料開放の原則」は制度的に明文化されたものではない）。これが償還主義である。償還に必要な期間は当時約28年とされ，その計算に基づいて高速道路料金水準が決定された。

当初は路線ごとの料金設定による償還主義が行われていた。国土開発幹線自動車道建設法（1957年）などの制定により，高速道路のネットワーク構想が全国化し，次々と全国各地で高速道路建設が着手されていった。高速道路はネットワークを構成するのだから先発路線（名神や東名高速道路など）の利用者は後発の地方の高速道路も利用する，という理由もあり，路線ごとの償還主義に代わって，後発路線の建設の費用を先発路線の料金収入で賄うという料金プール制が1972年に導入された。それ以降，高速道路全体の建設費用を高速道路全体の料金収入で賄うという制度が確立した。これにより，原則としてどの路線を利用しても同じ料金水準が定められることになった。これは典型的な内部補助であるといえる。

しかし，内部補助の問題点は以前から指摘されており，政府の道路審議会（現・社会資本整備審議会道路分科会）においても内部補助制度の縮小，プール制度の改革が提案されてきた。現在の高速道路料金は，普通区間，大都市近郊区間，海峡部等特別区間という3種類の異なる料率が設定されている。しかしそれでも依然料金プール制は維持されていると考えてよい。

高速道路の延伸，さらに老朽化した高速道路インフラの更新期を迎え，今後も多額の資金を必要とすることが明らかとなり，これまで再三償還年限が延長されてきている（現時点では2065年）。第5章でも述べたように，高速道路を無料開放することが，混雑のひどい東名・名神高速道路などでは非現実的であることも考えると，すでに償還主義や道路無料開放の原則は制度疲労を起こしており，抜本的な高速道路料金制度の改革が求められている。

❖ 内部補助の定義

　ある交通サービスを供給する経済主体の内部において，黒字の発生している部門と赤字の発生している部門があるとすれば，この経済主体において内部補助が存在していると考えることができる。つまり，黒字部門は内部補助をしており，赤字部門は内部補助されていることになる。しかし，内部補助の存在の有無を確認することは上記のように簡単ではない。内部補助に関する定義には厳密なものが存在する。以下では，内部補助の有無をチェックするテストのなかで主たるものを説明することにしよう。

(1) 完全配賦費用テスト

　このテストは，もっとも一般的な内部補助の判定方法として知られている。ある交通企業が複数のサービス部門（たとえば旅客部門と貨物部門）を持っているとき，共通費用（たとえば，鉄道サービスの線路や信号に関する費用）が発生する。まず，この共通費用を何らかの基準にしたがって各部門に配賦する。

　次に，配賦された共通費用の一部とそのサービスに固有の費用（個別費用）を合計し，それを各部門の費用とする。そして，この費用とその部門の収入を比較する方法を完全配賦費用テストと呼ぶ。ある部門からの収入がその部門の完全配賦費用よりも多ければ内部補助していると判断され，少なければ内部補助されていると判断される。

　ところが，共通費用を配賦する方法には複数のものがあり，それらのうちどれが適切なのかを合理的・客観的に決める基準はない（第4章〔81ページ〕参照）。したがって，完全配賦費用に基づく方法は恣意性を免れず，その基準によって内部補助する，されるの判断が左右されてしまうことになる。そのため，合理性を欠くと批判されることが多い。

(2) 単独採算費用テスト

　単独採算費用とは，ある特定の部門の交通サービスだけを供給し，ほかの部門の交通サービスを供給しない場合に必要となる費用のことである。2部門の場合は，1部門の生産を取りやめれば共通費用のすべてが生産を続ける部門の個別費用と合計されることになる。

　こうして計算された単独採算費用よりもその部門の収入が多ければ内部補助をしており（テストにパスする），少なければ内部補助しているとはいえない（「内部補助されている」とは異なることに注意）。換言すれば，単独採算費用テス

244　　第9章　外部補助と内部補助

トにパスしていれば，共通費用のすべてを負担したとしても依然その部門での収入が上回っているのであるから，これは確実に内部補助をしていると判断できる。

(3) 増分費用テスト

増分費用とは，現在行っている交通サービス部門に加えて新たに別の交通サービス部門の生産を開始したときに必要となる費用の増加分のことである。生産を行っている部門にすでに共通費用は投下されているので，新たに追加する部門の個別費用がそのまま増分費用となる。

この増分費用よりもその部門の収入が少なければ内部補助をされており（テストにパスする），多ければ内部補助をされているとはいえない（「内部補助している」とは異なることに注意）。換言すれば，増分費用テストにパスしていれば，新たに生産を開始した部門固有の追加的な費用すら収入で賄うことができないのであるから，これは確実に内部補助されていると判断できる。

以上のことを総合的に理解するために，数値例を示した表9-2を使って考えてみることにしよう。ある交通企業が第1部門と第2部門という交通サービスを提供するものとする。第1部門（たとえば旅客部門）と第2部門（たとえば貨物部門）との間には代替・補完関係はないものとする。各部門においては最適な生産量が選択されており，表9-2にはその数値が示されている。また，各社の固定費用は共通費用のみであるとする（したがって，ここでは各部門の可変費用はそのまま増分費用となる）。

まず，A社の例を考えよう。完全配賦費用テストに基づくならば，運賃収入（g）と完全配賦費用（h）との大小関係を比べればよい。第1部門（A_1）は g＜h となっているので内部補助されており，第2部門（A_2）は g＞h となっているので内部補助している。

単独採算費用テストでは，運賃収入（g）と単独採算費用（i）を比べればよい。第1部門では g＜i となっているのでテストをパスしておらず内部補助しているとはいえない。第2部門では g＞i となっているのでテストをパスし，確実に内部補助している。

増分費用テストでは，運賃収入（g）と増分費用（j）を比べればよい。第1部門では g＜j となっているのでテストをパスしており，確実に内部補助されている。第2部門では g＞j となっているのでテストをパスしておらず，内部

表 9-2　内部補

交通企業	A　社		B　社		C　社	
a　共通費用	1,000		1,000		1,000	
交通サービス部門	A_1	A_2	B_1	B_2	C_1	C_2
b　共通費用の配賦	400	600	500	500	400	600
c　生産単価	20	10	10	15	20	15
d　生産量	100	200	150	120	100	150
e　可変費用（c×d）	2,000	2,000	1,500	1,800	2,000	2,250
f　運　賃	18	16	12	20	18	20
g　運賃収入（f×d）	1,800	3,200	1,800	2,400	1,800	3,000
h　完全配賦費用（b+e）	2,400	2,600	2,000	2,300	2,400	2,850
i　単独採算費用（a+e）	3,000	3,000	2,500	2,800	3,000	3,250
j　増分費用（e）	2,000	2,000	1,500	1,800	2,000	2,250

補助されているとはいえない。この A 社の数値例では，いずれのテストも相
互に矛盾しておらず，内部補助する部門と内部補助される部門が明確に確定で
きる完全なケースである。

　B 社の例では，完全配賦費用テストにより第 1 部門は内部補助されており
（g<h），第 2 部門は内部補助している（g>h）。しかし，単独採算費用テスト
では第 1 部門も第 2 部門もともにテストをパスせず（g<i），ともに確実に内
部補助しているとはいえず，また増分費用テストでも，第 1 部門も第 2 部門も
ともにテストをパスせず（g>j），ともに確実に内部補助されているとはいえ
ない。いずれの場合も確実に内部補助している，あるいはされているとはいえ
ないので，この場合は両部門とも内部補助の有無に関して明確でない不完全な
ケースである。

　C 社の例では，完全配賦費用テストの結果は A 社ならびに B 社と同じである。
両部門とも単独採算費用テストをパスしない（g<i）ので，両部門とも内部補
助しているとはいえない。しかし，増分費用テストでは，第 1 部門のみパスし
ている（g<j）ので第 1 部門のみが確実に内部補助されていると判定される。
D 社の例はこの逆となっている（読者自ら確かめられたい）。

　E 社の例では，完全配賦費用テストで両部門とも g<h となっているので損
失が出ており，内部補助は存在しないといえる。単独採算費用テストでも両部
門とも g<i となっているので確実に内部補助していないと判断できる。増分
費用テストでは第 1 部門のみがパスしている（g<j）ので，確実に内部補助さ

246　　第 9 章　外部補助と内部補助

助判定の数値例

D 社		E 社		F 社			交通企業
1,000		1,000		1,000		a	共通費用
D_1	D_2	E_1	E_2	F_1	F_2		交通サービス部門
400	600	400	600	400	600	b	共通費用の配賦
15	10	20	15	15	10	c	生産単価
100	200	100	150	100	200	d	生産量
1,500	2,000	2,000	2,250	1,500	2,000	e	可変費用 ($c \times d$)
16	22	18	18	20	22	f	運 賃
1,600	4,400	1,800	2,700	2,000	4,400	g	運賃収入 ($f \times d$)
1,900	2,600	2,400	2,850	1,900	2,600	h	完全配賦費用 ($b+e$)
2,500	3,000	3,000	3,250	2,500	3,000	i	単独採算費用 ($a+e$)
1,500	2,000	2,000	2,250	1,500	2,000	j	増分費用 (e)

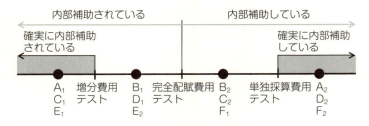

図9-1　内部補助の状況の位置関係

れているといえるが，第2部門はパスしていない（g>j）ので内部補助されているとはいえない。これは完全配賦費用テストと矛盾する例である。F社の場合はともに黒字となっており，E社の逆となっている（読者自ら確かめられたい）。

以上のことを図によってまとめると図9-1のようになる。ここで注意すべきなのは，E社とF社の完全配賦費用テストの位置関係である。共通費用の配賦の方法には恣意性があるということを先に述べた。図9-1のような配賦の方法だと，E社も（各部門赤字という意味で），F社も（各部門黒字という意味で）内部補助がないということになる。

しかし，配賦の方法を変えると内部補助があるというような状況が出現する。図中の完全配賦費用テストの分岐点をE_1とE_2（またはF_1とF_2）との間に持ってくれば（つまり，そのように費用の配賦方法を変えれば）内部補助が起こることになる。これは完全配賦費用テストの恣意性を物語っている。

上記の内部補助に関するテストは，それらが交通サービスによって発生する便益との対応関係を無視しているという点からの批判がある。これらについて考慮した内部補助の判定のテストもあるので，これらの詳細については，山内・竹内［2002］第4章第5節，あるいは Zajac［1978=1987］を参照されたい。

❖ 内部補助の評価

　これまで述べてきたように，交通サービス間での内部補助はかねてから多くの分野で行われてきており，好むと好まざるとにかかわらず，現在においても依然内部補助は行われている。内部補助を積極的に活用する場合であれ，結果として内部補助になるような場合であれ，内部補助は経済学的に見て，どのような評価を与えることができるだろうか。

　内部補助を資源配分の観点から評価することにしよう。以下は R. ターヴェイによる説明を引用した岡野・山田編［1974］に基づいている。簡単化のために2つの路線を考える。一方の路線は都市部の路線（添え字 u）で，需要が旺盛にある。平地を走行する路線ということもあり，サービス供給の費用は安価であるとする。他方の路線は地方の路線（添え字 r）で，需要が少ない。山間部を走行する路線ということもあり，サービス供給の費用は高額であるとする。さらにこの交通企業は，収支均衡のもとで交通サービスを供給しており，これゆえ地方路線の赤字額と都市路線の黒字額は等しい。

　以上の前提のもとで図9-2が描かれている。縦軸にはこの交通サービスの費用および運賃 p，横軸にはこの交通サービスの量 q がとられている。MC_u と MC_r はそれぞれ都市路線と地方路線の限界費用で，簡単化のために一定とする（そのため平均費用と等しいことに注意）。MC_a はこの2つの路線の限界費用（平均費用）を各路線の交通サービスの量で加重平均した限界費用（平均費用）である。図9-2では MC_a はかなり MC_u 寄りになっている。その理由は地方路線に比べて都市路線の利用客（したがって，加重値となっている交通サービスの量）がかなり多いことによる。D_u と D_r はそれぞれ都市路線と地方路線の，この交通サービスに対する需要曲線である。

　仮に路線別に運賃が限界費用に等しく設定されれば，都市部では MC_u と D_u との交点である G が市場均衡点となり，運賃は p_u，交通サービスの量は $q_u{}'$ となる。一方，地方部では MC_r と D_r が交点を持たず，運賃は p_r となって，交通

248　　第9章　外部補助と内部補助

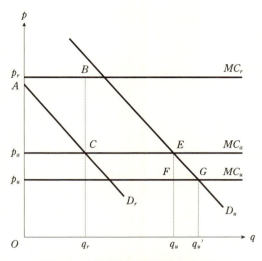

図 9-2　内部補助の資源配分上の評価

サービスの量はゼロとなる（運賃が高すぎて誰も利用しない）。内部補助によって運賃が一律になっている場合には，加重平均を示した MC_a に基づいて運賃が設定されるので，運賃は一律の p_a となり，都市路線と地方路線における市場均衡点はそれぞれ MC_a と D_u，そして MC_a と D_r との交点である E と C になる。したがって，都市路線の交通サービスの量は q_u となり，地方路線のそれは q_r である。

一律運賃の場合，都市部の黒字と地方部の赤字は等しいので，p_aEFp_u（都市路線の黒字）と p_rBCp_a（地方路線の赤字）は等しいことに注意しよう。路線別運賃から一律運賃に移行した場合，各路線の社会的余剰（ここでは消費者余剰）は都市路線では p_aEGp_u の減少で，地方路線では ACp_a の増加となる。したがって，路線別運賃から一律運賃に移行した場合の社会全体の社会的余剰の変化は，

$$-p_aEGp_u + ACp_a$$

となる。この式に，$p_aEFp_u - p_rBCp_a$（=0）を加えても値は変わらない。したがって，

$$-p_aEGp_u + ACp_a + p_aEFp_u - p_rBCp_a$$
$$= (-p_aEGp_u + p_aEFp_u) + (ACp_a - p_rBCp_a)$$
$$= -EFG - p_rBCA < 0$$

つまり，路線別運賃から一律運賃（内部補助）に移行すれば余剰の変化は負となるので，路線別運賃のほうが望ましいということになる。このことから資源配分上，内部補助は望ましくない。

　では公正上の観点からはどうだろうか。公正に関しては価値判断を伴うために断定的なことはいえない。しかし，都市路線を利用する都市部の住民から得られた収入が，当人の利用とはいっさい関係のない地方路線の運営のために使われるということに，都市部の住民はなかなか納得してくれないだろう。たとえば，現在の鉄道サービスにおいて，山手線や大阪環状線の利用客の収入が，当人が今後利用する可能性のほとんどない東北地方や中国地方のローカル線の維持運営に使われるとすれば，都市部の利用客はこれを不公正と感じるかもしれない。したがって，公正の面から見ても，少なくとも積極的に内部補助を支持する理由は見つけにくい。

　このようなことから，効率の観点からも公正の観点からも，内部補助は旗色の悪い政策である。事実，これまでのわが国における運賃（料金）制度においても，内部補助をできるだけ排除するような政策が提案されてきた（コラム〔243ページ〕参照）。しかし，前に述べたシビル・ミニマムの達成などの根拠によって内部補助がある程度利用されているのが現状である。

4 外部補助の形態

❖ 特定補助と一般補助

　外部補助において，補助の使途を特定する場合を**特定補助**と呼び，補助の使途を特定しない場合を**一般補助**と呼ぶことが多い。特定補助と一般補助にはそれぞれ一長一短がある。

　特定補助はその使途を特定するために，補助を行う主体の意図が反映されやすい。たとえば，ある地域に補助を与える場合を考えてみよう。その地域においてある交通サービスの供給が著しく遅れているとき，その交通サービスの充実のために補助を使わせることは，地域間のバランスをとり，交通ネットワークを完成させるために有効である。

　しかしその反面，使途が特定化されるために，補助を受ける側が本当に必要

としている分野に補助を利用できない欠点がある。ある特定の交通サービスの供給が遅れているのは，その地域において住民がとくにその交通サービスを必要としていないからかもしれない。たとえば，その地域ではバス・サービスの充実を住民が求めているにもかかわらず，鉄道施設の整備が遅れているからといって鉄道建設に使途が限定された特定補助が与えられれば，住民の望んでいない鉄道サービスが充実してしまうことになる。

　一方，一般補助は使途が限定されないために，補助を受けた地域は自地域に本当に必要なもののために補助を使うことができる。つまり，消費者が自己の効用を最大にするように自己の所得を使うのと同様に，地域が自地域の効用を最大にするようにその補助を使うことができる。上記の例では，必要としているバス・サービスの充実に補助を使うことができ，住民の厚生は高まることになる。

　しかし，特定補助の場合の長所とは裏腹に，その地域での補助の使い方が他地域と比べてきわめて特異であるために，交通ネットワークの形成を阻害するようなことがありうる。たとえば，ある交通サービスを充実するために補助を利用すれば地域間の交通の利便性が高まる（ネットワーク・サイズの経済の実現）にもかかわらず，使途が自由なために交通サービスとはまったく関係なく，不必要なまでに立派な公共施設が建設されるというようなこともありうる。

　交通サービスにおける特定補助の事例としては，バリアフリー施設の整備，踏切保安設備の整備，離島航路を維持するための補助などがある。一般補助としては，地方交付税交付金などがその典型である。

❖ 営業補助と資本補助

　とくに，過疎地における交通サービスの供給においては，需要の不足から赤字が慢性的になっており，こうした赤字を補塡するために補助が与えられることがある。これがその交通サービスの営業について補助するものである場合には**営業（費）補助**と呼ばれる。しかし，営業補助は経営努力のインセンティブの付与という点で重大な問題点を含んでいる。つまり，赤字が出た場合にその赤字額に見合うだけの補助が無条件に与えられる制度になっていれば，その交通サービスの供給主体は経営努力をしようとするインセンティブを持たなくなる。そのため，営業補助は慢性的な赤字の垂れ流しと補助の際限ない支給とい

う悪循環をもたらすことになる。

　こうした営業補助の持つ，経営努力のインセンティブの欠如をもたらさないものとして，**資本（費）補助**がよく用いられる。資本補助はインフラの整備などの資本整備に対して補助が行われるものである。資本補助は，営業補助のような供給主体の経営努力のインセンティブの欠如をもたらさずに交通サービス供給主体の経営を助けることができるので，しばしば実施される。公営事業者が行う地下鉄の新線建設などに対する「地下高速鉄道整備事業費補助」，離島航空路線に使用される航空機の機材購入に対する補助などが例としてあげられる。

　また，資本設備の整備のための融資を受けた場合に，その利子に対して補助を行う**利子補給**も資本補助の一形態と見なすことができる。たとえば，外航海運業における船舶建造時の利子補給は，日本の外航海運政策上の代表的な補助政策であった。しかし，100％の資本補助を行うことは，不必要なまでの過剰な資本ストックをもたらすことがあるので，通常は資本の一定割合を補助する場合が多い。

　このほかにも，補助という名前は明示的に用いられないけれども，事実上の補助の形態として税金の免除措置，負担軽減措置などが行われることがある。また会計処理上の負担軽減措置を設けることもある。これらの措置の事例は，交通サービスの分野に限っても枚挙にいとまがない。比較的消費者に近い事例としては，燃費のよい自動車には自動車取得税や自動車重量税の減免を行う，いわゆるエコカー減税などがある。

❖ 現物給付と現金給付

　福祉政策の一環として，高齢者や身体障害者の外出の機会を増やすことや，外出に必要な足の確保を図ることを目的として，多くの自治体において敬老パスや障害者割引などという名目のもとに補助が行われることが多い。具体的には，無料・半額回数券の支給や無料で乗り放題のパスなど，さまざまな形態がある。

　これらはいずれもバスや鉄道などの公共交通機関へ乗車するために支給されるものであり，（転売などしない限り）ほかへの利用はできないので利用者への特定補助の一種となる。また，これは**現物給付**ということもできる。現物給付によって損失の出る公共交通機関は，（内部補助をしなければ）その欠損に見

252　　第9章　外部補助と内部補助

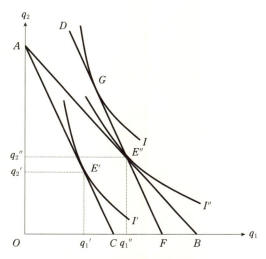

図9-3 現物給付と現金給付

合った額を自治体などから後に補助の形で支給されることになる。

このように考えると、いずれにせよ自治体が支出を行うのならば、現物給付の形ではなく、その支出分を現金として補助対象者に直接支給し、それで公共交通機関を利用してもらう**現金給付**という方法もあるはずである。利用者にとって、現物給付と現金給付のどちらが望ましいのだろうか。

これを理解するために、いまあるバス・サービスについて補助対象者（消費者）に半額パス（そのパスを提示すれば、運賃は半額になる）が配られる場合（現物給付）と、そのために必要とされる自治体の必要経費をそのまま補助対象者に現金で給付する場合（現金給付）とを比較することにしよう。

図9-3は、現物給付と現金給付を表したものである。横軸にバス・サービスの利用量 q_1 をとり、縦軸にそのほかの財（何を取り上げてもよいが、代表的な財を1つ）の利用量 q_2 をとる。またこのバス・サービスの運賃を p_1 とし、そのほかの財の価格を p_2 とする。図9-3の直線 AB, AC, DF は**予算制約線**であり、ミクロ経済学の消費者行動の理論が教えるように、この傾き（絶対値）は2つの財の価格の比率 p_1/p_2 となっている。そして、補助対象者はバスの運賃とそのほかの財の価格の2つを考えて自己の効用を最大にするように行動し、最適な財の消費量の組み合わせを選択する。

4 外部補助の形態 253

いま，バス運賃は通常のままで，補助がないものとしよう。そのときのバスの価格を p_1' とする。このときの予算制約線を AC，このときの補助対象者の無差別曲線を I' とすると，最適点は E' となり，この補助対象者は q_1' だけのバス・サービスを消費する。補助対象者のこのときのバスへの支出額は $p_1'q_1'$ である。

ここで補助対象者に半額でバスを利用できるパスが給付されたとしよう。バスの運賃は実質的に半額の $p_1'/2$（これを p_1'' とする）となる。この結果，この補助対象者の予算制約線の傾きは AB に変化する（そのほかの財の価格は不変である）。したがって，補助対象者の最適財の組み合わせの点も変化し（選ばれる無差別曲線は I''），この現物給付のあるときの最適点は E'' に移動して，バス・サービスの消費量は q_1'' に増加する。したがって，補助対象者のバスへの支出額は $p_1''q_1''$（$=(p_1'/2)\times q_1''$）となる。半額補助なので，自治体はこのとき補助対象者が負担するべきだったのに負担しなかった額 $p_1''q_1''$ を損失を埋める補助としてバス企業に支出することになる。

そこで，自治体がこの $p_1''q_1''$ と同じ額を補助対象者に直接現金給付することを考える。このときの補助対象者は現金を受けとるものの，バス運賃は半額ではなくなる。補助によって所得が増大するから，彼（彼女）の予算制約線は AC がそのまま右方向に平行移動して DF となる（価格の比は等しいから，AC と DF の傾きは等しい）。

この予算制約線の場合に効用を最大にする無差別曲線は I であり（最適点は G），これは I'' よりも原点から離れて存在する。つまり，現金給付のほうが現物給付よりも補助対象者の効用は高い（読者は予算制約線 DF に接しながら無差別曲線 I'' と交点を持たないように無差別曲線を描くときは，どうしても I が I'' より原点から離れていなくてはならないことを実際に作図して確認されたい）。

このように，少なくとも補助の対象者から見れば，パスなどの現物給付よりも現金給付のほうが望ましいことがわかる。これは直感的にも理解される。バスを普段利用しない人にとってみれば，半額パスを給付されたところで，それは宝の持ち腐れにすぎない。それよりも現金を給付されれば，（バスの利用に使ってほしいという自治体の意図は無視されるけれども）その使途は限定されないから，自分の効用をより高めるようにその現金を有効に使うことができる。

しかし現実の社会を見ると，バスの例を見ればわかるように，圧倒的に現金

254　　第9章　外部補助と内部補助

Column

現物給付と現金給付のグラフの位置関係

　読者は，図 9-3 で AB と I'' の接点でちょうど DF が交点を持つように都合よく DF を引いたのではないかと思われるかもしれない。しかし，現物給付と現金給付の支出額を等しいと仮定すると，予算制約線 AB と DF の交点に必ず E'' が存在することを示すことを簡単な数値例で示すことができる。疑念を払いたい読者のために次のような数値例を提供しよう。

　バスの補助前の運賃を 2，補助後の運賃を 1 として，そのほかの財の価格を 1（不変）とする。補助対象者の所得の総額を 10 とすれば，予算制約線 AC は $2q_1 + q_2 = 10$ となり，AB は $q_1 + q_2 = 10$ となる。現物給付後の補助対象者の最適な財の組み合わせを E'' $(6, 4)$ としよう。バスの価格は $p_1'' = 1$ であり，利用量は $q_1'' = 6$ であるからバスへの支出は 6 となり，それと同額を自治体は支出しなくてはならない（半額の補助であるため）。この補助額の 6 をそのまま補助対象者に現金給付すれば彼（彼女）の所得は 16 となり，そのときの予算制約線 DF は $2q_1 + q_2 = 16$ となる。そしてこの予算制約線 DF は点 E'' $(6, 4)$ を通過する。

給付よりも現物給付の制度のほうが多い。それは，おそらく現物給付のほうが補助金の原資となっている税金を支払う納税者の理解を得られやすいからだろう。たとえば，高齢者や身体障害者の移動の利便性を高めるために給付した現金が，アルコールの購入代金に使われたり，ギャンブルに使われたりする可能性がないとはいえない。その場合は，そうした支出が税金によって賄われるということの説明責任を行政が果たせなくなる。このため資源配分上は劣る方法であっても現物給付が普及しているものと考えることができる。

❖ 世代間補助

　高齢者への補助についてさらに興味深いのは，これがたいていの場合，世代間の内部補助になっているという点である。上記の例の場合，高齢者のバス運賃割引の原資は現在の若い世代の収入（税金）である。そして，現在の若い世代が数十年後に高齢者となったときには，そのときの若い世代からバスの運賃割引のような形で補助を受けることになるだろう。

　しかし，少子化の進行により，現在の若い世代は，現在，内部補助をしているのと同等の額を将来において内部補助されることは難しくなってくるかもしれない。現在の高齢者は，いまから数十年前にいた高齢者の数が少なかった

4　外部補助の形態　　255

めに，もしかすると自分たちが過去に支払った額よりも多くの内部補助を現在
受けているかもしれない。このように，内部補助は見えないところでわれわれ
の生活を支えているのである。

＊注

シビル・ミニマムという言葉に関連して，「ナショナル・ミニマム」という言葉も散
見される。これは「国家（たとえば日本）の国民ならば最低限○○だけの交通サービス
を持つ権利がある」という意味で使われることが多い。この言葉はシビル・ミニマムの
概念に包含されるものであると考え，本書では用いていない。

重要語句

囚人のジレンマ，所得再分配，イコール・フッティング，償還主義，増分費用，特定補
助，一般補助，営業（費）補助，資本（費）補助，利子補給，現物給付，現金給付，予
算制約線

復習確認と議論発展のための問題

Q9-1

本文中の駅の事例にあるように，その地域にとって必要であるにもかかわらず，負担
から逃れたいために自ら言い出さないことによって設置が遅れるようなインフラとして，
ほかにどのようなものが考えられるか。そして，そのようなインフラ整備に国や自治体
はどのように関与しているか。

Q9-2

ある交通企業が第1部門（たとえば旅客輸送）と第2部門（たとえば貨物輸送）で生
産を行っているとし，各部門の状況は以下のようになっているとする（なお，本文中と
同じ仮定が成立しているものとする）。

a	共通費用	500	
	交通サービス部門	第1部門	第2部門
b	共通費用の配賦	300	200
c	生産単価	7	3
d	生産量	100	100
e	可変費用（c×d）	700	300
f	運賃	8	7
g	運賃収入（f×d）	800	700
h	完全配賦費用（b+e）	1,000	500
i	単独採算費用（a+e）	1,200	800
j	増分費用（e）	700	300

256　第9章　外部補助と内部補助

完全配賦費用テスト・単独採算費用テスト・増分費用テストの各テストに基づいて，各部門の内部補助の有無をそれぞれ判定せよ。

Q9-3

表 9-2 の A 社において，交通サービス部門 A_1 が確実に内部補助されていることになる運賃の上限と，交通サービス部門 A_2 が確実に内部補助していることになる運賃の下限を求めよ。

Q9-4

表 9-2 の E 社において，完全配賦費用テストで交通サービス部門 E_1 が内部補助されており，交通サービス部門 E_2 が内部補助していることになる共通費用配賦の組み合わせの例を 1 つ示せ。

Q9-5

消費者が，バス・サービス q_1 とほかの財 q_2 の 2 種類を消費して効用を得るものとする。バスの正規の大人運賃 p_1 を 200，ほかの財の価格 p_2 を 100，この消費者の所得を 10,000 とする。

(1)　この消費者の予算制約式を求めよ。

(2)　いま自治体がこの消費者に対して半額のバス運賃補助をするものとする。このときのこの消費者の予算制約式を求めよ。

(3)　半額の補助制度のもとで，この消費者の最適な財の組み合わせが $(q_1, q_2) = (70, 30)$ になったものとする。このときの自治体がバス企業に補助する金額の総額を求めよ。

(4)　自治体の補助金と同額をこの消費者に現金給付するときのこの消費者の予算制約式を求めよ。

(5)　現金給付の補助制度のもとでの消費者の予算制約式が点 $(70, 30)$ を通ることを示し，このときのこの消費者の効用を最大にする無差別曲線が $(70, 30)$ を通る無差別曲線よりも右上に存在することを示せ。

Q9-6 ★

次の文章を論評せよ。

「現在の高齢者世代は恵まれている。年金は納めた以上の金額をもらっているし，交通機関を利用するときに運賃は半額であったり無料だったりするし，席も譲ってもらえる。また，現在の高齢者が若年者だったころには，まだ深刻な環境汚染がなく，きれいな空気も水も使い放題だった。

ところが現在の若年者世代は，納めた金額だけの年金が返ってくる保証はなく，交通機関の利用は混雑に苦しむうえに，高齢者には席を譲らなくてはならない。そして，当時は使い放題だった環境を，過去の世代（現在の高齢者世代）が無造作に使って汚染させてしまったために，若年者世代は環境を守るために現在不自由な生活を強いら

れている。こうした状況を考えると，交通サービスを利用するときには，せめて高齢者の運賃は通常の水準であるべきであり，若年者が世代間内部補助をする必要はない。」

第10章

交通ネットワーク

　交通サービスはネットワークを形成する。同一交通機関内はもちろん，異種交通機関間でも互いにネットワークが形成されており，われわれはそれぞれのルートや交通機関（モード）をうまく組み合わせながら目的地に向かおうとする。そのとき，われわれはどのように考えてルートやモードを選択するのだろうか。

　さまざまな交通政策が実施されれば，ルートやモードの状況が変化するから，われわれの行動もそれに従って変化するだろう。その結果，交通量にどのような変化が起こるのか，またそうした利用者行動の変化を見通して，どのような交通政策を実施することがよいのだろうか。本章ではこれらのことについて分析する。なお，以下で紹介する数値例は基本的にArnott and Small［1994］に拠っている。

⚠本章で取り上げるトピックス

- ●利用者の合理的な行動の結果，ルートやモードの選択に何が起きるのか。
- ●道路拡幅が混雑緩和に貢献しないことがありうるのか。
- ●なぜ道路拡幅が鉄道を不便にするだけではなく，道路混雑を悪化させるのか。
- ●バイパスの新設が交通をいっそう不便にするメカニズムとはどのようなものか。
- ●ロード・プライシングはいつでも善なのか。

1 ワードロップの原理

❖ 交通サービス利用者のルート選択の行動原理

ある目的地に向かうときに自動車を使うことを考えよう。そして，その目的地に向かう道路には複数のルートがあるものとしよう。われわれは何を考えて，どのルートを選択するのだろうか。その道路から見る風景のよさ，自動車が揺れないような快適な路面，交通事故が発生しないような環境というようなことも，もちろん考慮に入れるだろう。

しかし最大の関心事は，いかに早く目的地に到達できるかということではないだろうか。われわれが日ごろから渋滞情報に耳を傾け，混雑しない道路を選んで走行しようとするのは，まさにこの所要時間の最小化行動にほかならない。所要時間は時間価値を乗ずることによって時間費用に変換できるから，これは時間費用の最小化行動である。目的地での活動で実現できる効用を一定とすれば，時間費用最小化行動は効用最大化行動と同じことになるので，これはミクロ経済学の想定する消費者の合理的な行動と一致する。

いま，もっとも単純な例として図 10-1 のような目的地まで 2 つのルートがある状況を想定しよう。O が出発点であり，D が目的地であるとする。ここで 3 つの仮定を置く。

第 1 に，この OD 間における交通需要は一定（需要は完全に非弾力的）であるとする。つまり**発生交通**は存在せず，2 つのルート間の**転換交通**のみが存在する。第 2 に，このネットワークを利用する道路利用者は，これらのルートについて完全情報を持っているとする。つまり，道路利用者はこれらのルートの状態をよく知っており，道路の所要時間などについて誤った情報や不確実な情

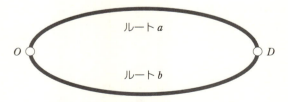

図 10-1　ワードロップの原理（ルートの選択）

報を持っていないということである。第3に，道路利用者は所要時間の最小化のみを基本に行動するということである。つまり，道路利用者は沿線の風景や，道路の形状，燃料消費，車両の減価償却費などはルート選択において考えないということである。

O地点から出発しようとしている道路利用者が，渋滞情報でルートaが混雑していることがわかったとする。そのとき彼（彼女）はルートbを利用することで，より早くD地点に到着しようとするだろう。しかし，ほかの人も同様に考えるだろうから，逆にルートbが混雑することになって，ルートaのほうがかえって混雑しなくなるだろう。こういうことを繰り返していくうちに，最終的には，どちらのルートを利用してもD地点までの所要時間が変わらないような均衡状態に落ち着くことになる。そのときのルートaとルートbの交通量は**均衡交通量（ワードロップ均衡とも呼ばれる）**と呼ばれる。

この事実を初めて定式化したJ. G. ワードロップ（Wardrop［1952］）にちなんで，これをワードロップの第1原理と呼ぶ。正式には次のように表現される。

「起終点間に存在する可能な経路のうち，利用される経路については所要時間が皆等しく，利用されないどの経路のそれよりも小さい。」

このワードロップの第1原理はOD間にルートが3つ以上あるときも妥当する。なお，ワードロップの原理は第2原理まであって，第2原理は，

「道路網中の総走行時間は最小である。」

というものである。しかし本書では第2原理は扱わないことにする（第2原理について詳細に知りたい読者は，たとえば土木学会［1998］参照）。したがって，本書では**ワードロップの原理**といえば，第1原理のみを指すものとする。

前述のように，所要時間は時間価値によって時間費用に変換できるから，ワードロップの原理を説明する文章のなかにある「所要時間」は，「時間費用」と置き換えても構わない。

※ 交通サービス利用者のモード選択の行動原理

上に述べたワードロップの原理は，もともと道路上の所要時間に関するものであった。しかし，これは道路交通だけでなくモード間選択の問題にも容易に拡張できる。図10-2においては，図10-1のうちの1つのルートが鉄道の路線に置き換わっている。ここではたまたま道路と鉄道のモード間選択としたけれ

1　ワードロップの原理　　261

図 10-2　ワードロップの原理（モードの選択）

ども，もちろんこれだけではなく，フェリーや航空機，バス，タクシーなど，さまざまなモードを取り上げることが可能である。

　道路の場合は混雑による時間費用の変化が問題となる。しかし鉄道の場合は事故などがない限り，ダイヤに従って運行されるので時間費用が変化することはまずない。鉄道の場合は，駅までのアクセスに要する時間や，次の列車が来るまでの待ち時間，車内の混雑の不快感，寒い（暑い）駅でじっと立って待っていなくてはならない苦痛，スリや痴漢などの犯罪に遭う可能性などといった費用が発生する。道路の場合はドア・ツー・ドアでこれらの費用が発生する恐れはない一方で，道路混雑に巻き込まれるイライラや，運転自体の疲労などの費用が発生する。交通事故発生の危険性もあるし，飲酒できないということもある。

　OD 間の交通サービス利用者は，それぞれのモードにおけるこれらのすべてを費用換算して，それらを合計したもの（一般化費用）を比較して，より安価なモードを選ぶと考えることができる。したがって，所要時間（時間費用）を一般化費用に置き換えることによってワードロップの原理を拡張することができる。読者は，実際にはこれらの一般化費用をいちいち費用換算して紙のうえで計算していることはないだろう。しかしモード選択をするときには，これらの費用を直感的に判断して意思決定をしているのではないだろうか（第 2 章の「一般化費用」〔50 ページ〕参照）。交通経済学はこの交通利用者行動を理論的に整理しているのである。

2 ピグー・ナイト・ダウンズのパラドックス

❖ ピグー・ナイト・ダウンズのパラドックスとは何か

　道路混雑を緩和する方法として，しばしば道路の拡幅などによって道路容量（交通処理能力）を上げることが行われる。しかし，道路拡幅の投資を行っても混雑が一向に以前と変わらないというような経験をした読者がいるかもしれない。このようなときによくいわれるのは，「道路が広くなって使いやすくなったので，みんながその道路を使うようになって混雑状態は前と変わらない。この混雑を緩和するためにさらに投資を行っても，もっと使いやすくなって，さらに多くの人がその道路を使うようになるので，一向に混雑状況は改善しない」という説明である。場合によっては「道路投資と混雑はイタチゴッコの関係にある」ということもいわれる。

　ピグー・ナイト・ダウンズのパラドックスは，こうした「道路拡幅などの混雑緩和のための投資をしても，混雑の状況は以前と変わらない」状況を説明するパラドックスである。A. C. ピグーと F. H. ナイトはともに代表的な経済学者であり，1920 年代の論争で上記の現象についてはじめて言及している。また，A. ダウンズも同様のことを 1962 年に言及している。

❖ 数値例による説明

　ピグー・ナイト・ダウンズのパラドックスを，数値例を使うことによって説明しよう。図 10-1 のような道路ネットワークを想定する。ルート a は道路の形状が悪く，また狭い道路であるために，混雑が発生しやすい道路であるとする。このルートの所要時間と，交通量ならびに道路容量の関係式は，

$$T_a = 10 + 10\left(\frac{F_a}{K_a}\right)$$

であるとする。

　ここで T_a はルート a の目的地までの所要時間（時間費用と言い換えても結論は変化しない），F_a はルート a の交通量（フロー：一定時間当たり通過車両台数），K_a はルート a の道路容量である。この関係式からわかるように，道路容量が増えれば所要時間は減少し，交通量が増えれば所要時間が増加する。また最小

所要時間（自由走行時間）は10分であることがわかる。

　一方，ルートbは形状がよく，何車線もある非常に広い道路であるために，OD間の交通量全体がこのルートを利用したとしても混雑がまったく発生しないような道路であるとする。ここでは$T_b = 15$（分）としよう。つまり，全交通量が流入しても混雑は発生しないので，所要時間はいつも一定の15分である。いまOD間の全交通量を一定の1000台とし，ルートbの交通量をF_bとおくと，$F_a + F_b = 1000$（台）となる。

　現在のルートaの道路容量を$K_a = 1000$（台）とする。ワードロップの原理により，ルートaの所要時間とルートbの所要時間は一致するので，OD間の全交通量の関係式とともに，次のような方程式が成立している。

$$T_a = 10 + 10\left(\frac{F_a}{1000}\right) = 15 = T_b \qquad F_a + F_b = 1000$$

　これを解くと，$F_a = 500$（台），$F_b = 500$（台）となり，これが均衡交通量である。

　いま，ルートaの混雑がひどいので，道路を拡幅し，道路容量を$K_a = 1500$（台）にしたとしよう。道路容量を1.5倍にしたことによって混雑が大幅に改善されることが期待される。上記と同様にして方程式を作ると，

$$T_a = 10 + 10\left(\frac{F_a}{1500}\right) = 15 = T_b \qquad F_a + F_b = 1000$$

となる。これを解くと$F_a = 750$（台），$F_b = 250$（台）となり，これが均衡交通量である。

　この2つの方程式体系からわかるように，ルートaの道路拡幅を行っても所要時間は15分であって変化はない。確かにルートaは道がよくなったけれども，その分250台の車がルートbから転換してくるために，混雑状況は変わらず所要時間は依然15分のままである。つまり前述のように，「道路が便利になったので，より多くの車がその道路を使い始める」という現象が現れ，道路投資前も投資後も所要時間は変わらない。これがピグー・ナイト・ダウンズのパラドックスである。

　このパラドックスから抜け出す方法はあるのだろうか。言い換えるならば，ルートaへの投資はどれほど大きくても無駄なのだろうか。

　仮にルートaの道路拡幅を大規模にし，$K_a = 2500$（台）にしたとしよう。こ

のときルート b はまったく利用されなくなる（$F_a = 1000$, $F_b = 0$）。その結果，

$$T_a = 10 + 10\left(\frac{1000}{2500}\right) = 14$$

となり，所要時間は 15 分から 14 分に 1 分ほど短縮される。したがって，ルート a への道路投資がまったく無駄というわけではない（ピグー・ナイト・ダウンズのパラドックスが発生していない）。それではパラドックス発生の分岐点はどこにあるのだろうか。次の関係式，

$$T_a = 10 + 10\left(\frac{F_a}{K_a}\right) = 15$$

が成立するとき，所要時間は 15 分であり，右の等号について式を変形すると，$F_a = K_a/2$ が成立する。ルート b（所要時間 15 分）が利用されなくなる（$F_a = 1000$, $F_b = 0$）ときに所要時間は 15 分を下回るようになるので，$F_a = 1000$（台）を $F_a = K_a/2$ に代入して得られた $K_a = 2000$（台）が，パラドックスが発生するかしないかの分岐点となる。ルート a の道路拡幅の規模（交通処理能力）が 2000 台を超えるくらいに大規模ならば，パラドックスは発生しない。

❖ **図による説明**

以上の数値例を図 10-3 によって示すことにしよう。縦軸に所要時間（時間費用）をとり，横軸には交通量（一定）がとられている。C_a と C_b はそれぞれ

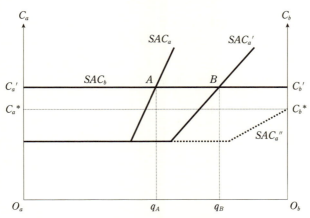

図 10-3　ピグー・ナイト・ダウンズのパラドックス

ルート a, b の所要時間（費用）である。ルート a は原点 O_a から右に交通量がとられており，ルート b は原点 O_b から左に交通量がとられている。したがって，数値例に従えば，横軸の幅が $F_a + F_b = 1000$（台）である。SAC_a と $SAC_a{}'$ はそれぞれルート a の道路拡幅前後の社会的平均費用曲線であり，SAC_b はルート b の社会的平均費用曲線である。

　道路拡幅前のルート a の社会的平均費用曲線は SAC_a だから，これと SAC_b が等しくなる点（A 点）でワードロップ均衡が成立しており，このときのルート a の交通量は $O_a q_A$（500台）であり，ルート b の交通量は $O_b q_A$（500台）である。また，このときの所要時間（費用）は $C_a{}' = C_b{}'$（15分）である。

　いま，ルート a の道路を拡幅してルート a の社会的平均費用が $SAC_a{}'$ になったとしよう。このとき，$SAC_a{}'$ と SAC_b が等しくなる点（B 点）でワードロップ均衡が成立し，ルート a の交通量は $O_a q_B$（750台）に増加し，ルート b の交通量は $O_b q_B$（250台）に減少する。ところが，所要時間（費用）は依然 $C_a{}' = C_b{}'$（15分）で変わらないため，ピグー・ナイト・ダウンズのパラドックスが発生している。

　ルート a に対して大規模な道路拡幅を行うことにして，その結果ルート a の社会的平均費用が $SAC_a{}''$ になったとしよう。このときにはもはやルート b は利用されることはなく，右側の縦軸と $SAC_a{}''$ との交点でワードロップ均衡が成立している。したがって，ルート a の交通量は $O_a O_b$（1000台）となり，ルート b の交通量はゼロとなる。所要時間費用は $C_a{}^* = C_b{}^*$（14分）となり，道路拡幅によって所要時間（費用）は低下し，ピグー・ナイト・ダウンズのパラドックスは発生していない。こうした投資が正当化されるかどうかは，この交通投資による時間費用の低下分 $C_a{}' C_b{}' C_b{}^* C_a{}^*$ の長方形の面積（時間費用節約便益）がこの投資の費用を上回るか否かで決定される。

　ピグー・ナイト・ダウンズのパラドックスは，代替的な道路の状況によっては混雑緩和のための投資が問題の解決につながらないことを示している。こうした状況では小手先の小さな投資では問題解決に効果はなく，大規模な投資が必要であることがわかる。しかし，それが正当化できるかどうかは費用便益分析などのプロジェクト評価の結果によって左右される。

266　　第10章　交通ネットワーク

3 ダウンズ・トムソンのパラドックス

❖ ダウンズ・トムソンのパラドックスとは何か

ダウンズ・トムソンのパラドックスは，モード間の選択に関するパラドックスである。O 地点から出発して D 地点に向かうときに，鉄道と道路の 2 つのモードがあるとしよう。これは図 10-2 の状況である。ここで，鉄道は道路交通の発達によって利用客の減少に悩んでいるものとし，一方，道路は使いにくい鉄道から利用者が転換してきて混雑に悩まされているものとする。当然，道路の利用者は混雑緩和のために道路の拡幅を期待するだろう。混雑緩和のために道路を拡幅して道路が使いやすくなった結果，利用者が鉄道から道路に転換し，鉄道は運行本数が減少してますます不便になり，一方，道路は以前よりもむしろ混雑が激化する，ということを示したのがダウンズ・トムソンのパラドックスである。

以上のことからわかるように，このパラドックスは繁忙な鉄道の多い大都市よりも，零細な中小鉄道を抱える地方都市において発生しやすい。このパラドックスは，A. ダウンズと，J. M. トムソンの 1977 年の論文における言及などに基づいている。

❖ 数値例による説明

ダウンズ・トムソンのパラドックスを数値例によって説明しよう。目的地までのモードは道路（添え字 r）と鉄道（添え字 t）である。道路の所要時間と，交通量ならびに道路容量の関係式は，

$$T_r = 10 + 10\left(\frac{F_r}{K_r}\right)$$

とする。ここで T_r，F_r，K_r はそれぞれ道路の所要時間，交通量，道路容量である。一方，鉄道は決められた運行間隔で運行されているので，鉄道の利用客は次の列車が来るまでの待ち時間が旅行時間に加算される。運行本数が多いほど待ち時間は短く，運行本数が少ないほど待ち時間が長い。このことを表すために鉄道の所要所間と交通量（運行本数と同じと考えてよい）の関係式は，

$$T_t = 20 - \frac{F_t}{300}$$

であるとする。ここで T_t, F_t はそれぞれ鉄道の所要時間，交通量である。この式では，F_t が減少すればするほど（運行本数が少なくなればなるほど），所要時間が大きくなるようになっている。OD 間の交通量は，先ほどと同じく 1000 で一定としよう。つまり，$F_r + F_t = 1000$ である。

　ワードロップの原理を使うと，成立している関係式は次のようになる。

$$T_r = 10 + 10\left(\frac{F_r}{K_r}\right) = 20 - \frac{F_t}{300} = T_t \qquad F_r + F_t = 1000$$

これらを連立させて次の式を得る。

$$F_r = \frac{K_r}{1.5 - \dfrac{K_r}{2000}} \qquad T_r = 10 + \frac{10}{1.5 - \dfrac{K_r}{2000}} = T_t$$

　さて，現在の道路容量を $K_r = 250$（台）であるとしよう。このときは上記の関係式より $F_r \fallingdotseq 182$（台），$T_r = T_t \fallingdotseq 17.27$（分）となる。そこで道路混雑を緩和するために道路の拡幅が行われ，その結果，道路容量が $K_r = 750$（台）になったとする。すると上記の関係式より，$F_r \fallingdotseq 667$（台），$T_r = T_t \fallingdotseq 18.89$（分）となる。つまり，道路拡幅によって道路容量を増やすと，所要時間（費用）が増加する。

　以上の数値例を竹内［2006］の第 4 章第 3 節に基づいて解説すると次のようになる。道路容量を拡張することは，道路交通の所要時間の短縮を短期的に招く。鉄道利用者は道路が便利になったことを知ると，鉄道から道路へ転換する。鉄道利用者の減少に伴って鉄道企業は採算を維持するために運行本数を減少させ，経費を削減するだろう。その結果，待ち時間が増大して全体としての所要時間が増大する。ワードロップの原理が教えるように，鉄道と道路のどちらを使っても所要時間が一致するように交通量は配分されるから，道路の所要時間も鉄道の所要時間と同じになり（つまり，それくらい道路に交通需要が殺到する），結果として，道路拡幅前よりも鉄道は不便になり，道路は前よりも混雑が悪化する。

❖ **図による説明**

以上の数値例を図 10-4 によって示すことにしよう。図の見方は図 10-3 と同様であり，添え字がそれぞれ a が r に，b が t に変わっているだけである。道路拡幅前の社会的平均費用曲線は SAC_r であり，鉄道の社会的平均費用曲線は SAC_t である（これは道路拡幅後も不変である）。SAC_t が左下がりになっているのは，F_t（図 10-4 では O_t から左へ向かっての距離）が増加すればするほど（運行本数が増えれば増えるほど）待ち時間の減少によって所要時間（費用）が減少するからである。

道路の拡幅前の均衡状態はワードロップの原理により A 点であり，このときの交通量配分は道路が $O_r q_A$ （182 台），鉄道が $O_t q_A$ （818 人：自動車 1 台当たり 1 名乗っているとすれば，鉄道の利用者数 818 人と考えてよい）となる。また，所要時間（一般化費用）は $C_r^* = C_t^*$ （17.27 分）である。

現在の道路混雑を緩和するために，道路の拡幅が行われたとしよう。拡幅後の道路の社会的平均費用曲線は SAC_r' である。拡幅後の均衡状態はワードロップの原理により B 点となる。このときの交通量配分は道路が $O_r q_B$ （667 台），鉄道が $O_t q_B$ （333 人）となる。また，所要時間（一般化費用）は $C_r' = C_t'$ （18.89 分）である。道路の拡幅によって所要時間（一般化費用）はかえって増加し，ダウンズ・トムソンのパラドックスが発生している。

ダウンズ・トムソンのパラドックスが発生しないようにするにはどのように

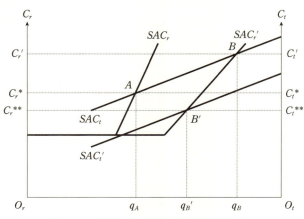

図 10-4　ダウンズ・トムソンのパラドックス

すればよいだろうか。考えられる1つの方法は、鉄道に対して補助を行うという方法である。SAC_t' は、補助が行われた後の鉄道に関する社会的平均費用である。鉄道に補助が与えられて、鉄道サービスの質が向上すると、一般化費用は低下する。SAC_t' に基づくワードロップ均衡は B' 点となり、所要時間（一般化費用）は $C_r^{**} = C_t^{**}$ となり、道路の拡幅によって所要時間（一般化費用）の低下が実現している。

　ダウンズ・トムソンのパラドックス発生の核心は、鉄道に関する社会的平均費用曲線が逓減しているというところにある。もし社会的平均費用曲線が逓増しているならば、このパラドックスは発生しない。大都市における混雑した鉄道の場合は、社会的平均費用曲線が逓増しているから、パラドックスの発生を心配する必要はない。逓減の可能性があるのは、乗客の減少と経営難にあえぐ地方の中小鉄道であり、この場合にはこのパラドックスの発生に注意する必要がある。

　ダウンズ・トムソンのパラドックスは、政策的に重要なことをわれわれに示唆する。それは、ある交通モードにおいては最適と思われた交通政策であっても、交通ネットワーク全体から見れば必ずしも最適とはならない、ということである。上記の場合であれば、代替的な鉄道のことを考えないで道路の政策担当者が近視眼的に混雑緩和策として道路の拡幅を行うと、それはかえって利用者に悪影響を及ぼす。鉄道企業と道路の政策担当者はまったく別の組織であるために、こうした状況に陥る可能性は十分あると考えられる。政策担当者は交通ネットワーク全体を考えて周辺の交通機関との連携をとらなくてはならないことを、このパラドックスは示唆している。

4 　ブレスのパラドックス

※ ブレスのパラドックスとは何か

　ブレスのパラドックスはドイツのオペレーションズ・リサーチ研究者であるD. ブレスが1968年に発表した論文に基づいている。このパラドックスは前二者とは異なり、既存の道路の拡幅ではなく、道路の新設に関するパラドックスである。また道路交通におけるルート選択が対象となっている。

図10-5のような道路ネットワークを考えよう．O地点から出発してD地点に向かうときに，当初はルートa（$O \to P \to R \to D$）とルートb（$O \to S \to Q \to D$）の2ルートしかないものとしよう．ここに新たにPQ間にバイパスを建設して，新たなルートとしてルートc（$O \to P \to Q \to D$）を作ると，交通の流れがもっとよくなるだろうということは容易に想像される．ところが，PQ間に新たにバイパスを建設することによって逆に目的地への所要時間を増加させてしまうことがある，というのがブレスのパラドックスである．ブレスのパラドックスは図による説明が困難なので，数値例による紹介のみにとどめる．

❖ **数値例による説明**

ルートaとルートbについての所要時間と交通量の関係式がそれぞれ，

$$T_a = 15 + 10\left(\frac{F_a}{1000}\right) \qquad T_b = 15 + 10\left(\frac{F_b}{1000}\right)$$

であるとする．ここでT_a，T_bはルートaとルートbをそれぞれ使ったときの目的地までの所要時間，F_a，F_bはルートaとルートbの交通量である．また，OD間の交通量は一定の1000台とし，$F_a + F_b = 1000$（台）が成り立っている．したがって，ワードロップの原理を使うと，次の関係式が成立している．

$$T_a = 15 + 10\left(\frac{F_a}{1000}\right) = 15 + 10\left(\frac{F_b}{1000}\right) = T_b \qquad F_a + F_b = 1000$$

この連立方程式を解くことによって，$F_a = F_b = 500$（台），$T_a = T_b = 20$（分）が均衡状態における交通量配分と所要時間となっている．

さて，ここでネットワークを使いやすくすることを目的として新たにバイパ

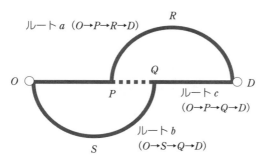

図10-5　ブレスのパラドックスのネットワーク

スを PQ 間に建設し，ルート c が使えるようになったとしよう。このルート c では，区間 OP においてルート a の利用者と走行区間を共有し，区間 QD においてルート b の利用者と走行区間を共有している。ルート c の所要時間と交通量の関係式は，

$$T_c = 7.5 + 10\left(\frac{F_a + F_c}{1000}\right) + 10\left(\frac{F_b + F_c}{1000}\right)$$

であるとしよう。同時にルート a とルート b でも，ルート c の利用者と共有する走行区間が発生するので，それぞれの所要時間と交通量の関係式は，

$$T_a = 15 + 10\left(\frac{F_a + F_c}{1000}\right) \qquad T_b = 15 + 10\left(\frac{F_b + F_c}{1000}\right)$$

となる。新たにルート c が加わったので，全体の交通量について $F_a + F_b + F_c = 1000$（台）が成立する。したがって，ワードロップの原理を使うと，バイパスの開通後は次の関係式が成立している。

$$T_a = T_b = T_c = 15 + 10\left(\frac{F_a + F_c}{1000}\right) = 15 + 10\left(\frac{F_b + F_c}{1000}\right) = 7.5 + 10\left(\frac{F_a + F_b + 2F_c}{1000}\right)$$

$$F_a + F_b + F_c = 1000$$

これらを連立させて解くと，$F_a = F_b = 250$（台），$F_c = 500$（台），$T_a = T_b = T_c = 22.5$（分）という均衡交通量配分と所要時間となる。この結果，OD 間の所要時間は 2.5 分増加していることがわかる。これがブレスのパラドックスである。

これは次のようなメカニズムによる。新たにルート c が開通することによってそのルートの利用者が増え，ルート a との共有区間 OP とルート b との共有区間 QD において混雑が激化し，その区間がボトルネックとなった結果，所要時間の増加が生じているのである。これがブレスのパラドックス発生の核心である。

このように，交通ネットワーク全体の状況を把握しないと，安易なルートの開設は逆に悪い影響を与えるということをこのパラドックスは教えている。事実，このパラドックスが発生していると思われる都市に，シュトゥットガルト，マンハッタン，オスロなどがあるといわれている。

272　第10章　交通ネットワーク

5 交通ネットワークの理論の応用
——有効なロード・プライシングとは

❖ ロード・プライシングの代替公共交通機関への影響

これまで述べてきたように，交通ネットワークの理論は，交通サービスの分析に新たな視点と多くの政策上の示唆を与えてくれる。ここでは多くの示唆のなかでも，ロード・プライシングの導入が代替交通機関にどのような影響を与えるか，という分析を例として取り上げよう。

大都市に限らず中小の都市においても，朝夕のラッシュ時には道路混雑が発生している。そこで，**TDM**（transportation demand management：**交通需要管理施策**）の一環として，ロード・プライシングがしばしば提案される。このロード・プライシングの導入によって，排除された交通需要は必然的に代替交通機関に向かうことになるだろう。これはバスであるかもしれないし，鉄道であるかもしれない。ここでは代替交通機関として鉄道を考えよう。当該都市においてロード・プライシングが望ましい政策であるかどうかは，道路交通のみを考えることでは不十分で，鉄道も含めた交通ネットワーク全体を考えなくてはならない。

ロード・プライシングは，交通ネットワーク全体を考えても，依然，常に望ましい政策なのだろうか。そして，もし望ましくないとすれば，それはどのようにして解決するべきなのだろうか。以下では，このことについて検討することにしよう。

❖ 費用逓減下の鉄道サービスとロード・プライシングとの関係

ダウンズ・トムソンのパラドックスのところで指摘したように，地方の中小鉄道では乗客数の減少と運行本数の削減が問題となっており，鉄道の社会的平均費用は逓減していると考えられる。これとロード・プライシングについての費用曲線（混雑料金の理論における2つの限界費用曲線）を合わせたものが図10-6である。

この図の見方は図10-4と同じで，添え字も同じである。ただし，SMC_rは道路の社会的限界費用曲線を，PMC_rは道路の私的限界費用曲線を表している。SMC_rとPMC_rが乖離している状態で道路混雑が発生している。ロード・プラ

5　交通ネットワークの理論の応用　273

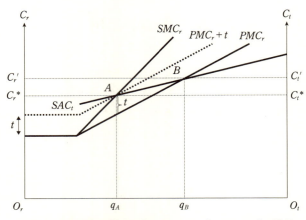

図10-6 費用逓減下の鉄道とロード・プライシングの関係

イシング（混雑料金）を実施するとして，トリップ1回当たりtの料金が自動車に課されるとしよう。

ロード・プライシングの導入前はOD間の道路利用者はPMC_rに従って行動する。しかしロード・プライシングの導入後は，道路利用者はSMC_r（あるいはPMC_r+t）に従って行動する。ロード・プライシング導入前にはワードロップ均衡はB点となり，道路，鉄道の利用量はそれぞれ$O_r q_B$，$O_t q_B$となって，所要時間（一般化費用）は$C_r' = C_t'$である。ロード・プライシングの導入後は，ワードロップ均衡はA点となり，道路，鉄道の利用量はそれぞれ$O_r q_A$，$O_t q_A$となって，所要時間（一般化費用）は$C_r^* = C_t^*$となる。

このことからわかるように，ロード・プライシング導入後は費用が低下している。したがって，鉄道サービスに関する社会的平均費用が逓減しているような地域におけるロード・プライシングは，地域の交通の利便性を高めることがわかる。仮に道路政策担当者が近視眼的かつ局所的に考えてロード・プライシングを行ったとしても，（この場合に関する限り）結果として，それは交通ネットワーク全体にとっても好ましい政策となる。

❖ **費用逓増下の鉄道サービスとロード・プライシングとの関係**

費用逓増状態が発生しているような鉄道としては，大都市の鉄道が考えられる。現在でも混雑している鉄道の状況で，さらに加えて鉄道の利用者が増えれ

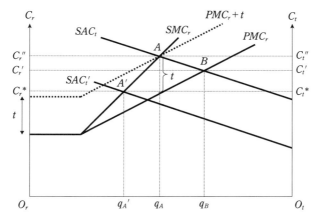

図 10-7 費用逓増下の鉄道とロード・プライシングの関係

ば車内はより混雑し，列車に遅れも出るだろう。このときは運行本数の増加による待ち時間の減少を上回る費用の増加が起こるため，鉄道の社会的平均費用は逓増する。この状況を図にしたものが図 10-7 である。

鉄道の社会的平均費用 SAC_t は左上がりになっており，逓増している。ロード・プライシング導入前は，ワードロップ均衡は B 点であり，道路，鉄道の利用量はそれぞれ $O_r q_B$，$O_t q_B$ となって，所要時間（一般化費用）は $C_r' = C_t'$ である。ロード・プライシング導入後は，ワードロップ均衡は A 点となり，道路，鉄道の利用量はそれぞれ $O_r q_A$，$O_t q_A$ となって，所要時間（一般化費用）は $C_r'' = C_t''$ となる。

このことからわかるように，鉄道が費用逓増下にある場合には，ロード・プライシングを導入することによって交通ネットワーク全体としては費用が増加している。これは近視眼的かつ局所的な道路政策が，交通ネットワーク全体にとっては好ましい政策とはなっていないことを意味する。このことについては直感的にも理解されうる。大都市で混雑のひどい鉄道があるときにロード・プライシングが導入されれば，道路から転換してきた鉄道利用客によって車内はますます混雑し，一般化費用が増加することは容易に想像がつく。つまり，大都市におけるロード・プライシングは，交通ネットワーク全体にとっては好ましくない政策になる可能性がある。

これを回避する方法が，ダウンズ・トムソンのパラドックスのところで述べ

Column 交通ネットワーク理論における経済学と土木工学（土木計画学）の融合

第11章においても言及することになるけれども，交通ネットワークにおける交通量配分理論は，土木工学（土木計画学）においてきわめて精緻に分析がなされており，その研究蓄積には多大なものがある。確かに，経済学者であるピグーやナイトが1920年代に交通ネットワークに関する論争を行っている。しかし，その後，経済学者はあまりこの問題に深入りせず，この分野はエンジニアの独壇場となった。ワードロップの原理で知られるJ. G. ワードロップもエンジニアである。

土木計画学における交通ネットワークの交通量配分理論は，数学的に厳密に解析され，本章で指摘したような単純なネットワークではなく，複雑なネットワークまで分析が及んでいる。その反面，経済学が得意とするような社会全体の厚生の変化や資源配分の効率性という観点からの分析はそれほど詳細には行われてきていない。近年になって交通経済学者がこの点に注目し，交通ネットワークの理論への貢献が増しつつある。土木工学もこの点の重要性を認識し，最近の土木計画学の経済学への接近には目覚ましいものがある。このように，交通ネットワークの理論は交通経済学と土木計画学の融合が進みつつあるもっとも学際的な研究分野の1つであるといえる。

た公共交通機関の改善，たとえば鉄道への補助によるサービスの改善である。鉄道に補助を与えることによって社会的限界費用が SAC_t から SAC_t' に低下したとしよう。このときワードロップ均衡は A' 点となり，道路，鉄道の利用量はそれぞれ $O_r q_{A'}$，$O_t q_{A'}$ となって，所要時間（一般化費用）は $C_r^* = C_t^*$ となる。これは明らかに $C_r' = C_t'$ よりも小さい。具体的には，これは鉄道への補助によって複々線化が進んだり，車両の増結やホームの拡幅などが行われたりすることを意味し，それは一般化費用を低下させるだろう。

しばしばロード・プライシングによる料金収入は鉄道などの代替的公共交通機関への補助に向けられるべきである，という主張がある。これは上記のような理論に従えば，正当化される主張である。そしてこれは，混雑料金の収入の使途について述べた第5章（122ページ）において指摘したとおりである。

このように，交通ネットワークの理論は個々のルートの問題や個々の交通機関の問題にのみ着目しがちな政策分析に対して警鐘を鳴らすものとなっている。交通ネットワークの理論は上記のような単純な分析だけにとどまらず，多くの局面に応用できるものである。読者はこれを利用して，さまざまな交通問題を

大局的に考えてみることを試みてほしい。

重要語句

発生交通，転換交通，均衡交通量，ワードロップ均衡，ワードロップの原理，ピグー・ナイト・ダウンズのパラドックス，ダウンズ・トムソンのパラドックス，ブレスのパラドックス，TDM（交通需要管理施策）

復習確認と議論発展のための問題

Q10-1

現在，東京と名古屋との間にいわゆる第二（新）東名高速道路が建設中である。将来第二東名高速道路が全線開通したとき，東京・名古屋間の交通量が一定で，途中のインターチェンジでの交通量の流出・流入がないとすれば，東京・名古屋間を走行するドライバーにとって，既存の東名高速道路と第二東名高速道路のどちらを利用することが有利だろうか。

Q10-2

ある起終点間に2つのルート a とルート b が存在しており，この両地点間の交通量は500で一定であるとする。ルート a の所要時間 T_a と交通量 F_a の関係式は，

$$T_a = 10 + \frac{F_a}{K_a}$$

である（K_a はルート a の道路容量）。一方，ルート b は非常に広い道路であり，全交通量がこのルートを利用しても所要時間 T_b は変わらず，$T_b = 20$ であるとする。

(1) ルート a の交通処理能力 K_a が20のときの，各ルートの均衡交通量 F_a，F_b と所要時間 T_a，T_b を求めよ。

(2) ルート a の混雑緩和のために，交通処理能力を20から40に上昇させる道路拡幅工事を行ったものとする。拡幅工事後の均衡交通量 F_a，F_b と所要時間 T_a，T_b を求めよ。

(3) ピグー・ナイト・ダウンズのパラドックスが起こらないようにするためには，K_a がいくらより大きくならなくてはならないか。

Q10-3

ある起終点間に道路 r と鉄道 t が存在しているものとする。この両地点間の交通量は1000で一定である。道路の所要時間 T_r と交通量 F_r の関係式ならびに鉄道の所要時間 T_t と交通量 F_t の関係式はそれぞれ，

$$T_r = 10 + \frac{1}{20} F_r \qquad T_t = 40 - \frac{1}{40} F_t$$

5　交通ネットワークの理論の応用　　277

であるとする。

(1) 道路と鉄道の均衡交通量 F_r, F_t と所要時間 T_r, T_t を求めよ。

(2) 道路混雑を緩和するため道路投資を行い，道路の所要時間 T_r と交通量 F_r の関係式が，

$$T_r = 10 + \frac{1}{30} F_r$$

に変化したとする。このときの，道路と鉄道の均衡交通量 F_r, F_t と所要時間 T_r, T_t を求めよ。

Q10-4

ある起終点間に道路 r と鉄道 t が存在しているものとする。また，時間価値は 1 であるとし，これゆえ所要時間はそのまま時間費用として金銭評価することができるものとする。この両地点間の交通量は 1000 で一定である。道路の一般化費用（ここでは時間費用のみ）T_r と交通量 F_r の関係式ならびに鉄道の一般化費用（ここでは時間費用のみ）T_t と交通量 F_t の関係式はそれぞれ，

$$T_r = 10 + \frac{1}{20} F_r \qquad T_t = 40 - \frac{1}{40} F_t$$

であるとする。

(1) 道路と鉄道の均衡交通量 F_r, F_t と一般化費用 T_r, T_t を求めよ。

(2) ロード・プライシングが導入され，当該道路利用 1 回当たり 0.5 の料金が課されるようになったとする。このときの道路と鉄道の均衡交通量 F_r, F_t と一般化費用 T_r, T_t を求めよ。

(3) 道路の一般化費用（ここでは時間費用のみ）T_r と交通量 F_r の関係式ならびに鉄道の一般化費用（ここでは時間費用のみ）T_t と交通量 F_t の関係式がそれぞれ，

$$T_r = 12 + \frac{1}{20} F_r \qquad T_t = 20 + \frac{1}{40} F_t$$

である場合の道路と鉄道の均衡交通量 F_r, F_t と一般化費用 T_r, T_t を求めよ。

(4) (3)の状況下でロード・プライシングが導入され，当該道路利用 1 回当たり 3 の料金が課されるようになったとする。このときの道路と鉄道の均衡交通量 F_r, F_t と一般化費用 T_r, T_t を求めよ。

(5) (2)と(4)の結果の違いはどこにあると思われるか。

第11章

交通経済学の展望
これからよりよく交通経済学を学ぶために

　これまで交通経済学の基礎理論を述べてきた。読者は，本書で紹介した理論が現実の問題解決のためにどのように適用されるのか，ということについて理解を深めることができただろう。またある読者は，本書を読み進めた結果，どのような交通政策をとるべきか，ということについて自分なりの見解を持ったかもしれない。さらに別の読者は，理論的に証明されたことと現実世界で感覚的に理解されている常識とがどれほど異なっているか，ということに衝撃を受けたかもしれない。

　しかし，本書のこれまでの内容は交通経済学のおおよその姿を伝えてはいるものの，これですべてであるということはない。本書を読んで，今後さらに交通経済学を広く深く学んでいきたいと考える読者を対象に，これからの交通経済学研究のための道案内をすることが本章の目的である。

⚠️本章で取り上げるトピックス

- ●本書で学ばなかったことにはどのようなものがあるのか。
- ●交通経済学の周辺領域にはどのような学問があるのか。
- ●交通経済学とともに学ぶべき学問領域は何か。
- ●交通経済学にはどのようなテキストがあるのか。
- ●これから交通経済学を広く深く学ぶためにどのような心構えが必要なのか。

1 本書で述べられていない交通経済学の諸分野

※ 交通需要予測

交通需要予測は，今後の交通サービスを分析するにあたって必要不可欠な分野である。現在の交通問題においても，交通需要予測が大きな影響を与えているものが多くある。たとえば，交通需要予測が正確でないためにリスクを負担したくない交通企業が投資を控えるという問題はすでに指摘したし（第9章参照），甘い交通需要予測のために経営難に陥っている多くの交通企業が存在する。また，費用便益分析に基づいて厳密なプロジェクト評価を行おうとするならば，正確な交通需要予測をしないとこれは不可能である（第8章参照）。

このように交通需要予測は，交通を研究する者にとって無縁ではいられない研究領域である。そのため交通需要予測に関する研究には昔からかなりの蓄積がある。交通需要予測手法の開発は，主に土木工学系の研究者によって進められてきており，土木工学系の大学教育においては，交通需要予測は重要なテーマとなっている。しかし，交通需要予測は土木計画学と交通経済学の接点の1つであり，交通経済学からのアプローチをとる者にとってもこの領域の理解が必要である。

現在，一般的に用いられている交通需要予測手法は**四段階推定法**である。この四段階推定法においては，統計学（とくに重回帰分析など），**ロジット・モデル**（交通機関間の交通量配分を決めるときなどに用いられる指数関数を使ったモデル）の知識などが必要とされ，さらにミクロ経済学の分野においては撹乱項を含んだランダム効用関数の知識が必要となる。これらの詳細な解説は本書の範囲を越えるために，本書では取り上げなかった。交通需要予測をまとまった形で説明している交通経済学のテキストは意外に少ない。関心のある読者は，山内・竹内［2002］第2章第5節を参照されたい。

交通需要予測は，これまでの研究の蓄積から精緻なものとなっているものの，常に的確な予測ができるというものではない。たとえば航空輸送需要について，仮に正確な需要予測ができたとしても，テロの発生や伝染病の発生などの人知の及ばない突発的な事態が大きく需要予測を狂わせることがある。しかしそれにもかかわらず，今後の交通サービスのあり方を決めるためにできるだけ正確

な交通需要予測をしておくことは不可欠であり，その手法の開発は常に重要な研究対象であり続けている。

❖ 交通の計量分析

本書における分析は定量的分析ではなく，定性的分析を主眼としていた。しかし，これは定量的分析が重要ではないことを意味しない。前述の交通需要予測でも明らかなように，交通サービスを定量的に分析し，知見を得ることは重要である。経済学を学ぶに際しては，ミクロ・マクロ経済学を学ぶことと同様に計量経済学を学ぶことが必要であるといわれる。このことは交通経済学においても変わらない。たとえ定性的にある一定の結論が導かれたとしても，それが実際のデータによって裏打ちされなくては単なる机上の空論となるおそれがある。そこに交通の計量分析の重要性がある。

本書で紹介したさまざまな理論には計量分析による実証を伴うことが多い。たとえば本書では，公正報酬率規制に基づく運賃規制が資本の過大投資を引き起こす可能性を示唆したアバーチ・ジョンソン効果を紹介した（第6章〔142ページ〕参照）。実際にアバーチ・ジョンソン効果が存在するかどうかを検証した実証分析がある。また，交通サービスには規模の経済が発生しやすいということを指摘した（第1, 4, 7章参照）。規模の経済が交通の分野で実際に生じているのか，ということについても多くの実証分析がある。

さらに，あるモデルを構築して，それが現実を上手に説明しているかどうかを検証するために，「現況再現性」といって，構築したモデルに実際のデータを当てはめることにより，そのモデルの性能を確かめることもある。

容易に想像できるように，計量分析は計量経済学の成果を活用することが多いので，統計学や計量経済学の知識がなくてはより高度な分析を行うことはできない。本書では統計学や計量経済学の知識を前提とはしていないので，この分野については明確に取り上げることができなかった。しかし，現実の交通問題に対峙する以上，現実のデータを加工してそこから知見を得る技術を身につけておかないと，現実の政策評価を行うことはできない。ミクロ経済学の知識を深めることと同様に，統計学や計量経済学の知識を深めることが必要である。

1　本書で述べられていない交通経済学の諸分野　281

❖ 市 場 分 析

　市場の構造を把握し，市場での経済主体の行動を観察し，市場における成果
を評価・展望することは重要な作業である。本書はミクロ経済学の考え方を基
本に，交通問題と交通政策の全般を網羅的に見たいために，個別の市場の分析
は部分的にしか行わなかった。読者の関心を高め，また理解を容易にするとい
う目的のために，本書では比較的身近な自動車（道路）や鉄道・航空などが具
体的な事例として取り上げられた。しかし，交通問題はこれらの交通市場だけ
に限られるものではない。本書では少ししか触れられていない，あるいはまっ
たく触れられていない市場においても交通問題は山積しており，それらの市場
の問題解決に向けた政策の分析と評価は，本書で言及した交通機関と同じくら
い重要である。

　たとえば，本書においては旅客船市場（フェリー）については触れられてい
ない。しかし，フェリーはトラック輸送と補完的な関係にあり，貨物輸送を語
るときには看過できない交通機関である。また，フェリーでなくても離島航路
の問題は，過疎地の交通サービスの確保という意味において重要な問題提起を
している。

　同様に，貨物輸送についても本書はそれほど具体例を取り上げていないし，
詳細な分析をしていない。たとえば，読者には馴染みの薄いと思われる内航海
運市場は，第3章で見たとおり，トンキロでは国内貨物輸送量の4割から5割
を占めるにもかかわらず，その実態は国民にほとんど知られていない。内航海
運市場においては，ほかの交通市場とは異なり，慢性的な船腹過剰や運賃の乱
高下，造船市場や用船市場の絡む複雑な市場構造などの問題がある。これはミ
クロ経済学上から見ても非常に興味深い分析対象である。

　さらに，本書は国際輸送についてもあまり触れていない。国際航空輸送市場
においてはそれが外交問題など政治的な色彩を帯びることもあるため，単純に
経済学の知識だけでは手に負えない分野である。しかしそれだからこそ，交通
経済学におけるさらなるアプローチが期待できる領域でもある。また，読者も
聞いたことがあるだろう，「スターアライアンス」や「ワンワールド」のよう
なアライアンスという航空企業の連合体の存在などは，産業組織論の点からも
興味深い。同様に，外航海運市場の分野についても，第3章で若干触れたにす
ぎず，本書はほとんど触れていない。これも国際航空輸送市場と同様に，国際

282　　第11章　交通経済学の展望

Column

物流の経済学と観光の経済学

　物流市場のように，いくつかの機能が結合しているような市場はミクロ経済学が
あまり分析を得意としない分野である。物流というサービスは複数のサービスの複
合体であるにもかかわらず，物流サービスとして一言で語られることが多い。しか
し，物流サービスでは，輸送サービス市場のほかに保管・荷役サービスもまた個別
に市場を形成するので，それらを包括的に分析するのはかなり難しい。

　同様のことは観光サービスについてもいえる。物流サービスの輸送・保管・荷役
と同様に，観光サービスも，交通・宿泊・飲食・アトラクションというような機能
が複合的に集まって形成されている。観光市場といっても，宿泊だけを取り上げて
も意味はないし，アトラクションだけを取り上げても意味がない。しかしその一方
で，観光サービスという概念でこれらを一括して分析することにはかなりの困難を
伴う。観光経済学という言葉が巷間に流布してから久しいけれども，少なくともミ
クロ経済学の理論に基づいて一貫してその分析用具を適用したようなテキストは筆
者の知る限り存在しない（一部分だけに適用しているものはある）。

　このように物流や観光といった分野は交通経済学が今後展開を図るうえにおいて
多くの研究材料を提供している。

情勢に大きく左右される特徴があり，アライアンスが存在する。

　最後に，本書で触れられていない重要な交通の分野として物流市場を指摘し
ておきたい。一見したところ，これは貨物輸送市場と同義であるように思われ
るかもしれない。しかし，それは正しい認識とはいえない。物流には，輸送だ
けではなく保管・荷役というような機能も含まれる。同様に貨物輸送には，必
ずその末端において保管・荷役という作業が存在し，それがなくては貨物輸送
を行うことができない。**ロジスティクス**という言葉は貨物輸送を含めたモノの
流れ全体を包括的にとらえる概念である。

　ミクロ経済学の分析用具を活用するという意味において，これまで交通経済
学は物流市場の分析をあまり得意としてこなかった。それは物流市場が伝統的
に独特の商慣習などを持ち，また輸送・保管・荷役というような各機能をうま
く総合させることが分析上難しいという点にあったといえる。しかし，分析が
難しいからといって，国民生活を実際に支えている物流市場に分析のメスを入
れないわけにはいかない。物流市場の分析には，これまでも多くの研究者が取
り組んできており，多くの成果が上がってきているけれども，その多くはミク

1　本書で述べられていない交通経済学の諸分野　　283

ロ経済学的なアプローチを必ずしもとってはいない。したがって，本書のような アプローチから物流市場を分析することが今後期待される。

❖ 制度分析・歴史分析

交通サービス市場は市場が失敗しやすい領域であるために，運賃規制や参 入・退出規制のようなさまざまな規制を歴史的に受けてきた。またそれだけで はなく，交通は軍事上も非常に重要なものであるために国家からの介入を受け てきた。こうした歴史的な経緯もあり，現在の交通に関するさまざまな制度的 な枠組みができあがっている。

このため，現在の交通問題を分析し，政策評価しようとするのであれば，交 通の制度分析，そしてこれまでの歴史的経緯に関する分析もしておかなくては ならないことは明らかである。現在のわが国の交通サービスを規定しているも のの1つとして，過去から蓄積されてきた制度の経緯が大きな影響を与えてい ることには疑いがない。

一例をあげてみよう。東京都におけるバス・サービスには，1つの大きな特 徴がある。それはおおむね山手線の内側のバス路線は都営バスが担当している のに対して，山手線の外側は民間のバス事業者がサービスを担当している，と いう特徴である。これを純粋に公営交通と民営交通の経営形態の問題として取 り上げるならば，山手線の内側のバス・サービスと山手線の外側のバス・サー ビスとの間には何らかの性質の違いがあってこのような経営形態の違いが生じ ている，と考えかねないことになる。

しかし実際のところ，山手線の内側と外側でそれほどバス・サービスの性質 に大きな違いを見つけることはできない。これは，まさに過去の経緯から成立 した現在のバス・サービスの姿であって，これを理解するためには現状に至る までの過去の制度とその経緯をたどらなければならない。

また別の例としては，鉄道事業法と軌道法という法制度による交通サービス の違いがある。軌道法は，路面電車のように，本来は道路に敷設する鉄道を対 象として制定されている法律である。しかし，道路と一体になっているとは思 われないような多くの新都市交通やモノレールが軌道法の適用を受けているこ とがある。これをサービスの特性の問題として考えると判断を誤ることになる。 これは，軌道法の適用を受けると，道路施設の一部として，整備の際に補助金

が交付されやすくなるという単純な理由によることがままある。こうした法制度についても通じておく必要がある。

このように制度分析や歴史分析は，交通サービスを分析するときに必要となる。純粋に理論的な分析だけでは説明しきれない現象を制度分析や歴史分析で補うことができる（またその逆もある）。交通サービスの制度的枠組み・歴史的背景を十分に分析したうえで，ミクロ経済学に基づく交通経済学の理論を適用すれば，新たなモデルが構築され，より充実した知見を得ることが可能となる。

2 交通経済学とその周辺

❖ 都市（地域）経済学・空間経済学

交通経済学にもっとも近い領域の1つとして都市経済学あるいは地域経済学を取り上げることができる。交通経済学が交通サービスに焦点を絞って分析するのに対して，都市経済学あるいは地域経済学は，都市や地域の形成ならびに発展の過程の分析，都市・地域問題に関する政策などを研究対象としており，立地の問題から住宅問題・土地問題・環境問題に至るまで，この学問の対象範囲は広い。

都市経済学や地域経済学が対象とするこれらの問題について，交通が密接に関連していることは疑いのないところである。たとえば，産業や住宅の立地分析を行うときに必ず取り上げられる**付け値地代**の理論においては，経済主体の立地行動を決める要因として交通費用が大きな役割を果たしている。都市の形成にあたって交通サービスの果たす役割は大きいし，地域開発を論じるときに交通サービスをどのように工夫するかは，常に議論の対象となる。第8章で取り上げたキャピタリゼーション仮説やデベロッパー定理，開発利益の還元などについての理論（226〜229ページ）は，その多くを都市経済学や地域経済学に負っている。交通混雑の問題はまさに交通経済学と都市経済学の関心が完全に重なっている領域である。

交通サービスは空間を克服することを目的としたものなので，空間をどのようにとらえるかということもまた重要になる。とくに，交通経済学では出発地と目的地との間に1つの直線を引いて，それに基づいて分析をすることが多く，

2 交通経済学とその周辺　　285

いわば1次元での分析に陥りがちである。

しかし，人間の活動は2次元であり，場合によっては3次元にまで拡大される。つまり，空間が重要な要素となる。空間経済学は人間の経済活動を空間という概念を通して考える領域だから，必然的に交通経済学とも関連が深い。都市の形成を考えるとき，基本的には何の障害もない平坦な2次元の地面に同心円を描いてモデルを考えることになる。空間経済学はそうした単純なモデルから出発してそれを拡張し，多くの知見を生み出している。

都市経済学者，地域経済学者からの交通問題へのアプローチも多い。たとえば山田編［2001］，文［2005］などはその典型である。

❖ 行動経済学

近年の経済学における最先端であり，またその発展が著しいものに行動経済学がある。これはミクロ経済学が一般に仮定している経済主体の合理的行動に疑問を投げかけ，必ずしも人間は合理的に行動するとは限らないという**限定合理性**に基づいて理論を展開する。心理学の成果を多分に取り入れた行動経済学は，今後の展開のあり方によっては交通経済学の理論的枠組みにも大きな影響を与えることが予想される。

たとえば，第7章のコラム（192ページ）でも述べた行動経済学のなかのプロスペクト理論と呼ばれるもののなかに，人間の現状維持バイアスというものがある。これは，人間は自己にとってより有利な選択肢があっても，現在選択している選択肢を選好しやすい，というバイアスのことをいう。第10章において，ある交通利用者がルートやモードを選択するときにはもっとも一般化費用が安くなるルートやモードを選択すると述べた（260ページ）。しかし，こうした仮定は現状維持バイアスがあると妥当しなくなる。実例として，東京で都営地下鉄大江戸線が開通したとき，明らかに大江戸線のほうが所要時間が短いのに，多くの利用者は以前からのルートに固執していたという報告がある。

第8章で述べたプロジェクト評価のときの割引率（205ページ）についても，行動経済学から疑義が提出されている。必ずしも人間は合理的に行動しないので，現在仮定されている指数型割引ではなく，双曲型割引が提案されることがある。仮にこのように割引率のあり方を変えると，プロジェクト評価に影響が出る。また行動経済学の別の分析対象であるフレーミング効果は，問題が表現

される仕方の違いによって人びとの判断が異なってくることを示したものであり，これは同じく第8章で述べたCVMによる調査の問題点（221ページ）と軌を一にするものである（以上の行動経済学に関する用語の説明は，友野［2006］によった）。

ミクロ経済学における経済主体の行動分析は，もちろんすべての経済主体の行動を合理的に説明しうるものではなく，いうならば最大公約数的なところがある。行動経済学は限定合理性という概念を導入することにより，ミクロ経済学をより精緻に現実に近づけようとしているといえる。これまでの交通経済学は基本的に従来の伝統的なミクロ経済学の手法にしたがっているので，これに行動経済学の成果が導入されることによって，より現実を説明しうる交通経済学が現れることが期待される（章末注）。

❖ ゲームの理論

ゲームの理論は近年においてもっとも発展し，成果を多く創出してきた研究分野の1つである。ゲームの理論は，自然科学から社会科学まであらゆる分野で発展している。ミクロ経済学の領域においてもその展開は目覚ましく，最近のミクロ経済学の教科書においてはゲームの理論の考え方が多分に取り入れられてきている。

本書においては，第9章で補助の根拠を説明するために囚人のジレンマを使った説明があった（235ページ）。この例は，ゲームの理論の基本である。また，第10章で述べたワードロップ均衡（260ページ）は，ゲームの理論の中核をなすナッシュ均衡であることも知られている。こうした単純な例であっても人びとの交通に関する行動を鮮やかに説明できるゲームの理論は，その応用の範囲が非常に広い。

それぞれのゲームのプレイヤーが他者の反応を考えながら戦略的に行動するという考え方に立脚するゲームの理論は，産業組織論における寡占企業の行動分析にしばしば適用される。交通サービスの供給は独占市場や寡占市場で行われることが多いので，ゲームの理論の適用が可能である。第6章で述べたフランチャイズ方式（146ページ）や，第7章で述べた上下分離において利用される入札制度（177ページ）などは，ゲームの理論において開発されたオークションの理論が適用できる分野である。

2　交通経済学とその周辺　　287

いまやミクロ経済学を学習する人にとって，ゲームの理論は必須の学問分野となりつつある。交通サービスを利用する人びとの行動，企業の行動を考えるとき，ゲームの理論の応用は交通経済学に新たな知見を与えることになるだろう。

❖ 土木計画学

交通はきわめて学際的な領域である。ヒトやモノが実際に輸送される以上，機械工学・車両工学・交通工学などと呼ばれる分野は，いずれも交通サービスの供給において多くの貢献をしてきている。また，それと同様に土木工学も交通サービスの研究に重要な役割を果たしている。社会科学を中心に勉強すると，ついこのような分野を見すごしがちになる。土木工学というと，文科系の読者にはトンネルや鉄橋の設計，コンクリートの構造などというイメージが頭に浮かびがちかもしれない。しかし，土木工学のなかでもとくに土木計画学と呼ばれる分野は，交通経済学に非常に近い領域である。

土木計画学が対象とするもののうち，本章でも取り上げている交通需要予測の手法の開発はその重要な一分野である。また第10章で述べた交通ネットワークの理論は，最近，経済学者がこの近接領域に乗り出してきているものの，その理論展開の大部分は土木計画学に負っている。土木計画学はこうした領域を対象とするので，必然的に人間行動に関する分析も行うことになる。そのため同じく人間行動を分析の基本とするミクロ経済学と接点を持つことは必然的な帰結であるといえる。

ミクロ経済学や交通経済学を学ぶ者からすれば，理科系に属する土木計画学は遠い存在のように思える。しかし最近，経済学に関心を持つ土木計画学系の研究者が多くなってきている。場合によっては，経済学者以上に経済学に詳しい土木計画学系の研究者もいる。その反面，交通経済学者から土木計画学方面へ進出する研究者はあまり見られない。今後，土木計画学だけではなく，都市工学・交通計画の研究者とのよりいっそうの学際的な研究が望まれる。

3 より深く広く交通経済学を学ぶための文献案内

❖ 過去における代表的な交通経済学のテキスト

わが国における交通の研究の歴史は長く，たとえば，交通経済学の研究者が属することの多い日本交通学会という学会は，わが国の多くの学会のなかでも屈指の古い歴史を持つ学会である。このことからもわかるように，第二次世界大戦以前から交通経済学に関連する多くの書籍が出版されている。ここでは過去の代表的なテキストを取り上げるけれども，現在でも古書店などで比較的入手しやすいような 2000 年以前の書籍に限定する。したがって，著名なものであってもかなり古いものは取り上げられていない。

　・増井健一・佐竹義昌編［1969］『交通経済論』有斐閣

は，現在入手可能なもののうちではもっとも古いものの 1 つではなかろうか。

　・岡野行秀・山田浩之編［1974］『交通経済学講義』青林書院新社

は，立地の理論をはじめ都市経済学の成果を融合している点に特徴がある。本書においてもターヴェイのモデルを紹介した部分でこの文献を参考にしている。

　・岡野行秀編［1977］『交通の経済学』有斐閣

は，当時の交通経済学に関する一線級の研究者を執筆者として網羅した，この時代の代表的なテキストである。

　やや上級で，理論的にしっかり書かれているテキストに，

　・奥野正寛・篠原総一・金本良嗣編［1989］『交通政策の経済学』日本経済
　　新聞社

がある。また，必ずしもテキストとして書かれたものではないけれども，交通市場の構造をわかりやすく解説した，

　・斎藤峻彦［1991］『交通市場政策の構造』中央経済社

も取り上げておく必要がある。

　岡野編［1977］以来しばらくの間，本格的な交通経済学のテキストは登場しなかった。その後に書かれた，

　・藤井弥太郎・中条潮編［1992］『現代交通政策』東京大学出版会

は，交通経済学の標準的なテキストとして定評がある。

　さらに，規制政策に偏ってはいるものの，交通市場全般を的確にとらえてい

るものとしては，

　・金本良嗣・山内弘隆編［1995］『交通（講座・公的規制と産業4)』NTT出版

がある。

　これらのテキストの中にはかなり古いものもあるため，現在の実際の交通問題や制度を考えるうえにおいてはそれほど参考にはならないかもしれない。しかし，その理論的分析についてはまだ学ぶべき点が多い。最近のテキストをひととおり読んだ後で目を通しておくことは決して無駄なことではないだろう。

※ 現在の代表的な交通経済学のテキスト

　先に述べた藤井・中条編［1992］の続編として出版された，

　・藤井弥太郎監修，中条潮・太田和博編［2001］『自由化時代の交通政策』
　　東京大学出版会

は，規制緩和後の日本の交通政策について論じている。そして本書執筆の動機となった，

　・山内弘隆・竹内健蔵［2002］『交通経済学』有斐閣

は，本書を読破して先に進もうとする読者にはぜひ手にとってもらいたいテキストであり，本書においてもっとも多く引用されている文献でもある。

　その後の第一線の交通経済学の研究者が多く執筆しているまとまったテキストとしては，

　・杉山武彦監修，竹内健蔵・根本敏則・山内弘隆編［2010］『交通市場と社
　　会資本の経済学』有斐閣

がある。このテキストは理論と現実のバランスがとれたものとなっている。

　さらに，交通経済学における重要な概念やキーワードをコンパクトにまとめたものとして，

　・日本交通学会編［2011］『交通経済ハンドブック』白桃書房

は有用である。

　また，交通経済学のテキストではないけれども，ミクロ経済学の知識を前提とせずに交通問題について取り上げている以下の書籍，

　・竹内健蔵［2013］『なぜタクシーは動かなくてもメーターが上がるのか
　　──経済学でわかる交通の謎』NTT出版

は，ミクロ経済学を学ぶ前の読者でも交通問題に対する経済学的な見方を身に

つけることができるのであげておきたい。

　なお，ここでは交通経済学を全体的に俯瞰しているテキスト，あるいはそれに類するものしか取り上げていない。交通経済学における個々のテーマに焦点を当てた文献にも優れたものが多く存在する。その一部は，本書の参考文献において紹介しておいた。

　最後に，現実の交通政策全般を把握しておくことも非常に重要なことなので，テキストではないけれども，交通政策の実際を包括的に論じている白書と，容易に現実の交通データを把握できる文献を以下にあげておく。

　　・国土交通省『各年度版国土交通白書』『各年度版交通政策白書』
　　・国土交通省海事局『各年版海事レポート』

これらの白書を読むことは，わが国の交通政策の実際を理解するもっとも近道の方法である。

　さまざまな分野で収集されている多種多様な交通統計のうち，重要なものを整理して見やすくしてくれている簡便なデータ集として，国土交通省の各部局が監修しているいわゆる「数字でみる」シリーズがある。以下列挙すると，

　　・『数字でみる鉄道』『数字でみる自動車』『数字でみる港湾』『数字でみる航空』

などである。なかには制度について簡潔に説明してくれているものもある。

❖ 交通経済学の周辺のテキスト

　都市経済学・地域経済学に関するテキストは，交通経済学のテキストと同程度に，あるいはそれ以上に充実している。本書でもしばしば参考とした，

　　・金本良嗣・藤原徹［2016］『都市経済学（第2版）』東洋経済新報社

は代表的なテキストである。そのほかに注目するべきものとしては，

　　・山田浩之・徳岡一幸編［2007］『地域経済学入門（新版）』有斐閣
　　・黒田達朗・田渕隆俊・中村良平［2008］『都市と地域の経済学（新版）』有斐閣
　　・山崎福寿・浅田義久［2008］『都市経済学（シリーズ・新エコノミクス）』日本評論社
　　・高橋孝明［2012］『都市経済学』有斐閣

などがある。

交通サービスは公益事業の一分野に含まれる。公益事業としてはほかに電力・ガス・水道・郵便などの事業があり，それらに関する価格は「公共料金」という名前でよく知られている。したがって，公益事業に関するテキストも交通を理解するのに有益である。たとえば公共料金に関しては，

　　・桑原秀史［2008］『公共料金の経済学──規制改革と競争政策』有斐閣

はかなり詳細に公共料金に関する分析を行っている。

　行動経済学の領域では，発展が日進月歩のためにまだ決定版となるべき基本的かつ網羅的テキストは出ていないように思われる。個々の学術論文か，あるいは初歩的な入門書ということにならざるをえないが，交通経済学を主として学ぶ読者の場合には，

　　・多田洋介［2014］『行動経済学入門』日本経済新聞出版社
　　・友野典男［2006］『行動経済学──経済は「感情」で動いている』光文社

で十分だろう。

　ゲームの理論もまた発展が著しく，近年あまりにも多くの書籍が出版されているので，適切なものを選び出すのはかなり大変な作業である。そのため，基本的には読者自ら書店や図書館に足を運び，相性のよいものを見つけ出すことを勧めるけれども，たとえば，

　　・渡辺隆裕［2008］『ゼミナール ゲーム理論入門』日本経済新聞出版社
　　・岡田章［2014］『ゲーム理論・入門──人間社会の理解のために（新版）』
　　　有斐閣

などがある。

※ ミクロ経済学のテキスト

　本書を読むことによって，改めてミクロ経済学の基礎的な知識や考え方を再復習しようと思った読者の場合には，たとえば，

　　・N. グレゴリー・マンキュー（足立英之ほか訳）［2013］『マンキュー経済学
　　　（Ⅰ）ミクロ編（第3版）』東洋経済新報社
　　・ジョセフ・E. スティグリッツ，カール・E. ウォルシュ（藪下史郎ほか訳）
　　　［2013］『スティグリッツ ミクロ経済学（第4版）』東洋経済新報社

などが適切だろう。また，政策志向の強いミクロ経済学の入門書として，

　　・八田達夫［2008, 2009］『ミクロ経済学Ⅰ・Ⅱ』東洋経済新報社

あるいはこれを再構成したものとして,

　・八田達夫［2013］『ミクロ経済学 Expressway』東洋経済新報社

もあげておきたい。著者は都市経済学の専門家であるため，これらの著書は本書と親和性が高い。

4　さらに理解を深めたい読者へ ——筆者からのメッセージ

❖ 経済学と数学

　上記の文献のなかには数学を使うものも多い。交通経済学に限らず，経済学を学ぼうとする者にとって数学は必要不可欠であるといわざるをえない。確かに数学を使わないで経済学がどのようなものであるかを理解することは可能である。しかし残念ながら，数学を使わなければ，経済学の表面に触れるだけにとどまり，より本質的で厳密な議論や，さらなる理論展開を進めていくにはかなりの困難を伴うだろう。なぜならば，図やグラフだけでは経済学を表現するのには限界があるからである。また，経済学の本当の面白さを理解することも難しくならざるをえない。

　読者のなかには，家庭教師や塾講師のアルバイトで小学生に算数を教えている学生もいるだろう。小学校の算数では未知数をxとして問題を解く（方程式を解く）ことは許されない。そのため，非常に回りくどい考え方をして小学生に算数を教えなくてはならない。「この数をxと置いたらすぐに問題が解けるのに」とイライラした経験を持った読者も多いのではないだろうか。そのイライラ感を，数学を使わないで経済学を教える多くの大学教員は持っている（少なくとも筆者はそうである）。

　巷間では，「数式をいっさい使わないで」ということをうたい文句とする経済学の入門書も多い。それはそれで結構なことだけれども，それだけに甘んじていては経済学理論の全貌を理解することは難しい。「経済学は数学を使わなくても理解できる」という意見には，筆者は必ずしも全面的には賛成しない。あえていえば，「経済学は数学を使わなくても理解できるが，それには相当の時間と労力を必要とする」と上記の文章に加筆したい。数学を学ぶ手間を惜しんで経済学の面白さが理解できないというのは不幸なことである。数学を学ぶ

という回り道をしたほうが，結局は経済学を理解する早道であると理解するべきだろう。

　もちろん，高度な数学をマスターしなければいけないというわけではない（もしそうであれば，筆者程度の数学能力では忸怩たる思いがする）。純粋な理論経済学や数理経済学を志すのでない限りは，数学のレベルにはそれほど高度なものを必要としない。経済学にとって数学は目的ではなくて手段である。時間のない読者にとって経済学の理解に必要としない数学を学ぶ必要はないだろう。

❄ ミクロ経済学への取り組み

　本書を読んで交通経済学を面白いと感じてくれた読者に，山内・竹内［2002］などの中・上級テキストをお勧めすることは，これまで繰り返し述べてきたことである。しかし，本書を読破した後にすぐにこれらのテキストを読み始めると，戸惑いを感じたり難解に思ったりする読者がいるかもしれない。そう思うかどうかは，ミクロ経済学の知識がどれだけ充実しているかによる。

　確かに現実の交通問題に取り組み，政策を云々することは面白い。居酒屋での仲間との他愛ない議論程度で済ませるのならばそれも一興だろう。しかし，表面的にではなく，問題の本質に斬り込むためには，それなりの周到な準備と知識と技術が必要である。

　経済学は，複雑で錯綜した社会問題を的確に解きほぐして問題の本質を明らかにするための「分析用具」である。たとえていうならば経済学は，料理を目の前にして，いまから食べようとするときのナイフやフォークに似ている。経済学は社会問題を食べるための道具なのである。経済学を理解しないで，おいしそうだから（面白そうだから）といって料理（社会問題）にやみくもに取り掛かる人は，ナイフやフォークを使わないで料理にかぶりつく人に似ている。そうすると，魚の骨が喉に刺さるかもしれないし，カニの甲羅で手を怪我するかもしれない。固い肉はうまく切れないし，中身を外の包みからうまく取り出せないかもしれない。

　交通経済学のような応用経済学にとって，ミクロ経済学をしっかりと理解するということは，丈夫なナイフとフォークを手に入れ，それを巧みに操るということである。それによって，本当の料理のおいしさを堪能することができる。本書はお粥のような料理の仕方をしているから，（入門程度の）貧弱なナイフや

フォークでも食べられるものとなっている。たとえば，山内・竹内［2002］はかなり食べやすいが，それでも少し消化に悪い料理も出てくる。そのおいしさを味わうためにはそれなりの道具が必要である。しかし，お粥よりも少々消化に悪い料理のほうがおいしいことは読者も理解できるだろう。

　筆者は現実の社会問題に取り組む面白さに惹かれるあまり，表面的なものにとらわれてミクロ経済学の学習を疎かにしてほしくないと考えている。経済学の勉強は山登りに似ている。山の好きな人ならばよくわかるだろうが，山を登り始めたころは視界が開けず，単調な上り坂を，ひたすら地面をそして前を行く人の背中を見つめながら，黙々と進まなくてはならない。「どうしてこんなに退屈で単調なことをしているのだろう」と誰しも思うことだろう。ミクロ経済学の学習もこれと似たところがある。

　筆者の勤務先の大学ではもちろん，ほかのどの大学でもそうだろうが，ミクロ経済学を学び始めると，無差別曲線，限界代替率，限界費用，等産出量曲線，正常利潤，市場均衡など，無味乾燥で何をいっているのかよくわからないような用語が次々と現れ，こんなことをしていて何になるのだろうか，といぶかしく思う学生は多い。

　たとえば，ミクロ経済学を大学で学んで，卒業後にミクロ経済学の感想を尋ねたときに「何だか難しかった」「よくわからなくてつまらなかった」「何をやっているのかわからなかった」というような反応が返ってくることがしばしばある。その人たちは，登山道の辛く単調な上り坂に耐えかねて飽きてそのまま途中で下山してしまった人たちである。そうした人たちにとって，残念ながら，この登山は単に意味のない疲れる作業としか映らなかったのだろう。

　ところが登山の醍醐味は，その長く辛い上り坂を辛抱していくと，やがて急に展望が開けて眼前に素晴らしい風景が展開し，それに感動することにある。頂上まで登った人は，それまでの苦労を忘れてその絶景に酔いしれる。ミクロ経済学の学習も同様ではないだろうか。辛く単調で意味のなさそうな勉強をしていくうちに，急に視界が開けるときが来る。そのときに至ると，現実の社会問題が手にとるようにわかり，面白いほどその本質が見えてくる。この面白さに浸ってしまうと，これまで単調に思えた上り坂が，実は大切な蓄積であったことに気づくことができる。

　筆者は，応用経済学を学ぶ人に対しては，急に視界が開けて何もかもが鮮や

4　さらに理解を深めたい読者へ　　295

かに見え始める感動を手にしてもらいたいと思っている。そのためには，途中の長く辛い上り坂をあきらめないでほしいと思う。視界が広がると，これまで何を意味するかまったくわからなかった経済学の用語が生き生きと踊り出す。その面白さを感じとってもらえれば，経済学の果たす重要な役割がわかるだろう。

　いうまでもなく，山は高ければ高いほど風景はよく，視界も開けて，より素晴らしい光景を目にすることができる。その代わり，山が高いので，そこに至る上り坂はさらに険しくまた単調である。ところで，本書の頂上はかなり低い。上り坂も緩やかでそれほど苦にはならないかもしれない。しかしその反面，頂上からの見晴らしはそれほどよくなく，感動は中途半端かもしれない。山内・竹内 [2002] などのような中・上級テキストは本書よりも頂上が高い。読破する苦労があるとしても，その後に開ける風景は本書よりも素晴らしいはずである。読者には，単調な上り坂でも，ミクロ経済学の強力な分析用具を手に入れて，さらに素晴らしく見晴らしのきく頂上に立ち，交通問題に対する展望を開き，政策分析をしてもらいたいと願っている。

＊注

　ただし，いきなり行動経済学から勉強し始めることは好ましくない。行動経済学は伝統的なミクロ経済学の諸仮定を批判することから出発している。そのために，ミクロ経済学理論に精通していないと，行動経済学の持つ本当の意味を理解することができないと思われる。伝統的なミクロ経済学理論をとばして行動経済学に飛びつくことは消化不良を起こしてしまうだけではなく，経済学の理論全体の理解を混乱させてしまうことになりかねないので，まずは伝統的なミクロ経済学理論をしっかりと学習することが先だろう。

重要語句

四段階推定法，ロジット・モデル，ロジスティクス，付け値地代，限定合理性，ナッシュ均衡

■ 参 考 文 献

＊　以下は本文中（第11章の文献と一部重複）で出てきた文献である。交通経済
　学をはじめて学ぶ読者にとって必ずしもすべての文献が適切で，必読であると
　いうものではないけれども，良い文献も多くあるので，適宜，関心のある文献
　を手にとってみられたい。

Arnott, R. A. and K. A. Small［1994］"The Economics of Traffic Congestion," *American
Scientist*, Vol. 82, No. 5, pp. 446-455.

Averch, H. and L. Johnson［1962］"Behavior of the Firm Under Regulatory Con-
straint," *American Economic Review*, Vol. 52, No. 5, pp. 1052-69.

Baumol, W. J., J. C. Panzar and R. D. Willig［1982］*Contestable Markets and the Theory
of Industry Structure*, Harcourt Brace Jovanovich.

Brown, S. J. and D. S. Sibley［1986］*The Theory of Public Utility Pricing*, Cambridge
University Press.（三友仁志監訳［1993］『公益企業の料金理論』日本評論社）

土木学会土木計画学研究委員会編［1998］『交通ネットワークの均衡分析──最新の
理論と解法』（社）土木学会。

道路投資の評価に関する指針検討委員会編　［1998］『道路投資の評価に関する指針
（案)』日本総合研究所。

Hau, T. D.［1998］"Congestion Pricing and Road Investment," in K. J. Button and E. T.
Verhoef (eds.), *Road Pricing, Traffic Congestion and the Environment: Issues of
Efficiency and Social Feasibility*, Edward Elgar, Chap. 3, pp.39-78.

肥田野登編［1999］『環境と行政の経済評価──CVM（仮想市場法）マニュアル』勁
草書房。

依田高典［2001］『ネットワーク・エコノミクス』日本評論社。

Johansson, P.- O.［1987］*The Economic Theory and Measurement of Environmental
Bene-fits*, Cambridge University Press.（嘉田良平監訳，赤尾健一ほか訳［1994］『環
境評価の経済学』多賀出版）

金本良嗣・藤原徹［2016］『都市経済学（第2版)』東洋経済新報社。

小林潔司［2000］「地域間公平性を巡る論点と課題」『運輸政策研究』第3巻第3号，
15 ～ 26 ページ。

Kolstad, C. D.［1999］*Environmental Economics*, Oxford University Press.（細江守紀・

藤田敏之監訳［2001］『環境経済学入門』有斐閣）

栗山浩一・庄子康・柘植隆宏［2013］『初心者のための環境評価入門』勁草書房。

桑原秀史［2008］『公共料金の経済学——規制改革と競争政策』有斐閣。

Lewis, W. A.［1941］"The Two-Part Tariff," *Economica*, Vol. 8, pp. 249-270.

Ministry of Transport［1964］*Road Pricing: The Economic and Technical Possibilities*, HSMO.

Mohring, H. and M. Harwitz［1962］*Highway Benefits: An Analytical Framework*, Northwestern University Press.（松浦義満訳［1968］『道路経済学——便益の分析』鹿島研究所出版会）

文世一［2005］『交通混雑の理論と政策——時間・都市空間・ネットワーク』東洋経済新報社。

小田切宏之［2001］『新しい産業組織論——理論・実証・政策』有斐閣。

太田和博・加藤一誠・小島克巳［2006］『交通の産業連関分析』日本評論社。

岡野行秀・山田浩之編［1974］『交通経済学講義』青林書院新社。

Pigou, A. C.［1920］*The Economics of Welfare*, Macmillan.（気賀健三訳［1953-55］『厚生経済学（全4巻）』東洋経済新報社）

Ramsey, F. P.［1927］"A Contribution to the Theory of Taxation," *Economic Journal*, Vol. 37, No. 145, pp. 47-61

Takeuchi, K.［1990］"Economic Analysis of Traffic Speed and Safety Regulation," *International Journal of Transport Economics*, Vol. 17, No. 2, pp. 147-162.

竹内健蔵［1997］「地球環境制約下における公共交通をめぐる諸論点」『IATSS Review』第22巻第4号，256～263ページ。

竹内健蔵［2006］『都市交通ネットワークの経済分析』有斐閣。

竹内健蔵［2010］「ラムゼイ運賃形成から見た鉄道相互乗り入れ運賃の分析」『運輸政策研究』第13巻第3号，15～23ページ。

竹内健蔵［2013a］『なぜタクシーは動かなくてもメーターが上がるのか——経済学でわかる交通の謎』NTT出版。

竹内健蔵［2013b］「『超混雑』論争の系譜——社会的限界費用曲線の反転問題は何をもたらしたのか」『経済学雑誌（大阪市立大学経済学会）』第114巻第3号，160～176ページ。

竹内健蔵［2014］「『人の命』や『時間』の値段」日本経済新聞社編『身近な疑問が解ける経済学』日本経済新聞出版社，所収。

竹内健蔵［2017］『あなたの人生は「選ばなかったこと」で決まる——不選択の経済学』日本経済新聞出版社。

田中廣滋・御船洋・横山彰・飯島大邦［1998］『公共経済学』東洋経済新報社。

友野典男［2006］『行動経済学——経済は「感情」で動いている』光文社。

植草益［2000］『公的規制の経済学（新装版）』NTT 出版。

漆博雄編［1998］『医療経済学』東京大学出版会。

Vickers, J. and G. Yarrow［1988］*Privatization: An Economic Analysis*, MIT Press.

Wardrop, J. G.［1952］"Some Theoretical Aspects of Road Traffic Research," *Proceedings of the Institution of Civil Engineers*, No. 36, pp. 325-378.

Wilde, G. J. S.［2001］*Target Risk 2 : A New Psychology of Safety and Health*, 2nd ed., PDE Publication.（芳賀繁訳［2007］『交通事故はなぜなくならないか——リスク行動の心理学』新曜社）

山田浩之編［2001］『交通混雑の経済分析——ロード・プライシング研究』勁草書房。

山内弘隆［1987］「道路の車種別費用負担について——高速道路料金へのラムゼー価格の適用」『高速道路と自動車』第 30 巻第 9 号，24 〜 32 ページ。

山内弘隆編［2014］『運輸・交通インフラと民力活用——PPP/PFI のファイナンスとガバナンス』慶應義塾大学出版会。

山内弘隆・竹内健蔵［2002］『交通経済学』有斐閣。

Zajac, E. E.［1978］*Fairness or Efficiency: An Introduction to Public Utility Pricing*, Ballinger.（藤井弥太郎監訳［1987］『公正と効率——公益事業料金概論』慶應通信）

■ 問題の解答例

＊解答のヒント，論点の指摘などを含む。

第1章　交通経済学を学ぶにあたって

A1-1

　自治体のスローガンの例では，効率性と環境を相反するものであるかのように考えている点が経済学でいう効率と異なる。たとえば，一定の資源のもとで環境重視が住民の効用を高めるのであれば，環境重視と（経済学的）効率性重視は一致する。しかしこうしたスローガンを掲げている自治体は，効率性が住民の効用を下げるというように誤解しているのかもしれない。コメンテイターの例では，「経済効率優先」を「お金儲け優先」と置き換えて考えてみるとよい。この場合，このコメンテイターは「経済効率＝お金儲け」と考えていることになる。

A1-2

　この学生に再反論の余地があるとすれば，「しかし，なぜ日本で納められた税金や保険料が日本の高齢者ではなくて，何の関係もない途上国の子どものために使われなくてはならないでしょうか。それでは筋が通りません」という再反論だろう。この「筋の通らない」というのは，そうしたお金の使い方は不公正ではないかという再反論であり，これはまさに「公正」の観点にほかならない。同じ資源で多くの命が救えること（効率）と，その資源の使い方が不当であること（公正）という両者の対立がここにも見られる。

A1-3

(1) $p^* = 30$, $q^* = 20$

(2) 消費者余剰 200，生産者余剰 200，社会的余剰 400

(3) 生産量 10，消費者余剰 50，生産者余剰 250，社会的余剰 300

(4) 100

A1-4

(1) 20

(2) $(p, q) = (8, 16)$　64 の赤字

(3) $(p, q) = (16, 32)$　96 の黒字

(4) 需要曲線が長期平均費用曲線の逓減部分と交点を持つときに限界費用と等しい価格を設定すると，赤字が発生し，その企業は市場において生産を行わなくなる。

A1-5

(1) $p' = 14$, $q' = 16$

(2) 32

(3) $p^* = 16$, $q^* = 12$

(4) 8

(5) 3

300

A1-6

(1) $MU = -\dfrac{3}{2}q + 12$

(2) 最適な供給量 4, $MU_1 = 2$, $MU_2 = 4$

(3) フリー・ライダー

A1-7 ★

　例としては，図書館・映画館・学校（教室での授業）・スイミングプール・公園などがある。これらはとくに集合消費性に一定の限界があることが特徴的である。また，公園は国立公園のような大規模な面積を持つものになると，排除不可能性を持つようになる。

　なお，図書館は国や自治体が運営することが多いけれども，映画館は民間が運営することが多い。スイミングプールの運営については，自治体などと民間が混在している。こうした現状はどのように説明できるだろうか。ゼミナールや勉強会などで議論してみてほしい。

第2章　交通サービスの性質

A2-1 ★

　ゼミナールや勉強会などでの議論の題材として活用してほしい。詳細に議論すると，メンバーの全員を客観的かつ論理的に，十分に納得させるような明確な「公共性」「必需性」の定義が難しいことに気がつくだろう。

A2-2 ★

　交通サービス以外で即時財・即地財の性格を持つサービスとしては，たとえば理容・美容サービスがある。なぜ，交通サービスと違って即時財・即地財の観点で理容・美容サービスが社会問題化しないのか考えてみよう。

　確かに理容・美容サービスと生産と消費の時点が同一であるために在庫ができない。しかし，理容・美容サービスの消費者は事前に店に予約をすることができるし，予約が一杯ならば予約時間をずらしたり予約する日を変えたりしても大きな影響は出ない。一方，交通サービス（とくに通勤・通学需要の場合）では，そのようなことはできない。理容・美容サービスは生産と消費の場所が同一であるけれども，それによってある店舗で混雑が生じていても，同じようなサービスを提供している店舗は地域に複数ある場合が多いので，消費者は空いている店舗でサービスを利用することが可能である。一方，交通サービスは利用できる路線が1つしかない場合が多く，そのようなことはできない。

A2-3

(1) 鉄道企業の平均費用曲線と顕在的な利用者の需要曲線は交点を持たないので採算はとれない。

(2) 運賃 8　生産量 12

(3) 8

(4) 28

問題の解答例　　301

(5) 赤字額よりも潜在的利用者が享受している消費者余剰のほうが20上回っているので，経営を維持することができる。

A2-4 ★

ゼミナールや勉強会などで互いに話し合ってみてほしい。

A2-5 ★

(1) ゼミナールや勉強会などで互いに話し合ってみてほしい。個人によって重視する要因が異なってくると思われる。

(2) たとえば，年収（給与水準・アルバイト収入額），上司との相性，子どもの年齢，商品サンプルの具体的な大きさなど。

A2-6

(1) 交通機関1は10，交通機関2は20，交通機関3は45

(2) 交通機関1

(3) 交通機関1と2の分岐は時間価値20，交通機関2と3の分岐は時間価値100

第3章　交通データの読み方

A3-1

　この情報に欠落しているのは，こうした生活を強いられている人びとの居住する国において物価水準がどのような程度であり，1ドルでどれだけの商品（食料など）を買うことができるのか，という情報である。「1ドル以下で生活」という表現だけでは十分ではなく，物価水準や購買力平価の考え方に基づくデータが提示されないと正確な判断はできない。われわれ日本人がこの貧困問題の深刻さにひどく驚くのは，現在の日本の物価水準をそのまま当てはめて想像してしまいがちだからである。もしそうだとすれば，その驚愕の程度は，正確な情報に基づいた正当なものではないことに注意するべきである。

A3-2

　問題文にある推論はおそらく間違っているだろう。というのは，2005年より，事故報告規則が改正され，自動車の装置の故障により運行できなくなったもの（車両故障）に関する報告対象が，「かじ取り装置」「制動装置」などからすべての装置へと拡大されたからである。

　さらにこの表の作為的なところは，データを3年おきにしか示していないところにある。一見したところ，紙幅の都合から途中年をやむなく省略したように見える一方で，規制緩和が事故を増やしたと見せかけたい場合は，このようにデータを加工することも可能である。しかし実際には，省略されている年である2003年と2004年の重大事故件数はそれぞれ554件，529件となっている。つまり規制緩和によって，事故件数が過去の5倍近くになっているわけではない。

A3-3

　「東京」というと，つい高層ビルが並び立つ大都会という想像をしてしまいがちになる。しかし，地方自治体としての東京都は奥多摩方面に丘陵，山岳地帯を持ち，しかも島嶼部

（小笠原諸島など）を持っていることも忘れてはならない。これらの地域の舗装率は低いと思われ，表にある数値はそれらの地域の低い舗装率と都区部の高い舗装率との平均値となっている。これが意外性を感じることの理由だろう。こうした平均値のからくりは，統計に対する誤解としてしばしば取り上げられる。たとえば，ツイッターに次のような投稿があった。これは平均値の誤謬の本質を突いているといえる。

「最近耳にした好きな理論は『長崎って 55% が山なのヤバくない⁉ 2 歩あるいたら 1 歩は山じゃん！』です」（出所：Can mi can（甘みかん）2017 年 4 月 6 日 20：32）。

A3-4

この表を全体的に見る限り，日本の運賃は，比較されている国々のなかでは，とくに高くも低くもないことがわかる。しかし，その詳細を見ると注意するべき点は多い。たとえば，イギリス（ロンドン）の鉄道普通運賃の高さは驚異的ではあるけれども，日本に比べてはるかに多様な割引運賃が設定されている。バスの運賃も，初乗りで利用できる距離を考慮する必要がある。タクシー料金については，ほかの国々ではチップという制度があるという点に配慮が必要である。さらに為替レートの変動にも注意する必要がある。

以上のような事情を考慮しないで特定の数値のみを断片的に取り上げると，「数値の一人歩き」となって，誤解を招くことがある。なお出所元の消費者庁の資料には詳細なデータと多くの注記が掲載されているので，これらの数字を読むときの参考にしてほしい。

第4章　交通の費用

A4-1

(a)のケースは，新入生（新入社員）はまだアルバイト収入（初任給）もないので，支払い能力が小さいと考えられる。そのため，支払能力の大きいものがより多くを負担するという費用負担の方法である。これは「応能負担」と呼ばれる。(b)のケースは，たくさん飲んだ人がたくさん支払うということを意味する。これはいわゆる受益者負担と混同されることが多い。しかしこれは原因者（利用者）負担である。(c)のケースは，セット料金を共通費用と考えることができる。共通費用は均等に負担し，回避可能費用（追加の飲み物料金）は原因者（利用者）負担という基準で負担する方法である。(d)のケースは受益者負担であり，この問題の文脈では「応益負担」と呼ばれる。(e)のケースは，外部不経済を発生させた当人に外部費用を負担させようという方法であると解釈できるかもしれない。しかし，外部費用の厳格な計算は行われていないし，懲罰的な費用負担の方法であるかもしれない。

A4-2

(c)が費用の劣加法性を満たすので，(c)の総費用関数を持つ企業で構成される市場では破滅的競争が起こる。(c)の関数が費用の劣加法性を満たすことを確認しよう。同じ費用関数(c)を持つ n 社が個別に生産をするとき，費用の総額は，

$$nC(q) = n\sqrt{q} \tag{1}$$

問題の解答例　　303

となり，1社で n 社分の生産量をすべて生産するときは，

$$C(nq) = \sqrt{nq} \tag{2}$$

となる。(1)式から(2)式を引くと，

$$nC(q) - C(nq) = n\sqrt{q} - \sqrt{nq} = \sqrt{q}\left(n - \sqrt{n}\right) \tag{3}$$

となり，n が1でない限り，$n > \sqrt{n}$ となるから，(3)式は常に正となり，$n=1$ は題意にあてはまらない。したがって $nC(q) - C(nq) > 0$ つまり，

$$nC(q) > C(nq)$$

となるので，(c)の関数は費用の劣加法性を満たす。読者は同様にして(a)と(b)の関数が費用の劣加法性を満たさないことを確認してほしい。

A4-3

(1) 規模の経済は存在しない。理由は，市場全体の需要曲線が（長期）平均費用曲線の逓減部分と交点を持っていないから。

(2) $p = -2q + 30$

(3) $p = 18$，$q = 6$

(4) $p = 10$，$q = 20$

(5) 破滅的競争が起こる誘因が存在する。理由は，価格を18より低く設定してもこの市場を独占すれば利潤を獲得することが可能だからである。

A4-4

(1) 110

(2) 420

(3) 330

(4) サービスを個別に生産したときの費用の合計は(1)と(2)より530（= 110 + 420）。2つのサービスを同時に生産したときの費用は(3)より330。したがって，範囲の経済が存在する。

(5) サービスAもサービスBも規模の経済が存在する。

A4-5

(1) 各社の負担額は1100となり，このときB航空は単独で開発するほうが費用が小さいので，合意しない。

(2) A航空の負担額は1400，B航空の負担額は600となり，このとき，A航空は単独で開発するほうが費用が小さいので，合意しない。

(3) 存在する。(1200, 800)，(1100, 900)，(1000, 1000)

第5章 運賃理論

A5-1

ケース	(1)	(2)	(3)	(4)
運賃負担力大	無煙炭	本	ガソリン	ヒラメ
運賃負担力小	土砂	紙	重油	サバ

A5-2

　これは差別価格の一例と考えることができる。希望の列車に乗る前の乗客は時間も場所も拘束されていない。したがって利用者はほかのルートや交通機関を使って移動することができるという選択肢を持っている。そのため，グリーン券を駅で買うときには需要の料金弾力性が大きいと考えられる。一方，いったん列車に乗ってしまうと乗客の選択肢は狭まり，ほかの交通機関を選択できない。ましてや席がなくて立ちっ放しのときは，多少高額な料金でも払って座りたいと思うだろう。つまり乗車後の利用者は需要の料金弾力性が小さいと考えられる。こうしたことから，差別価格の理論にしたがってグリーン料金に格差がつけられていると考えることが可能である。

A5-3

(1)　$q_1 = 8$，$q_2 = 10$

(2)　$p_1 = 20$，$p_2 = 44$

(3)　$e_1 = 1.25$，$e_2 = 1.1$

(4)　需要の価格弾力性の小さい市場には高い価格を課し，需要の価格弾力性の大きい市場には低い価格を課す。

(5)　（需要の運賃弾力性の小さい）ビジネス客には高い運賃を課し，（需要の運賃弾力性の大きい）観光客には低い運賃を課す。

A5-4

　都市の通勤電車や路線（乗合）バスでイールドマネジメントが活用できないのは自由席の存在がその理由である。都市の通勤電車や路線（乗合）バスでは特定の座席を特定の乗客に販売すること自体ができない。

A5-5

(1)　需要曲線と供給曲線（限界費用曲線）の交点を求めて計算すればよい。

(2)　a^2

(3)　a^2

(4)　$a^2 > 0$ だから，限界費用価格形成による運賃以外のいかなる運賃も社会的余剰が少なくなる。

問題の解答例　　305

A5-6

(1)

交通量（フロー：F）	…	5	6	7	8	9	10	11	12	13	…
社会的平均費用（SAC）	…	5	5	5	5.4	6	6.8	7.8	9	10.4	…
私的限界費用（PMC）	…	5	5	5	5.4	6	6.8	7.8	9	10.4	…
社会的総費用（STC）	…	25	30	35	43.2	54	68	85.8	108	135.2	…
社会的限界費用（SMC）	…	5	5	5	8.2	10.8	14	17.8	22.2	27.2	…
需要曲線 （道路サービス価格）	…	26.5	24	21.5	19	16.5	14	11.5	9	6.5	…

(2) $F=12$

(3) $F=10$

(4) 7.2

A5-7

(1) 16

(2) 24

(3) 28

(4) 7

(5) 140

A5-8

(1) 企業規模 4

(2) $p_0=0.25$, $q_0=8$

(3) $p_1=1$, $q_1=16$

A5-9

市場 A のラムゼイ運賃は 10，市場 B のラムゼイ運賃は 7.5

第6章 運 賃 政 策

A6-1 ★

おそらく，それぞれのルールで企業の行動は違ってくるはずである。ゼミナールや勉強会などで互いの企業経営方針の変化について議論してほしい。

A6-2

200 円

A6-3

(1) 28

(2) 112

(3) 20

(4) 80

(5) ヤードスティック方式。企業はこのインセンティブ規制によって費用を引き下げようと（経営努力）するインセンティブを持つようになる。

A6-4

(1) 561 円

(2) 2023 年の運賃改定。2023 年の運賃改定時のほうが 2018 年の運賃改定時よりも設定されている生産性向上率が大きい。これは，規制当局が企業にそれだけの経営努力をしないと運賃を上げない，ということを示しており，規制が厳しくなっているといえる。

A6-5 ★

　以下の表は日本航空のマイレージ・サービスから作成したものである。この表を見ると，各ブロックにおいてマイル数の多いブロックほど 1 マイル当たりの運賃が高い（つまり得になっている）ことがわかる。このとき消費者は，より多くのマイル数を貯めるためにその航空企業をさらに利用しようと思うだろう。もちろん，各マイレージのブロックごとに複数の行き先があり，その行き先ごとに運賃は異なるので，行き先によっては必ずしも下表のように 1 マイル当たり運賃が整然と逓増しないこともある。しかし，ブロック料金の一端がマイレージ・サービスの世界で現れていることを垣間見ることができて興味深い。

　問題文にあるように，ほかの無償アップグレード・サービスや，他社のマイレージ・サービスもゼミナールや勉強会などで各自分担して調べて，議論してみてほしい。

積算マイル数	無料航空券区間（例）	往復運賃（円）	1 マイル当たり運賃（円）
15,000	東京〜ソウル	159,000	10.6
20,000	東京〜上海	226,000	11.3
35,000	東京〜シンガポール	416,000	11.89
40,000	東京〜ハワイ	600,000	15.0
50,000	東京〜ニューヨーク	801,000	16.02

（注）往復運賃は IATA エコノミークラス Flex 運賃（2017 年 4 月 1 日〜 2018 年 3 月 31 日平日出発分）。
（出所）日本航空ホームページ（http://www.jal.co.jp/　2017/8/18 閲覧）より作成。

A6-6

(1) $p_a = 20$, $q_a = 20$, $CS_a = 200$

(2) $p_m = 10$, $q_m = 30$, 赤字額は 150

(3) 消費者余剰の増加額 50，生産者余剰の発生額 5

(4) 遠距離逓減運賃（制度）

(5) 数量差別

A6-7

(1) $R = \dfrac{ap_a + bp_b}{a + b}$

(2) $p_b < \dfrac{ap_a + bp_b}{a + b} < p_a$ となることは，中学生レベルの数学で証明することができる。

第7章　規制政策

A7-1

(1) $p = 20$, $q = 40$

(2) 利潤を得ることができる。下限 5，上限 20

(3) 利潤を得ることができない。維持可能

A7-2

　確かにコピー機やオフィス用の土地などは固定費用である。しかしコピー機をリースし，土地を賃貸していれば容易にその市場から退出することができる。また仮にコピー機や土地を購入していても，コピー機は中古 OA 市場が発達しているので簡単に売却できるし，コピー・サービスを行うオフィスは都会にあることが通例であるから，土地の売却もまた容易だろう。つまり，これらは埋没費用とはいえない。このことから，企業はヒット・エンド・ラン戦略をとりやすい。しかも，いわゆるコピー・サービスは企業間におけるサービスの差が現れにくく（費用関数が企業間で同一であることが多く，価格のみで競争しやすい），またコピー・サービスの利用者も，既存企業であれ，新規参入市場であれ，価格以外に企業を選り好みするような理由はとくに見あたらない。以上のことから，政府の規制は不要であると考えられる。

A7-3

(1) 空港当局は 40，地域住民は 10

(2) 空港当局は 20，地域住民は 30

(3) 25 便/日となり，コースの定理によれば，これは社会的余剰が最大化されるために最適な便数である。

A7-4

(1) $q = 10$　社会的余剰は 100

(2) $q = 8$　社会的余剰は 5 減少する。

A7-5

(1) たとえば，ドライバーにとって速度 10km/h が 20km/h になったときの便益の増加分は，速度 110km/h が 120km/h になったときの便益の増加分よりも大きく，これはいわゆる限界効用逓減の法則があてはまる状況であるから。

(2) この総費用は事故の期待費用であり，速度が上昇すればするほど事故の被害額は大きくなるし，事故に遭う確率は大きくなるから。

(3) 速度 45km/h から 60km/h の間。純便益は 36

(4) 12 の減少

(5) 不変

(6) このモデルでの前提は，ドライバーが危険中立的であり，情報が完全であることになっている。しかし実際には危険愛好的なドライバーも存在するし，情報も完全でない場合があるため，このモデルが成立しない場合がある。そのような場合には速度規制が必要にな

る。
A7-6
　確かに，この方法によって人びとの運転は非常に慎重になり，交通事故の発生件数は抑えられ，交通事故に関する費用が劇的に減少することが予想される。ところが，自動車の運転速度がかなり落ちることになるので，人びとの移動には莫大な時間費用がかかることになるし，貨物輸送も滞って，輸送コストの増大は諸物価の増大をもたらすことになる。つまり，交通事故に関する費用は激減しても，その代わりにそのほかの分野で莫大な費用が発生することになる。結局，差し引きすると社会全体としては負担する費用のほうが大きくなり，社会的純便益は減少する可能性が高い。
A7-7 ★
　この議論をする一助として，「安心だが安全ではないもの」と「安全だが安心でないもの」としてどのようなものがあるか考えてみるとよい。議論をするうちに，安全と安心を十把一絡げにして議論することの安易さが明らかになってくるだろう。また，それと同時に，安全に関する規制が必ずしも安心をもたらさないこと，あるいは安心を確保するための規制が必ずしも安全を保証しないことなども明らかになってくるかもしれない。

第8章　交 通 投 資
A8-1
(1)　$x = 0$
(2)　$y \fallingdotseq 54.5$, $z \fallingdotseq 45.5$
(3)　約 1.32
(4)　約 39.2
A8-2
　5%
A8-3
(1)　12
(2)　12
(3)　12
(4)　交通投資の間接効果は直接効果が移転したものにすぎず，それらの経済効果を合計することは便益の二重三重計算となり，便益を過大に評価することになる。
A8-4
　第1に，この文章においては，（費用便益分析の手法による限り）直接効果と間接効果を混在させ，それらの効果を合計して経済効果を算出している疑いがある。その場合，計算に入れられている間接効果は，直接効果が形を変えて出てきているものだから，便益の二重三重計算をしている可能性がある。このため，実際の経済効果はこれよりも低くなっている可能性がある。第2に，たとえば「地域開発効果」と「産業の振興」という2つの言葉は，同

問題の解答例　　309

じ効果を別の表現で言い換えているにすぎないという可能性も捨てきれず，各便益項目の定義がはっきりしていないという問題がある。第3に，仮にこの文章中のものと同じ計算方法で便益評価をしたとしても，A地方よりもほかの地域ではさらに大きな効果が発生する可能性がある。したがって，単純にA地方に高速道路を整備することがよいと判断することはできない。

A8-5

この文章にはA8-4と同様の問題点が含まれる可能性がある。さらにこの文章では，B地方の経済効果が莫大であることがそのまま国民全体にとっても望ましいことであると判断されているけれども，この点にも注意が必要である。仮に新幹線が建設された地方に莫大な経済効果が発生したとしても，それはほかの地域から人びとや企業が移転してきてそうなったのかもしれない。もしそうならば，移転元の地域においては過疎化や産業の衰退が起こり，マイナスの経済効果が発生している可能性がある。国民経済全体で見てそれらを差し引きすれば，もしかすると，その経済効果は微々たる額にすぎないかもしれない。つまり地域間における便益の移転という問題も見逃してはならない。

A8-6 ★

ゼミナールや勉強会などで議論してみてほしい。さらに，できれば海外におけるプロジェクト評価で行われている評価項目を吟味してみることも有意義である。

第9章　外部補助と内部補助

A9-1

それぞれの家屋周辺の水はけをよくするための共同排水溝や，交通量が激しいために横断が危険な道路での歩行者用信号の設置などが例としてあげられる。たとえば信号機の設置を，主としてその信号を利用する地域住民の自発性に任せておくと，囚人のジレンマが発生して永遠に信号が設置されない可能性が高い。そのことがあらかじめわかっているので，設置を地域住民の負担に任せず，自治体が信号設置費用を負担している（全額補助する）といえる（もちろん，その地域以外の人もその信号を利用する可能性があることも理由になる）。したがって，地域住民は自治体に設置を陳情するだけでよい。

このほかにも，火葬場やゴミ焼却施設など，必要不可欠なものでありながら，住民が近所への設置を嫌って整備が遅れるインフラもある。これらの場合も，地域住民が自発的にそれらのインフラを設置することは難しく，政府や自治体がさまざまな補助や補償という形で資金を供給して，設置を促進する。

A9-2

完全配賦費用テストによれば，第1部門は内部補助されており，第2部門は内部補助している。単独採算費用テストによれば，第1部門は内部補助しているとはいえず，第2部門も内部補助しているとはいえない。増分費用テストによれば，第1部門は内部補助されているとはいえず，第2部門も内部補助されているとはいえない。

A9-3

交通サービス部門 A_1 の運賃の上限　20

交通サービス部門 A_2 の運賃の下限　15

A9-4

交通サービス部門 E_1 の共通費用の配賦 600

交通サービス部門 E_2 の共通費用の配賦 400

A9-5

(1)　$200q_1 + 100q_2 = 10{,}000$

(2)　$100q_1 + 100q_2 = 10{,}000$

(3)　7,000

(4)　$200q_1 + 100q_2 = 17{,}000$

(5)　略

A9-6 ★

　この議論で抜け落ちている観点は，現在の高齢者が負担したインフラ（東海道新幹線や東名高速道路など）を現在の若年層も利用しているという点である。また，交通混雑は現在よりも過去のほうがはるかに激烈だったという点も忘れてはならない。さらに，現世代が行っている多額の国債の発行によって資金調達が行われ，その結果，現在豊かな交通インフラが整備されているということがある。これは，現在の若年者世代がこれから生まれてくる世代に負担を負わせて現在の交通インフラを享受していると考えることができる。このほかにも，いろいろな議論をするべき点があるだろう。果たしてどの世代が一番得をしているのだろうか。

第10章　交通ネットワーク

A10-1

　ワードロップの原理によれば，いずれのルートを利用しても所要時間（あるいは一般化費用）は変化しないので，どちらが有利ということはなく，同じである。

A10-2

(1)　$F_a = 200$, $F_b = 300$, $T_a = T_b = 20$

(2)　$F_a = 400$, $F_b = 100$, $T_a = T_b = 20$

(3)　K_a は 50 よりも大きくなくてはならない

A10-3

(1)　$F_r = 200$, $F_t = 800$, $T_r = T_i = 20$

(2)　$F_r = 600$, $F_t = 400$, $T_r = T_i = 30$

A10-4

(1)　$F_r = 200$, $F_t = 800$, $T_r = T_i = 20$

(2)　$F_r = 180$, $F_t = 820$, $T_r = T_i = 19.5$

問題の解答例　　311

(3)　$F_r = 440$,　$F_t = 560$,　$T_r = T_t = 34$

(4)　$F_r = 400$,　$F_t = 600$,　$T_r = T_t = 35$

(5)　鉄道の一般化費用と交通量の関係式において，鉄道の社会的平均費用曲線の傾きが正と
　　　負に分かれている点が(2)と(4)の違いを発生させているといえる。

■ 索　引

*太字数字は，重要語句として太字で表示されている用語の掲載ページを示している。

❖ アルファベット

BOT方式　179
CRS　→コンピュータ予約システム
CVM　→仮想的市場法
ERP　→エレクトロニック・ロード・プライシング
ETC　121，122
FFP　→フリークエント・フライヤー・プログラム
GDP　35
JIT輸送　→ジャスト・イン・タイム輸送
LCC（ローコスト・キャリア）　59，177
PFI　179
PPP　179
TDM　→交通需要管理施策

❖ あ　行

アバーチ・ジョンソン効果　**142**
アライアンス　91，**282**
安全規制　167，190
イコール・フッティング　**238**
維持可能　**173**
維持不可能　**173**
一般化費用　**51**
一般財源　123
一般道路　26
一般補助　**250**
移動ピーク　**129**
違法駐車　51
医療経済学　223
イールド・マネジメント　**107**
飲酒運転の厳罰化　192
インセンティブ　183
インセンティブ規制　**145**
インダストリアル・キャリア　**39**

インフラ（インフラストラクチャ）　29，**35**
ウィズ・ウィズアウト原理　**219**
運送価値説　**101**
運送費用説　**101**
運　賃　100
運賃（料金）規制　166
運賃差別　**102**
運賃負担力　60，**101**
運輸省　34
営業（費）補助　**251**
エコカー減税　252
エッセンシャル・ファシリティ　**178**
エリア・ライセンス　121，122
エレクトロニック・ロード・プライシング（ERP）　121
遠距離逓減運賃制　**157**
応用経済学　29，294
オークション　287
汚染者負担原則（PPP）　**188**
オフシーズン　129

❖ か　行

会計学的費用　78
外航海運　19
　──市場　282
　──船舶数　64
外国人旅行者受入数　62
回避可能費用　**82**
回避不可能費用　**82**
外部経済　**23**
　──の内部化　**23**
外部効果（外部性）　21，23，234
外部費用　22，80
外部不経済　**22**
　──の内部化　**23**

313

外部補助　241
買い戻し効果　123
価　格　100
価格規制　166
価格差別　102
　　第3級の──　102
影の価格　→シャドウ・プライス
貸切バス　49
仮想的市場法（CVM）　221
価値判断　7
貨幣的費用　78
（神の）見えざる手　18
貨物運送取扱事業法　167
貨物運賃等級表　104
貨物自動車運送事業法　167
貨物輸送量　60
カルドア・ヒックス基準　203
環境規制　167，183
環境税　183
観光サービス　283
間接効果　211
間接税　241
完全競争市場　16
　　──均衡価格　213
完全差別　161
完全配賦費用　244
機会費用　8
危険愛好的　191
危険回避的　191
危険中立的　190
技術的外部効果　23
規制緩和　73，167，176
犠牲量モデル　52
期待値　191
期待費用　51，192
軌道法　284
規模に関する収穫一定　124
規模の経済　19，82
基本（固定）料金　153
キャピタリゼーション（資本化）仮説

226
供給曲線　14
行政コスト　150
行政指導　167
競争入札　146
共通費用　80
共謀・談合　146
共有地の悲劇　111
行　列　9，112
許　可　167
均衡交通量　261
金銭的（市場的）外部効果　23
金銭的費用　50
空間経済学　286
経営努力　145
経済学的費用　78
経済的規制　166，183
経世済民　2
計量経済学　281
結合生産物　81
結合費用　81
ゲームの理論　93
限界効用　25
　　──逓減の法則　186
限界収入　103
限界生産性　143
限界代替率　143
限界費用　15
　　──価格形成　108
減価償却　142
現況再現性　281
現金給付　253
現在価値　206
現状維持バイアス　286
限定合理性　286
現物給付　252
コ　ア　93
公営交通企業　27
公共交通　39
公共財　24，235

314

公共性　37
公共補助　241
公共料金　239
航空貨物輸送　61
航空輸送量　59
公　正　4
公正妥当主義　141
公正報酬率　141
高速道路　26
　　──整備率　71
高速道路料金の無料化　218
交通弱者　29
交通需要管理施策（TDM）　273
交通需要予測　236, 280
交通処理能力　114
交通政策審議会　243
交通の計量分析　281
交通量配分　269
　　──理論　276
行動経済学　192, 286
効　用　2
効率的　3
国際航空輸送　35
　　──市場　282
国際輸送　282
国土開発幹線自動車道建設法　243
国土交通省　34
国内航空輸送　67
コースの定理　188
国庫補助　241
固定資産税　228
固定ピーク　129
固定費用　15, 176
コードシェア便　94
コードシェアリング　91
子ども運賃　106
コードン・プライシング　122
個別間接税率　69
　　ガソリン1リットル当たりの──　69
個別費用　80

コモン・キャリア　39
コモン・プロパティの外部性　111
混　雑　111
混雑料金　112, 116, 119, 121
コンセッション方式　179
コンテスタブル・マーケット理論　169
コンピュータ予約システム（CRS）　179

❖　さ　行

財　34
最　善　131, 168, 174, 184
裁定取引　105
財務分析　204
座席利用率　→ロード・ファクター
サービス　34
差別運賃制度　104
差別的燃料税　120
さみだれ開業　89
産業組織論　169
産業連関分析　217
参入障壁　147
参入・退出規制　166
時間価値　10
時間距離併用制運賃　11
時間選好率　208
時間費用　10
　　──最小化行動　260
自給可能性　47
資源配分　3
自己規制　184
資産価値　142
市場均衡　16
市場金利　142
市場差別　102
市場支配力　215
市場の失敗　17, 234
市場分析　282
市場メカニズム　17
次　善　110
事前購入割引　107

自然独占　**20**
質的規制　167
私的限界費用　**21**
私的財　**24**
私的費用　**80**
自動運転　194
自動車関係諸税　123
自動車輸送　58
支払意思　**14**，112
支払能力　124
ジパング倶楽部　105
シビル・ミニマム　**5**，237
資　本
　　──の懐妊期間　27
　　──の機会費用　142
資本（費）補助　**252**
社会資本　201
社会的規制　**167**
社会的限界費用　**22**，116
社会的弱者　48
社会的総費用　**115**
社会的費用　**80**，209
社会的平均費用　**116**
社会的便益　209
社会的余剰　**16**
社会的割引率　**210**
車種別料金　124
ジャスト・イン・タイム輸送　60
シャドウ・プライス（影の価格）　**210**
車両割当システム　121
集合消費性　**25**
収支均衡　144
囚人のジレンマ　**235**
自由走行速度　114
従量（可変）料金　**153**
需　要
　　──の価格弾力性　**40**
　　──の交差運賃弾力性　135
　　──の所得弾力性　**40**
　　──の波動性　46

需要曲線　**14**
純現在価値法　**211**
省エネルギー　6
償還主義　242
上下分離　177
上限運賃制　**142**
消費者余剰　**13**
情報の非対称性　**28**，147
所得再分配　**238**
所得接近法　**10**
所得分配　**4**
スイッチング・コスト　175，180
数量規制　166
数量差別　157
スタンダード・ギャンブル　223
スーパータンカー　20
スミード・レポート　121
税　金　23
生産者余剰　**14**
生産性向上率　150
生産要素　142
正常利潤　**142**
制度分析　284
政府補助　241
世代間補助　255
選好接近法　**10**
全国一律運賃制　238
潜在的需要　44
潜在的利用者　43
船　籍　65
先着順　112
船腹過剰問題　282
総括原価主義　**141**，144
総費用　19
増分費用　**245**
即時財　41
即地財　41
速度規制　190

❖ た 行

対距離運賃　157
第三セクター　　27，179
代替的　29
タイム・トレードオフ　　223
大量生産　87
ダウンズ・トムソンのパラドックス
　　267
多角化　86
ターミナル・チャージ　　152
タンカー　20
短期限界費用　　**109**
短期平均費用　　**88**
単独採算費用　244
地域経済学　285
地球温暖化　80
地方公営企業法　　140
地方公共財　226
駐車料金　120
超過利潤　**142**
長期限界費用　　**18**，109
長期平均費用　　**18**
超混雑　114
直接効果　**211**
直接税　241
通学定期割引　240
付け値地代　**285**
定期航空輸送　67
定期船　19
適正な原価　102，140，145
適正な利潤　102，140，141，145
鉄道貨物輸送　61
鉄道事業法　102，140
デベロッパー定理　**228**
デュピュイの橋　113
転換交通　**260**
ドア・ツー・ドア　50
道徳的危険　→モラル・ハサード
登　録　167

道路運送法　140
道路整備特別措置法　243
道路無料開放の原則　243
道路容量　114
独　占　20
独占価格　20
特定補助　**250**
都市経済学　285
都市高速道路　118
届　出　167
土木計画学　276，288
土木工学　276，288
トラベル・コスト法　**222**
取引費用　**190**
トレードオフ　**5**
トンキロ　**36**

❖ な 行

内航海運　　60，65
　　——市場　282
内部収益率　**209**
内部収益率法　211
内部（相互）補助　**89**，238，241
ナショナル・ミニマム　256
ナッシュ均衡　**287**
荷傷み　50
日本交通学会　289
日本商船隊　64
二部料金　**153**
認　可　102，167
人キロ　**36**
ネットワーク・サイズの経済　**88**
燃料税　120
ノーカーデー　6
乗合バス事業　149

❖ は 行

排出量取引　79，**184**
排除不可能性　**25**
派生需要　**44**

発生交通　260
初乗り運賃　152
　──の二重取り問題　160
ハブ・アンド・スポーク　87
破滅的競争　20, 82
パラトランジット　101
パレート改善　3
パレート最適　3
範囲の経済　85
非貨幣的費用　79
ピグー税　23, 184
ピグー・タウシック論争　81
ピグー・ナイト・ダウンズのパラドックス
　263
ピーク・ロード・プライシング　125
必需財　39
必需性　39
ヒット・エンド・ラン（ひき逃げ）戦略
　169
ビフォー・アフター原理　219
標準運賃　140
　──ブロック　149
標準原価　149
費用（対）効果分析　225
費用積み上げ方式　141
費用逓減　18, 234
費用の劣加法性　84
費用便益比率法　211
費用便益分析　200
表明選好法　221
ファースト・ベスト　227
フィーダー（培養）効果　88
フェリー　282
不確実性　28, 236
不可分性　46
物流市場　283
不定期船　19
プライス・キャップ方式　150
フランチャイズ方式　146
ブランド・ロイヤルティ　158

フリークエント・フライヤー・プログラム
　（FFP）　180
フリー・ライダー　26, 43
フルコスト　141
ブレスのパラドックス　270
フレーミング効果　286
フロー　113
フロー・コスト曲線　114
プロスペクト理論　192, 286
ブロック料金　157
平均費用　44
　──価格形成　131
ヘドニック法　222
ベリー輸送　96
便益帰着連関表　224
便宜置籍船　65
法的規制　183
包絡線　127
補完財　160
補完的　29
補償原理　203
ホフマン方式　222
ボーモル・オーツ税　185
本源的需要　44

❖ ま 行

埋没費用　82, 176
マイレージ　91
　──・サービス　158
　──・バンク　180
マクロ生産関数　217
密度の経済　87
民営化　182
民間活力の導入　179
無差別曲線　208
免　許　167
モータリゼーション　61
モーダルシフト　60
モラル・ハザード（道徳的危険）　194

318

❖ や 行

ヤードスティック方式　**147**
遊休設備　46
有料道路　26
輸送トン数　36
輸送人数　36
輸送量当たり CO_2 排出量　68
予算制約線　**253**
余剰分析　**17**
四段階推定法　**280**

❖ ら 行

ライフサイクル・コスト　185
ライプニッツ方式　223
ラグ　175
　規制の――　151
ラッシュ　45
ラムゼイ運賃　**131**
ラムゼイ（指）数　**133**
ランダム効用関数　280
利子補給　**252**
利　潤　15
利子率　206

❖ り

リバランシング　151
リーマン・ショック　60, 62, 67
略奪価格　**90**
利用可能性　**42**
料　金　100
料金抵抗　118
料金プール制　238, 243
量的規制　166
旅客船市場　282
旅客輸送量　58
歴史分析　284
レート・ベース方式　**141**
ローコスト・キャリア　→LCC
ロジスティクス　**283**
ロジット・モデル　**280**
路線バス　28
ロード・ファクター（座席利用率）　**67**
ロード・プライシング　119, 121, 273

❖ わ 行

ワードロップ均衡　**264**
ワードロップの原理　**261**
割引率　**206**

❖ 著者紹介

竹 内 健 蔵（たけうち けんぞう）

1958年，福岡県生まれ。
一橋大学大学院商学研究科博士後期課程修了，博士（商学）。
オックスフォード大学経済学部大学院修了（M. Litt.）。
現在，東京女子大学現代教養学部国際社会学科経済学専攻教授。
専攻：交通経済学，公共経済学。
主要著作：
『交通経済学』（共著），有斐閣，2002年（第24回国際交通安全学会賞）。
『都市交通ネットワークの経済分析』有斐閣，2006年（第66回日本交通学会賞）。
『交通市場と社会資本の経済学』（共編），有斐閣，2010年。
『なぜタクシーは動かなくてもメーターが上がるのか──経済学でわかる交通の謎』NTT 出版，2013年（第39回交通図書賞）。
『あなたの人生は「選ばなかったこと」で決まる──不選択の経済学』日本経済新聞出版社，2017年。
『ミクロ経済学って大体こんな感じです』有斐閣，2019年。

交通経済学入門（新版）
Introduction to Transport Economics, 2nd ed. 〈有斐閣ブックス〉

2008 年 10 月 10 日	初版第 1 刷発行
2018 年 2 月 25 日	新版第 1 刷発行
2020 年 6 月 30 日	新版第 3 刷発行

著 者　　竹 内 健 蔵

発行者　　江 草 貞 治

発行所　　株式会社 有 斐 閣

郵便番号101-0051
東京都千代田区神田神保町2-17
電話(03) 3264-1315〔編集〕
(03) 3265-6811〔営業〕
http://www.yuhikaku.co.jp/

印刷　萩原印刷株式会社・製本　大口製本印刷株式会社
© 2018, Kenzo Takeuchi. Printed in Japan
落丁・乱丁本はお取替えいたします。
★定価はカバーに表示してあります。

ISBN 978-4-641-18441-1

|JCOPY| 本書の無断複写（コピー）は，著作権法上での例外を除き，禁じられています。複写される場合は，そのつど事前に（一社）出版者著作権管理機構（電話03-5244-5088, FAX03-5244-5089, e-mail：info@jcopy.or.jp）の許諾を得てください。